RAINER GEIGER

Rechtsformen der Wirtschaftslenkung als Mittel der französischen Planifikation

Schriften zum Öffentlichen Recht

Band 186

Rechtsformen der Wirtschaftslenkung als Mittel der französischen Planifikation

Von

Dr. Rainer Geiger

DUNCKER & HUMBLOT / BERLIN

Gedruckt 1972 bei Alb. Sayffaerth, Berlin 61
Printed in Germany

ISBN 3428026608

Für Marie-Françoise

Vorwort

Die Frage nach der Rechtsnatur und den Rechtswirkungen des französischen Wirtschaftsplans ist in den letzten Jahren in den Mittelpunkt des Interesses gerückt. Zahlreiche Untersuchungen haben sich bereits mit einzelnen Gestaltungsformen der Planifikation beschäftigt und versucht, diese in die bestehende Rechtsordnung zu integrieren. In der wissenschaftlichen Diskussion in Frankreich zeichnen sich bereits einige Ansätze für eine Fortbildung des Rechts als Folge der neuen Techniken der Planung und Zukunftsstrategie ab. Um diese Ansätze deutlich zu machen, bedurfte es einer ausführlichen Darstellung der Rechtsformen der Wirtschaftslenkung im heutigen französischen Verwaltungsrecht. Die vorliegende Arbeit konnte sich nicht auf die Wiedergabe der in Rechtslehre und Rechtsprechung bisher erarbeiteten Ergebnisse beschränken. Da einige wichtige Rechtsfragen der Wirtschaftslenkung in der französischen Literatur noch nicht geklärt sind, soll der Versuch gemacht werden, neben der notwendigen Systematisierung des vorhandenen Materials auch eigene Lösungsvorschläge auf der Grundlage des französischen Rechts zu entwickeln.

Hierzu bedurfte es einer gründlichen Einarbeitung in das französische Verwaltungsrecht, zu der ich während eines einjährigen Studiums an der juristischen Fakultät der Universität Lyon Gelegenheit hatte. Dieser Studienaufenthalt wurde durch Stipendien der französischen Regierung und des Evang. Studienwerkes Villigst gefördert, für deren Gewährung ich mich zu Dank verpflichtet weiß. Die Sammlung des umfangreichen Materials wurde ermöglicht durch die großzügige Hilfe, die mir von den juristischen Fakultäten von Lyon und Straßburg sowie dem Max-Planck-Institut für ausländisches öffentliches Recht und Völkerrecht in Heidelberg zuteil wurde. Dank gebührt ferner den Beamten des Plankommissariats, der Finanzverwaltung und der Preisbehörde der Region Rhône-Alpes, die mir auf meine Fragen bereitwillig Auskunft gaben und mir dadurch einen Einblick in die Verwaltungspraxis der Wirtschaftslenkung vermittelten. Mein Dank gilt ferner den Professoren und Assistenten der juristischen Fakultät von Lyon, vor allem aber Herrn Montagnier, Maître de Conférences Agrégé, dem ich mich für seinen freundschaftlichen Rat und seine Hilfe bei der oft schwierigen Beschaffung von Dokumenten und wissenschaftlichen Abhandlungen besonders verbunden fühle. Wertvolle Anregungen für die Behandlung einzelner Probleme verdanke ich Herrn Professor Rivero. Mein besonderer Dank schließlich gilt Herrn Professor Dr. Klaus Vogel, der die Anregung zu der Wahl des Themas gab und die Arbeit während ihrer Fertigstellung überwachte.

Das Manuskript wurde im Juli 1971 abgeschlossen.

Rainer Geiger

Inhaltsverzeichnis

Fünftes Kapitel

§ 5 Vertragliche und vertragsähnliche Formen der Wirtschaftslenkung 102

Sechstes Kapitel

§ 6 Grenzen und richterliche Kontrolle wirtschaftslenkender Maßnahmen zur Plandurchführung 127

Abkürzungsverzeichnis

AJDA	Actualité Juridique — Droit Administratif
Arch.Ph.Dr.	Archives de Philosophie du Droit
Arr.	Arrêté (ministerieller Erlaß)
A.N.	Assemblée Nationale
BB	Betriebsberater
BOSP	Bulletin Officiel du Service des Prix
BGHZ	Entscheidungen des Bundesgerichtshofes in Zivilsachen
BVwG	Bundesverwaltungsgericht
Cah.Fond.Nat.Sc.Pol.	Cahiers de la Fondation Nationale de Sciences Politiques
CA	Code Administratif
CC	Code Civil
CGI	Code Général des Impôts
CEE	Communauté Européenne Economique (EWG)
CECA	Communauté Européenne du Charbon et de l'Acier (Montanunion)
CODER	Commission de Développement Economique Régional
Coll.	Collection
concl.	conclusions (Schlußvortrag des Regierungskommissars zu den Entscheidungen des Conseil d'Etat)
C.E.	Conseil d'Etat
C.E.S.	Conseil Economique et Social
D.	Recueil Dalloz
Decr.	Décret (Rechtsverordnung)
DATAR	Délégation à l'Aménagement du Territoire et à l'Action Régionale
DA	Droit Administratif
D.Soc.	Droit Social
DVBl.	Deutsches Verwaltungsblatt
DÖV	Die Öffentliche Verwaltung
EDCE	Etudes et Documents du Conseil d'Etat
FDES	Fonds de Développement Economique et Social
GA	Les Grands Arrêts de la Jurisprudence Administrative
J.O.	Journal Officiel de la République Française
J.O.Déb.Parl.	Journal Officiel Débats Parlementaires (Parlamentsdebatten)
J.O.Doc.Parl.	Journal Officiel Documents Parlementaires (Parlamentsdrucksachen)
JCA	Jurisclasseur Administratif
JCP	Jurisclasseur Périodique (La Semaine Juridique)
L.	Loi (Gesetz)
Ord.	Ordonnance (gesetzesvertretende Verordnung)

Rapp.	Rapport (Bericht)
Rec.	Recueil du Conseil d'Etat (Entscheidungssammlung des Conseil d'Etat)
Rép.D.	Répertoire Dalloz
Rev.Adm.	Revue Administrative
Rev.Econ.	Revue Economique
RSF	Revue de Science Financière
RSLF	Revue de Science et Législation Financière
RDP	Revue du Droit Public
RFS	Revue Française de Sociologie
RTDC	Revue Trimestrielle de Droit Civil
RTDCom.	Revue Trimestrielle de Droit Commercial
Sén.	Sénat
S.	Recueil Sirey
SDR	Société de Développement Régional
Stat.Et.Fin.	Statistiques et Etudes Financières
th.	thèse (Dissertation)
T.A.	Tribunal Administratif
T.C.	Tribunal des Conflits

Einleitung

Bis zu der wirtschaftlichen Rezession der Jahre 1966/1967 wurde staatliche Wirtschaftsplanung in der Bundesrepublik überwiegend als Ausdruck eines totalitären Staatssystems und als unvereinbar mit den Grundsätzen einer freiheitlichen Demokratie angesehen. Den wirtschaftlichen Aufschwung der Nachkriegszeit schrieb man einer liberalen Wirtschaftspolitik zu, die sich mit der Theorie der sozialen Marktwirtschaft identifizierte und als Erfolgsrezept für wirtschaftliche Expansion schlechthin galt. Dabei wurde jedoch übersehen, daß der Staat durch eine massive finanzielle und steuerliche Begünstigung bestimmter Unternehmen nicht unwesentlich zu dem sprunghaften Wirtschaftswachstum und zu der Kapitalbildung der Privatindustrie beigetragen hatte[1].

Diese Maßnahmen waren aber nicht Ausdruck einer zielbewußten Gesamtplanung. Die Subventionen wurden vielmehr überwiegend nach den jeweiligen Finanzierungsbedürfnissen der Unternehmen verteilt und in vielen Fällen auch dann noch weitergewährt, nachdem sie ihren wirtschaftlichen Sinn verloren hatten. Die Belastung des Bundeshaushaltes durch eine unkoordinierte Subventionspolitik nahm bedenkliche Ausmaße an[2].

Die wirtschaftliche Krise und die Regierungsneubildung Ende 1966 waren Anlaß einer Neuorientierung der staatlichen Wirtschafts- und Finanzpolitik. Durch das Stabilitätsgesetz vom 8. Juni 1967 wurde die Regierung zu der Beachtung eines gesamtwirtschaftlichen Zielkatalogs und zu einer mittelfristigen Finanzplanung verpflichtet. Das Gesetz stellt der Regierung ein bestimmtes Instrumentarium für eine globale Wirtschaftslenkung im Sinne gesamtwirtschaftlicher Ziele zur Verfügung[3]. Die damit vollzogene Abkehr von den herkömmlichen Prinzipien des wirtschaftlichen Liberalismus läßt sich nicht allein als Folge einer ihrem Umfange nach beschränkten wirtschaftlichen Rezession erklären. Der reibungslose Übergang zu einer globalen staatlichen Wirtschaftsplanung ist nicht zuletzt auf tiefgreifende Veränderungen der Wirt-

---

[1] Vgl. hierzu *Shonfield*, Geplanter Kapitalismus, S. 327/333.

[2] Vgl. hierzu *Fischer-Menshausen*, Mittelfristige Planung im Bundesstaat, in: Planung III, S. 76.

[3] §§ 15, 19, 20 und 26 des Stabilitätsgesetzes.

schaftsstruktur und auf den zunehmenden Bedeutungsverlust des Wettbewerbes im industriellen Bereich zurückzuführen.

Die technologische Entwicklung erhöht den Kapitalbedarf der Unternehmen und veranlaßt sie zur Durchführung langfristiger Forschungs- und Investitionsprogramme. Dies setzt aber eine gewisse Voraussehbarkeit und Planung des Wirtschaftsablaufes voraus. Um den Absatz ihrer mit erheblichem Investitionsaufwand hergestellten Produkte zu sichern, müssen die Unternehmen Marktforschung und Marktstrategie betreiben. Sie sind bestrebt, die Zufälligkeiten der Nachfrage- und Preisentwicklung weitgehend auszuschalten und die preisregulierende Funktion des Wettbewerbs zu beseitigen[4].

Marktbeherrschung bedeutet Programmierung der Verbraucherwünsche und Umgehung des Wettbewerbs durch Kartellbildungen oder — vornehmer ausgedrückt — industrielle Kooperation. Unternehmen, die mit erheblichem Kapitaleinsatz planen und investieren, haben in besonderem Maße das Bedürfnis, gegen Wirtschaftskrisen und Konjunkturschwankungen gesichert zu werden. Dies kann aber nur der Staat durch eine globale Wirtschaftsplanung bewirken. Staatliche Gesamtplanung und unternehmerische Einzelplanung können sich daher in vielen Bereichen ergänzen, ohne daß es einer besonderen Koordination bedarf. Vielfach ergeben sich jedoch Konflikte zwischen den gesamtwirtschaftlichen oder allgemeinpolitischen Zielsetzungen der staatlichen Wirtschaftspolitik und den partikulären Interessen der Einzelunternehmen. In diesem Falle müssen die Entscheidungen im mikroökonomischen Bereich mit dem Makrobereich der Gesamtplanung durch wirtschaftslenkende Maßnahmen harmonisiert werden.

Die Begriffe „Wirtschaftslenkung" und „Globalsteuerung" setzen eine vom Staat organisatorisch unabhängige Sphäre der Privatwirtschaft voraus. Im öffentlichen Sektor hat der Staat die Möglichkeit, gesamtwirtschaftliche Zielsetzungen unmittelbar zu verwirklichen oder — bei dezentralisierten Körperschaften und Unternehmen — zumindest im Wege der Wirtschaftsaufsicht durchzusetzen. Im Zusammenhang mit der Wirtschaftsplanung haben sich die Funktionen und Rechtsformen wirtschaftslenkender Maßnahmen wesentlich geändert. Auf staatliche Eingriffe konnte auch im Rahmen einer rein marktwirtschaftlichen Ordnung nicht völlig verzichtet werden. Diese hatten jedoch Ausnahmecharakter und dienten in der Regel zur Überwindung von Krisensituationen. Sie waren daher punktuell und zeitlich begrenzt. Es handelte sich im allgemeinen um inhaltlich bestimmte Maßnahmen, die eindeutig hoheitlichen Charakter trugen und daher unschwer in die klassischen Kategorien des Verwaltungsrechts eingeordnet werden

---

[4] *J. K. Galbraith,* The New Industrial State, Kapitel III.

konnten (z. B. Rationierung wichtiger Bedarfsgüter, Preisfestsetzung, Genehmigungspflichten). In einer Wirtschaftsordnung, die sowohl auf privater Initiative im mikroökonomischen Bereich als auch auf staatlicher Gesamtplanung beruht, sind wirtschaftslenkende Maßnahmen nicht unerwünschte Ausnahmeerscheinungen, sondern systemimmanent. Sie erstreben die Gestaltung eines in der Zukunft liegenden Zustandes und erstrecken sich in der Regel auf einen längeren Planungszeitraum. Sie sind daher inhaltlich nicht von Anfang an bestimmt, sondern konkretisieren sich erst im Verlaufe ihres Vollzuges. Die Verwirklichung gesamtwirtschaftlicher Ziele erfordert eine gewisse Zusammenarbeit zwischen Staat und Privatwirtschaft[5]. Es bilden sich daher neue Formen des Verwaltungshandelns, die nicht in den traditionellen Rahmen des Verwaltungsrechts passen.

Während die Wirtschaftswissenschaft in zunehmendem Maße Planungsmechanismen entwickelt, ist die Rechtsordnung auf eine staatliche Wirtschaftsplanung und Wirtschaftslenkung nur ungenügend vorbereitet. In einem Rechtsstaat kann jedoch auf eine rechtliche Gestaltung der Wirtschaftsplanung nicht verzichtet werden. Kollektive Planung bedeutet ihrem Wesen nach eine Einschränkung individueller Handlungsfreiheit. Dieses Spannungsverhältnis kann zu Konflikten führen, die einer rechtlichen Regelung bedürfen. Bei der Plandurchführung ergeben sich ferner zahlreiche Rechtsprobleme, die auf Grund des bisherigen Rechts nur unbefriedigend gelöst werden können (z. B. Frage des Rechtsschutzes gegen Planungsmaßnahmen, Vertrauensschutz bei Planänderungen)[6].

Die Entwicklung eines Rechts der Wirtschaftsplanung und Wirtschaftslenkung erscheint daher dringend erforderlich. Für diese Entwicklung kann das französische Verwaltungsrecht wertvolle Impulse geben. Während sich die Wirtschaftsplanung in der Bundesrepublik noch im Anfangsstadium befindet, besteht das französische Planungssystem bereits seit Kriegsende; es umfaßt inzwischen alle wichtigen Bereiche der Wirtschaft. Die französische Planifikation beruht ebenso wie die deutsche Wirtschaftsplanung auf dem Grundsatz der flexiblen Globalsteuerung, verfügt jedoch über ein umfangreicheres und wirksameres Instrumentarium zur Durchsetzung der Planziele im privatwirtschaftlichen Bereich. Die Institutionen und Methoden der Planifikation entwickelten sich pragmatisch außerhalb der traditionellen For-

[5] Zur Abwendung von Gefahren für das gesamtwirtschaftliche Gleichgewicht sieht § 3 des Stabilitätsgesetzes ein Zusammenwirken von Staat, Unternehmerverbänden und Gewerkschaften vor, das als konzertierte Aktion bezeichnet wird.

[6] Hierzu: *Ipsen*, Fragestellungen zu einem Recht der Wirtschaftsplanung, in: Planung I, S. 35 ff.

men des Rechts. Sie hatten jedoch einen tiefgreifenden Einfluß auf die Rechtsordnung und gaben Anlaß zu einer Neuinterpretation klassischer Begriffe des Verwaltungsrechts. Die Integration der Wirtschaftsplanung in die Rechtsordnung ist auch in Frankreich noch nicht abgeschlossen, jedoch infolge der Kontinuität der Planifikation weiter fortgeschritten als in der Bundesrepublik. Das französische und das deutsche Verwaltungsrecht sind sich in wesentlichen Punkten ähnlich. Aus der rechtlichen Gestaltung der Wirtschaftsplanung und Wirtschaftslenkung in Frankreich können sich daher wichtige Hinweise auf die Lösung analoger Probleme im Bereich des deutschen Rechtes ergeben.

Es ist Aufgabe der vorliegenden Arbeit, zur Rechtsvergleichung und Rechtsfortbildung auf dem Gebiet des Wirtschaftsverwaltungsrechts beizutragen. Zu diesem Zweck sollen die Rechtsformen der Wirtschaftslenkung im französischen Verwaltungsrecht dargestellt werden, die der Plandurchführung dienen. Außer Betracht bleibt der Planvollzug im öffentlichen Bereich, für den die Verwaltung und die von ihr abhängigen Unternehmen unmittelbar zuständig sind.

Hauptanliegen der französischen Planifikation ist die Erzielung optimaler gesamtwirtschaftlicher Wachstumsraten durch Förderung der industriellen Entwicklung. Die wirtschaftslenkenden Maßnahmen zur Plandurchführung konzentrieren sich auf den Bereich der Industrie. Die übrigen Bereiche der Wirtschaft sind für die Planung und Plandurchführung von untergeordneter Bedeutung und können daher außer acht gelassen werden.

Schon wegen der Fülle des zu bewältigenden Materials muß sich die Darstellung der Plandurchführung im privatwirtschaftlichen Sektor der Industrie auf binnenwirtschaftliche Maßnahmen beschränken. Auf die Steuerung des Außenhandels kann ebensowenig eingegangen werden wie auf die Rechtsfragen, die sich aus der Devisenbewirtschaftung ergeben.

Einer besonderen Untersuchung, die im Rahmen dieser Arbeit nicht angestellt werden kann, bedarf auch die Frage der Vereinbarkeit einer nationalen Planifikation mit den Bestimmungen des EWG-Vertrages[7] und den Kompetenzen der Organe der Europäischen Gemeinschaften.

Die vorliegende Arbeit gliedert sich in zwei Abschnitte:

Der erste Teil ist einer Bestandsaufnahme und rechtlichen Systematisierung der staatlichen Maßnahmen zur Plandurchführung im privatwirtschaftlichen Sektor der Industrie gewidmet. Nach einer Einführung in die Prinzipien der Planifikation sollen auf Grund des geltenden französischen Verwaltungsrechts die spezifischen Rechtsfragen behan-

---

[7] Vgl. vor allem Art. 85, 92 des EWG-Vertrages.

delt werden, die sich aus den einzelnen Formen der Wirtschaftslenkung ergeben.

Im zweiten Teil der Arbeit soll der Versuch einer rechtlichen Synthese und einer Integration der Wirtschaftsplanung in die Rechtsordnung unternommen werden. Zu diesem Zweck sind die nach dem französischen Recht bestehenden Grenzen staatlicher Wirtschaftsplanung zu bestimmen. Daran schließt sich eine Darstellung des Beitrags der Planifikation zur Entwicklung eines eigenständigen Rechts der Wirtschaftsverwaltung an, das sich in wesentlichen Punkten von dem traditionellen Verwaltungsrecht unterscheidet.

Erstes Kapitel

§ 1 Die Grundzüge der französischen Planifikation

Die Grundsätze der Plangestaltung haben einen entscheidenden Einfluß auf die Rechtsformen des Planvollzugs. Erfolgt die Ausarbeitung und Festsetzung des Plans ausschließlich durch staatliche Behörden ohne Mitwirkung der am Wirtschaftsleben Beteiligten, so ist zu seiner Durchführung in der Regel der Einsatz staatlicher Machtmittel erforderlich. Entsteht der Plan dagegen in Zusammenarbeit zwischen dem Staat und den betroffenen wirtschaftlichen und sozialen Verbänden, so tritt an die Stelle zwangsweiser Planerfüllung vielfach eine freiwillige Koordinierung von Staat und Privatwirtschaft. „Le concert réalisé dans l'elaboration du Plan tend à se prolonger dans l'exécution[1]."

Um diesen Zusammenhang zwischen der Gestaltung des Plans und seiner Durchführung deutlich zu machen, soll eine kurze Einführung in die Grundzüge der französischen Planifikation gegeben werden.

I. Wesen und Inhalt des Plans

Der erste Wirtschaftsplan wurde in Frankreich im Jahre 1946 unter der Leitung des damaligen Plankommissars Jean Monnet erarbeitet und von der Regierung durch Dekret vom 16. 1. 1947 bestätigt. Dieser Plan sollte Prioritäten für den Aufbau der französischen Wirtschaft setzen und später auch eine sinnvolle Verwendung der amerikanischen Marshallplanhilfe gewährleisten. Er umfaßte nur sechs Basisgruppen der Volkswirtschaft: Kohle, Stahl, Elektrizität, Zement, landwirtschaftliche Maschinen und Transportwesen. In den folgenden Plänen dehnte sich die Planifikation — zum Teil auf Verlangen der Privatwirtschaft — auf die übrigen Wirtschaftszweige aus; sie stellt heute im französischen Wirtschaftsleben eine Realität dar, die von allen bedeutenden politischen Parteien und sozialen Interessenverbänden grundsätzlich anerkannt wird[2].

---

[1] *P. Massé,* Le Plan ou l'Anti-hasard, S. 160.

[2] Seit 1946 sind insgesamt 5 Pläne in Kraft getreten:

In einer Wirtschaftsordnung wie in Frankreich, die sich trotz zunehmendem Anteil des Staates am Sozialprodukt und Ausdehnung des staatlichen Interventionismus noch zu den Grundsätzen der privaten Wettbewerbs- und Marktwirtschaft bekennt, kann Planifikation nicht verbindliche Gestaltung des gesamten Wirtschaftsablaufs nach den Richtlinien staatlicher Planungsorgane bedeuten. Im Rahmen einer imperativen Planung wie zum Beispiel in der Sowjetunion sind die von zentralen Verwaltungsbehörden erlassenen Planungsbestimmungen für Produktion und Investition verbindlich, wenn auch einzelnen Produktionseinheiten notwendigerweise noch ein gewisser Handlungsspielraum verbleibt[3]. Ein solcher Planungstyp setzt die Kollektivierung der Produktionsmittel und eine autonome Preisfestsetzung ohne Rücksicht auf Marktmechanismen voraus. In Frankreich hingegen überwiegt trotz Verstaatlichung einiger Grundindustrien das Privateigentum an Produktionsmitteln; die marktwirtschaftliche Ordnung dominiert in zahlreichen Sektoren und besteht in anderen neben staatlicher Marktbeeinflussung fort[4].

Diesen wirtschaftlichen Gegebenheiten entspricht das System der indikativen Planung, für das sich die französische Regierung 1946 entschieden hat. Nach diesem System ist der Plan das Aktionsprogramm einer mittelfristigen Wirtschaftspolitik und einer globalen Steuerung des gesamten Wirtschaftsgeschehens. Er enthält eine umfangreiche Vorausschätzung der volkswirtschaftlichen Entwicklung im Planungszeitraum und die — grundsätzlich unverbindliche — Festsetzung bestimmter Planziele und Planvorhaben. Seine Richtlinien und Empfehlungen beziehen sich in erster Linie auf die Investitionen im privaten und öffentlichen Sektor der Wirtschaft. Dementsprechend definiert das Zustimmungsgesetz zum V. Plan vom 30. 11. 1965 den Plan als Rahmen für öffentliche und private Investitionsprogramme und Mittel zur Orientierung der wirtschaftlichen Expansion und des sozialen Fortschritts[5].

I. Plan (Plan Monnet)	1947—1953
II. Plan	1954—1957
III. Plan	1958—1961
IV. Plan	1962—1965
V. Plan	1966—1970

[3] Zum sowjetischen Planungssystem vgl. *Bettelheim*, La Planification Soviétique.

[4] Vgl. hierzu *Fourastié-Courthéoux*, La Planification Française, S. 113.

[5] L. 30 novembre 1965 portant approbation du Ve Plan: „Le Ve Plan dit Plan de développement économique et social annexé à la présente loi est approuvé comme cadre des programmes d'investissements pour la période 1966—1970 et comme instrument d'orientation de l'expansion économique et du progrès social."

Seit dem V. Plan sind die Planziele nicht mehr ausschließlich quantitativ bestimmt, sondern auch qualitativ akzentuiert. Das bedeutet, daß die wirtschaftlichen Vorausberechnungen nicht mehr wie bisher auf der Grundlage gleichbleibender Preise erfolgen, sondern auch die erwarteten Preisbewegungen und Einkommensentwicklungen berücksichtigen. Eine qualitative Programmation (programmation en valeur) ermöglicht es, die Wertveränderungen von Wirtschaftsfaktoren in die Planung einzubeziehen, und bildet daher die Grundlage für eine am Produktionszuwachs orientierte Einkommenspolitik[6]. Der V. Plan enthält neben den traditionellen rein wirtschaftlichen Planzielen auch Empfehlungen zu einer angemessenen Steigerung der Löhne und Gehälter im öffentlichen und privaten Bereich.

Um die Planifikation und die zu ihrer Durchführung eingesetzten Mittel verständlich zu machen, sollen die wichtigsten Planziele, wie sie vor allem im V. Plan entwickelt wurden, kurz erwähnt werden:

1. Oberstes Ziel ist ein optimales wirtschaftliches Wachstum unter Wahrung der Währungs- und Preisstabilität und des gesamtwirtschaftlichen Gleichgewichts. Für die Dauer des V. Planes (1966—1970) wurde die angestrebte jährliche Steigerung des Bruttosozialproduktes auf 5 % festgesetzt[7].
2. Eine derartige Wachstumsrate setzt eine verstärkte Industrialisierung und eine Modernisierung der bestehenden industriellen Strukturen durch Rationalisierung, Konzentration und Produktionsumstellungen voraus[8].
3. Die für eine Steigerung der industriellen Produktivität erforderlichen Investitionen sollen durch Stärkung des Kapitalmarktes sowie durch eine gezielte Steuer- und Finanzpolitik gefördert werden.
4. Die jährliche Erhöhung des Sozialprodukts soll als Maßstab für die Einkommensentwicklung dienen. Danach sollen die Empfänger von Löhnen und Gehältern einen jährlichen Kaufkraftzuwachs von ca. 3 % erhalten[9].
5. Wirtschaftsplanung bedeutet zugleich auch Raumplanung (aménagement du territoire): „La politique de l'aménagement du territoire ne doit pas et ne peut être une fin en soi; elle ne peut être qu'un élément dans la politique d'ensemble visant à la meilleure organisation des

---

[6] Zu der planification en valeur vgl. *Fourastié-Courthéoux*, a.a.O., S. 269 ff.

[7] Vgl. Rapport sur les Principales Options du Ve Plan, J.O. 24 décembre 1964.

[8] Über die Strukturprobleme der französischen Wirtschaft vgl. *Giscard-d'Estaing*, Le Monde 3. 2. 1968; *A. Chalandon*, Le Monde 21. 2. 1968, und *F. Mitterand*, Le Monde 1. 3. 1968.

[9] *Fourastié-Courthéoux*, a.a.O., S. 274.

activités économiques de la nation[10]." Die Notwendigkeit einer neuen Raumordnung als Voraussetzung einer optimalen Wirtschaftsplanung ergibt sich aus der Ungleichheit der wirtschaftlichen Entwicklung der französischen Regionen und der übermäßigen Zentralisierung von Industrie und Verwaltung in Paris[11]. Damit stellt sich das Problem der Neuschaffung von Industrien und der Verlegung bereits bestehender Industriebetriebe aus den Ballungsgebieten in die unterentwickelten Regionen. Jedoch bedürfen auch die bereits industrialisierten Gebiete im Norden und Osten Frankreichs einer Strukturverbesserung. Da eine gesunde Raumordnung Voraussetzung einer gleichgewichtigen Wirtschaftsexpansion ist, sind die Ziele der Raumplanung in den nationalen Wirtschaftsplan integriert[12].

6. Der V. Plan berücksichtigt zum ersten Mal entwicklungspolitische Vorstellungen der Regionen und enthält Zielsetzungen für eine regionale Wirtschaftsplanung. Den ersten Ansatz zu einer systematischen Regionalpolitik und Regionalplanung bilden die Dekrete vom 30. 6. 1955, die eine territoriale Aufgliederung Frankreichs in 21 Regionen zur Folge hatten[13]. Diese Regionen sind allerdings keine Gebietskörperschaften mit selbständigen Entscheidungsbefugnissen, sondern lediglich Verwaltungsbezirke, für die besondere Wirtschaftspläne im Rahmen des Gesamtplanes gelten. Auf diese Regionalpläne ist hier nicht näher einzugehen. Zu betonen ist nur, daß auch sie von zentralen Instanzen unter nur konsultativer Beteiligung regionaler Körperschaften festgesetzt werden[14]. Seit dem IV. Plan werden die wirtschaftlichen Besonderheiten der Regionen in der Gesamtplanung durch die „tranches régionales du Plan national" berücksichtigt, die eine Aufteilung der öffentlichen Investitionen auf die einzelnen Regionen enthalten.

II. Prinzipien der französischen Planifikation

1. Die französische Planifikation ist durch die Elastizität der Zielsetzungen und Planvorhaben gekennzeichnet (planification souple). Der Plan kann im Verlaufe seiner Durchführung nach Bedarf der jeweiligen wirtschaftlichen Entwicklung angepaßt werden. Im V. Plan sind zum ersten Male Kriterien für Planänderungen definiert. Es handelt sich um sogenannte Alarmsignale (indicateurs d'alerte), die den Beginn

---

[10] *R. Courtin* et *P. Maillet*, Economie Géographique, Dalloz, Paris.

[11] Vgl. Rapport sur les Principales Options, S. 11396.

[12] Vgl. hierzu *de Laubadère* II, 424.

[13] J.O. 2. 7. 1955, S. 6636—6642.

[14] Vgl. *Weinmann*, Wirtschaftsplanung in Regionen, S. 156.

einer kritischen Phase der Konjunktur anzeigen und damit eine automatische Überprüfung und notfalls eine Revision des Plans auslösen sollen[15].

2. Die französische Planifikation ist eine globale Planung, die sich auf Wirtschaftsbereiche, nicht aber auf Einzelunternehmen bezieht. Sie erstrebt keine Ausschaltung der Marktmechanismen und der Unternehmerinitiative, wohl aber eine Orientierung von Produktion und Investitionen. Wie bereits erwähnt, ist der Plan indikativ, stellt also keine verbindliche Richtlinie für die privaten Unternehmen dar (planification indicative).

3. Die Wirksamkeit des Plans beruht in erster Linie auf dem Grundsatz der konzertierten Aktion: Die von dem Plan betroffenen wirtschaftlichen und sozialen Verbände sind unmittelbar an seiner Gestaltung beteiligt (planification concertée). Die Organisation der Wirtschaftsplanung in Frankreich ist gekennzeichnet durch ein Zusammenwirken staatlicher Verwaltungsbehörden mit Wirtschaftsverbänden und berufsständischen Interessengruppen.

III. Organe der Planifikation

1. Die Planziele werden für jedes Wirtschaftsgebiet zunächst von den Modernisierungskommissionen (commissions de modernisation) erarbeitet. Diese Kommissionen sind korporative Einrichtungen und setzen sich aus Vertretern der Unternehmerverbände, der Gewerkschaften sowie aus Beamten der verschiedenen Fachministerien und wirtschaftlichen Experten zusammen[16]. Sie sind keine ständigen Einrichtungen, sondern werden von dem Premierminister aus Anlaß jeder Planvorbereitung einberufen. Ihre Aufgabe besteht darin, die von Regierung und Parlament festgelegten allgemeinen Planziele nach Industriezweigen zu konkretisieren[17]. Ziel dieser Arbeit ist, eine Übereinstimmung der Beteiligten über die Plangestaltung herbeizuführen, nicht aber Ent-

---

[15] Rapport sur les Principales Options, a.a.O., S. 11389.

[16] Die Mitglieder der Kommissionen werden von dem Premierminister auf Vorschlag des Plankommissars ernannt.

[17] Die erste Phase der Planvorbereitung besteht in:

a) Analyse der gegebenen Wirtschaftslage und Vorausberechnung der möglichen Entwicklung
b) Entscheidung der Regierung für eine bestimmte Wachstumsrate und die allgemeinen wirtschaftspolitischen Zielsetzungen nach Stellungnahme der Kommissionen und des Plankommissariats
c) Konsultation des Wirtschafts- und Sozialrates und
d) Billigung des Berichtes über die allgemeinen Zielsetzungen des Plans (Rapport sur les Principales Options) durch das Parlament.

scheidungen durch Mehrheitsbeschluß zu treffen. Die in der Regel einstimmig gebilligten Berichte der Kommissionen werden dem Plankommissariat vorgelegt.

Das Plankommissariat hat die Aufgabe, die Vorschläge der Kommissionen zu überprüfen, zu koordinieren und auf Grund einer Synthese einen in sich schlüssigen Gesamtplan zu erarbeiten, der dann von Regierung und Parlament verabschiedet wird[18]. Dem Kommissariat kommt somit, obwohl es keine Entscheidungsbefugnis hat und nur vorbereitendes Organ ist, auf Grund seiner technischen Kompetenz die entscheidende Rolle bei der Plangestaltung zu[19]. Als besondere Behörde ohne eigene Exekutivbefugnisse verfügt es über die Möglichkeit enger Zusammenarbeit mit allen Verwaltungen, die für den Planvollzug zuständig sind. Der Plankommissar (commissaire général du Plan) steht als Leiter der Behörde in ständigem Kontakt mit den Fachministerien. Nach Art. 2 des Dekrets vom 3. Januar 1946 ist er der „délégué permanent du Président du Gouvernement auprès les départements ministériels pour tout ce qui concerne l'établissement du Plan." Zugleich arbeitet das Kommissariat eng mit den Modernisierungskommissionen zusammen, deren Vorschläge es auf ihre Vereinbarkeit untereinander und mit den allgemeinen Planzielen prüft. Der Sonderstatus als Behörde und die Freistellung von eigentlichen Verwaltungsaufgaben befähigen das Kommissariat, die Planvorstellungen der Ministerien einerseits und der wirtschaftlichen und sozialen Interessenverbände andererseits zu koordinieren und bestehende Interessenkonflikte auszugleichen. Als Verhandlungsmittelpunkt und Schlichtungsorgan ist es der entscheidende Faktor der konzertierten Plangestaltung.

Neben der Ausarbeitung des Plans wurde dem Plankommissar durch das Dekret vom 16. 1. 1947 auch die Überwachung der Plandurchführung übertragen, über die er der Regierung einen halbjährlichen Bericht erstattet. Als Mitglied zentraler Kreditorganisationen hat er einen entscheidenden Einfluß darauf, daß bei der Zuteilung von Krediten an private Unternehmen die Interessen der Planerfüllung gewahrt werden.

Zur besonderen Koordinierung von Raum- und Wirtschaftsplanung wurde durch das Dekret vom 14. Februar 1963 eine „Délégation à l'Aménagement du Territoire et à l'Action Régionale" (DATAR) geschaffen[20]. Der Délégué, der direkt dem Premierminister unterstellt ist,

---

[18] Der V. Plan wurde von der Nationalversammlung gegen den Widerstand des Senats gemäß Art. 45 der Verfassung durch Gesetz vom 30. November 1965 gebilligt. Zu den Einflußmöglichkeiten des Parlaments bei der Plangestaltung vgl. *de Laubadère* III, S. 520.

[19] Vgl. hierzu *Bauchet* in Planung III, 249 ff., sowie *Crozier*, Pour une Analyse Sociologique de la Planification Française, RFS 1965, 147 ff.

[20] J.O. 15. 2. 1963, S. 1531.

wirkt bei der Plangestaltung mit und überwacht die Ausführung des Plans im Hinblick auf die Ziele der Raumordnung und der regionalen Wirtschaftsentwicklung.

2. Der Grundsatz der konzertierten Aktion ist auch für den institutionellen Rahmen der Planung auf regionaler Ebene maßgebend[21].

a) In diesem Zusammenhang sind zunächst die „Comités Régionaux d'Expansion Economique" zu erwähnen. Sie sind interprofessionelle Vereinigungen, bestehend aus Vertretern der regionalen Wirtschaftszweige und der Sozialpartner sowie sonstigen an der regionalen Wirtschaftsentwicklung interessierten Persönlichkeiten; ihre Aufgabe ist es, die Wirtschaftsplanung innerhalb der Region durch Vorschläge und Planstudien zu fördern. Durch Genehmigung (agrément) des Wirtschafts- und Finanzministeriums auf Grund des D. vom 11. 12. 1954[22] erhalten die durch private Initiative entstandenen Regionalkomitees die Rechtsform einer gemeinnützigen Vereinigung im Sinne des Gesetzes vom 1. Juli 1901 und damit auch die Möglichkeit, durch den Staat finanziell gefördert zu werden. Art. 2 des D. vom 20. 1. 1961 sieht Aufwandsentschädigungen für genehmigte Regionalkomitees vor[23]. Die wichtigste Aufgabe der „Comités d'Expansion" bestand darin, an der regionalen Wirtschafts- und Raumplanung beratend mitzuarbeiten; sie waren gemäß D. 61—72 vom 20. 1. 1961 von den staatlichen Planungsorganen bei der Aufstellung und Änderung der Regionalpläne zu konsultieren. Diese Konsultativbefugnisse wurden jedoch durch die Verwaltungsreform von 1964 auf die neugeschaffenen „Commissions de Développement Economique Régional" (CODER) übertragen. Zwar ließ die Reform von 1964 die „Comités d'Expansion" fortbestehen. Diese haben jedoch ihre institutionelle Bedeutung bei der regionalen Plangestaltung verloren. Ihre Funktion beschränkt sich nunmehr auf die Mitwirkung bei der Plandurchführung durch Beratung und Koordinierung der Unternehmen[24].

b) Die Zusammensetzung der CODER ist durch das D. 64—252 vom 14. 3. 1964 festgelegt: Sie bestehen zu $^1/_4$ aus gewählten Vertretern der Gemeinden und Departements, zur Hälfte aus designierten Vertretern der regionalen Wirtschafts- und Sozialverbände sowie zu $^1/_4$ aus Mitgliedern, die auf Grund ihrer besonderen Verdienste und Fähigkeiten in der Wirtschaft, Wissenschaft und Sozialpolitik vom Premierminister ernannt werden[25]. Die CODER haben die

[21] Vgl. hierzu im einzelnen *Weinmann*, S. 95 ff.
[22] D. 54—1231 vom 11. Dez. 1954, J.O. 12. 12. 1954, 11645.
[23] D. 61—72 vom 20. Januar 1961, J.O. 21. 1. 1961, 867.
[24] Instruction Générale vom 26. 5. 1964, J.O. 28. 5. 1964, 4523.
[25] D. 64—252 du 14 mars 1964, J.O. 20. 3. 1964.

Aufgabe, die Ansicht der Region über die wirtschaftliche und soziale Entwicklung in ihrem Bereich offiziell zu formulieren. Sie müssen über die regionalen Aspekte des Nationalplans sowie über die regionale Aufteilung der dort vorgesehenen öffentlichen Investitionen (tranches régionales du Plan national) konsultiert werden[26]. Sie sind ferner über die Durchführung des Plans zu informieren. Infolge ihrer gesetzlich festgelegten Struktur und Aufgabe sind sie Bestandteil der regionalen Wirtschaftsverwaltung. Die unmittelbare Beteiligung der Wirtschafts- und Sozialverbände an diesen Organen entspricht dem Gedanken der konzertierten Planifikation und kann als Ansatz zur Verwirklichung der Wirtschaftsdemokratie auf regionaler Ebene gesehen werden[27].

Der Grundsatz der konzertierten Aktion bei der Plangestaltung ist auch bestimmend für die Plandurchführung. Bereits im Stadium der Vorbereitung durch die Arbeit der Modernisierungskommission im Zusammenwirken mit dem Plankommissariat entscheidet sich die spätere Wirksamkeit des Plans.

IV. Zusammenhang von Plangestaltung und Plandurchführung

Die Frage nach dem Rechtscharakter des französischen Plans ist in der Literatur schon oft gestellt und unterschiedlich beantwortet worden[28]. Einigkeit besteht darüber, daß sich der Plan nicht in die üblichen Kategorien von Rechtsnorm und Verwaltungsakt einordnen läßt. Neben technischen Daten, Analysen und allgemeinen Prinzipien, die keine rechtliche Verbindlichkeit haben, enthält er generelle Planungsbestimmungen für die verschiedenen Wirtschaftszweige; insoweit ist er kein verwaltungsrechtlicher Einzelakt. Er kann auch nicht als Rechtsnorm gewertet werden. Anders als das Gesetz sind die Planrichtlinien zumindest für die Privatwirtschaft nicht verbindlich und wandeln sich im Verlaufe ihrer Durchführung. „Ein Gesetzakt ist definitiv, Planung perpetuiert sich im Planvollzug[29].“ Die Frage nach der Rechtsnatur des Plans entscheidet sich somit danach, ob er bei seiner Durchführung Rechtswirkungen entfaltet.

---

[26] Vgl. L'Organisation Régionale en France, La Documentation Française 1965, S. 18 ff.

[27] Hierzu: *Mendès-France,* La République Moderne, S. 256 ff.

[28] Vgl. hierzu vor allem *Rivero,* Le Plan Monnet et le Droit D. 1947, 129; Le Problème Juridique du Plan Monnet D.Soc. 1949, 4; Le Plan et le Droit in Cah.Fond.Nat.Sc.Pol. Nr. 140, 121, *Bourdoncle,* Le Régime Juridique de la Planification, S. 1958, 33; *Jacquot,* Recherche sur le Régime et la Nature Juridique des Plans Français, th. Paris 1967.

[29] *Kaiser,* in: Planung I, 32.

In diesem Zusammenhang stellt sich ein Problem, das hier nur angedeutet werden kann: Ist, wenn schon der Plan für die Privatwirtschaft unverbindlich ist, wenigstens der Staat als Planungsträger zu seiner Durchführung verpflichtet?

De Laubadère, der eine rechtliche Bindung der Regierung an den Plan bejaht, kann sich zur Stützung seiner Ansicht auf den Wortlaut des V. Plans[30] sowie auf die Tatsache berufen, daß die letzten beiden Pläne vom Parlament im Gesetzgebungsverfahren gebilligt wurden. Zur Sicherung der Plandurchführung durch die staatlichen Organe dient in erster Linie die Mitwirkung des Plankommissars bei der Vorbereitung des jährlichen Budgets. Ferner kann das Parlament Programm- und Orientierungsgesetze erlassen, die eine mehrjährige Vorausplanung öffentlicher Investitionen und Bestimmungen zur Förderung bestimmter Wirtschaftszweige im Rahmen des Gesamtplans enthalten[31]. Aus dem Plan, den Programmgesetzen und der Budgetbewilligung können jedoch unmittelbare Rechtsansprüche nicht hergeleitet werden. Da rechtliche Sanktionen fehlen, unterliegt die Regierung bei der Plandurchführung nur der politischen Kontrolle durch das Parlament[32].

Im übrigen bedarf eine „planification souple“ ihrem Wesen nach einer ständigen Anpassung an die jeweilige Konjunktur- und Wirtschaftslage. Zwar sollen Abweichungen von den Richtlinien des Plans oder Planänderungen, nur dann erfolgen, wenn hierfür nach der allgemeinen volkswirtschaftlichen Entwicklung ein objektiv feststellbarer wichtiger Grund vorliegt[33]. Hierüber kann die Regierung jedoch letztlich nach ihren rechtlich nicht überprüfbaren Ermessen entscheiden. Regierung und Parlament können ferner bei der Gestaltung des Jahreshaushaltes von den mehrjährigen finanziellen Dispositionen des Plans abweichen. Nach dem gegenwärtigen Rechtsstand ergeben sich daher aus der Bindung der Regierung an den Plan keine konkreten Rechtsfolgen. Hingegen ist der Plan entsprechend den Weisungen der Regierung für die öffentlichen Unternehmen, die der hierarchischen Kontrolle des Staates unterstehen, verbindlich, ebenso für die Gemeinden und Departements auf Grund ihrer völligen finanziellen Abhän-

[30] Vgl. die bei *de Laubadère* III Nr. 856 zitierten Ausführungen des V. Plan über die Verbindlichkeit der Planziele: „Certains d'entre eux dépendent de décisions directes de l'Etat tels les équipements collectifs et, dans la mesure où elles sont aidées, les constructions de logement. Leur inscription dans le Plan est un egagement de les réaliser sauf mécomptes sérieux et objectivement constatés dans l'évolution générale de l'économie.“

[31] Zu den rechtlichen Besonderheiten der Programm- und Orientierungsgesetze vgl. die Ausführungen zu § 7 IV 1.

[32] Der tatsächliche Einfluß des Parlaments auf Plangestaltung und Plandurchführung ist gering. Vgl. hierzu *Bauchet*, in: Planung III, S. 257 ff.

[33] Vgl. Anm. 31.

gigkeit von staatlichen Zuwendungen[34]. Im Bereich der Staatsausgaben und der öffentlichen Unternehmen kann der Staat die Planziele unmittelbar verwirklichen und einen richtungsweisenden Einfluß auf die Privatwirtschaft ausüben. Plandisziplin im öffentlichen Sektor bewirkt zugleich einen Sachzwang zu plankonformen Verhalten für die Unternehmen, die von öffentlichen Aufträgen und Investitionen abhängig sind[35]. In der französischen Industrie, in der der privatwirtschaftliche Sektor bei weitem überwiegt, kann sich eine aktive Planifikation jedoch nicht auf Investitionsmaßnahmen der öffentlichen Hand beschränken.

Die Wirksamkeit der staatlichen Wirtschaftsplanung im privatwirtschaftlichen Bereich beruht nicht zuletzt auf psychologischen Faktoren. „Le Plan doit délivrer les timides de la crainte et inciter les imprudents à la réflexion[36].“ Der Plan stellt für die privaten Unternehmen eine wertvolle Informationsgrundlage dar. Er schließt zwar das Risiko wirtschaftlicher Entscheidungen nicht aus, macht es jedoch berechenbar. Massé bezeichnet den Plan daher treffend als „anti-hasard“ und „réducteur d'incertitude“[37]. Fourastié vergleicht ihn mit einer Straßenkarte, an der sich die Autofahrer orientieren, weil sie sich im allgemeinen auf die Richtigkeit der darin enthaltenen Angaben verlassen können[38].

Diese psychologischen Anreize reichen jedoch nicht aus, um die Unternehmen an den zum Teil langfristigen Zielsetzungen des Plans zu orientieren. Die Plandurchführung im privatwirtschaftlichen Bereich setzt vielmehr den Einsatz wirtschaftslenkender Maßnahmen voraus.

Schon vor der Planifikation und den Verstaatlichungen von 1945 gab es in Frankreich zahlreiche Eingriffe des Staates in den Wirtschaftsablauf, die sich unter der Vichy-Regierung 1940—1944 zu einem System des autoritären Dirigismus entwickelten. Mit der Planifikation vollzog sich der Übergang zu einer globalen vorausplanenden Wirtschaftslenkung. An die Stelle von Zwangsmaßnahmen, die sich vielfach als wirkungslos erwiesen hatten, trat in zunehmendem Maße eine Zusammenarbeit von Staat und Unternehmen. Damit haben die bisherigen Formen der Wirtschaftslenkung nicht ihre Bedeutung verloren; sie paßten sich jedoch den Besonderheiten der Planifikation an.

---

[34] Zur Frage der Verbindlichkeit der Pläne für den öffentlichen Sektor der Industrie: *Houin*, in: Planung I, 153, ff.; *Fourastié-Courthéoux*, a.a.O., S. 147 ff.

[35] Der Anteil des Staates an den Gesamtinvestitionen liegt bei 40 %.

[36] Club Jean Moulin, L'Etat et le Citoyen, Edition du Seuil.

[37] *P. Massé*, a.a.O., Kap. I.

[38] *Fourastié-Courthéoux*, a.a.O., S. 37.

Bei der Plandurchführung im privatwirtschaftlichen Bereich lassen sich Zwangsmaßnahmen, Orientierungsmaßnahmen und Stimulierungsmaßnahmen unterscheiden. Als neues Element tritt zu diesen einseitigen Formen der Wirtschaftslenkung die vertragliche oder vertragsähnliche Zusammenarbeit von Staat und Unternehmen hinzu.

Zweites Kapitel

§ 2 Zwangsmaßnahmen zur Plandurchführung

I. Autoritäre Wirtschaftslenkung zu Beginn des I. Plans

Die Plandurchführung in der 1. Phase der Planifikation von 1946 bis 1948 war noch weitgehend durch den Einsatz von Zwangsmitteln bestimmt. Diese Zwangsmaßnahmen haben ihren Ursprung aber nicht in der Planifikation selbst, sondern in der wirtschaftlichen Mangellage nach Kriegsende, die eine Bewirtschaftung der Investitionsgüter und Rohstoffe erforderte. Von einer marktwirtschaftlichen Ordnung kann bei einer strengen Überwachung und Steuerung von Produktion und Investition durch Rationierungs- und Zuteilungsmaßnahmen nicht mehr die Rede sein; die zur Planerfüllung eingesetzten Mittel entsprachen eher dem System einer zentralen Verwaltungswirtschaft[1].

Wichtigste Maßnahme zur Erreichung der Planziele war der Erlaß von Fabrikationsprogrammen für wichtige Investitionsgüter durch die Direction des Programmes Economiques, eine Fachabteilung des Wirtschaftsministeriums. Nur entsprechend diesen Programmen wurden den Unternehmen knappe Rohstoffe, wie Stahl und Zement, zugeteilt.

Das Gesetz vom 11. Mai 1946 sah die Möglichkeit einer zwangsweisen Durchsetzung der vom Wirtschaftsministerium erlassenen Produktionsprogramme durch Einzelanweisungen an die betroffenen Unternehmen vor. Diese Produktionsbefehle enthielten die Androhung von Sanktionen, die bis zur Beschlagnahme des Unternehmens gehen konnten. Die Erteilung der Bauerlaubnis für den Neubau oder die Erweiterung industrieller Anlagen war von der Genehmigung eines interministeriellen Ausschusses abhängig, der die wirtschaftliche Zweckmäßigkeit der Bauvorhaben überwachte. Investitionsvorhaben im Rahmen bestehender industrieller Einrichtungen mußten vom Plankommissariat genehmigt werden. Diese Genehmigung, die nur für plankonforme Investitionen erteilt wurde, war Voraussetzung für die Zuteilung der erforderlichen Rohstoffe[2].

---

[1] *Bauchet*, L'Expérience Française de Planification, S. 67.

[2] Bei der damaligen Schwäche des Kapitalmarktes und der geringen Eigenfinanzierung wurden fast alle großen Investitionsprojekte mit staatlichen Mitteln finanziert.

Durch die Ord. vom 30. 6. 1945 wurde die Preisgestaltung der Unternehmen einer strengen Kontrolle unterworfen; diese Preisüberwachung besteht zum Teil heute noch.

Mit dem Wiederaufbau der französischen Wirtschaft und der Überwindung der Mangellage verloren die Methoden der autoritären Wirtschaftslenkung ihre innere Berechtigung. Sie wurden seit 1949 im Zuge der Rückkehr zur marktwirtschaftlichen Ordnung durch marktkonformere Interventionsmittel ersetzt.

Heute werden Zwangsmaßnahmen zur Plandurchführung nur noch ausnahmsweise angewendet. Sie bestehen in erster Linie auf dem Gebiet der Bauüberwachung fort und sollen Vorhaben verhindern, die den Zielen der Raumordnung zuwiderlaufen würden. Unter diesem Gesichtspunkt sind die Maßnahmen zur Beschränkung der Niederlassungsfreiheit im Ballungsgebiet von Paris zu sehen.

II. Beschränkung der industriellen Niederlassungsfreiheit

Rechtsgrundlage sind die Dekrete Nr. 36 vom 5. Januar 1955 und Nr. 1460 und 1461 vom 31. Dezember 1958, die ein grundsätzliches Verbot der Neuansiedlung und der Erweiterung von Industriebetrieben im Großraum von Paris enthalten[3].

Durch das Verbot sind nur Unternehmen betroffen, die zur Herstellung oder Lagerung von Industriegütern Gebäude errichten oder ausbauen, deren Flächenumfang 500 m² übersteigt oder in denen mehr als 50 Personen beschäftigt sind. Verboten ist ferner die Niederlassung von Industrien mit mehr als 50 Beschäftigten in bereits bestehenden Gebäuden dieser Größenordnung sowie die Errichtung von Bürohäusern zu Handels- oder Gewerbezwecken mit einer Grundfläche von mehr als 1000 m² [4]. Es könnnen jedoch Ausnahmegenehmigungen erteilt werden. Zuständig hierfür ist das Bauministerium, das seine Entscheidung auf Grund der Stellungnahme einer konsultativen Kommission aus Vertretern der zuständigen Fachministerien und des Plankommissariats trifft. Die Dekrete enthalten in ihrem Text keine Richtlinien darüber, in welchen Fällen die Genehmigung zu erteilen ist; diese steht daher im Ermessen der Behörde. Hinweise für Ermessensausübung finden sich in den Motiven des Dekrets vom 5. Januar 1955[5]. Danach soll

---

[3] Die Region von Paris umfaßt die Stadt Paris sowie die ehemaligen Departements Seine et Oise und Seine et Marne.

[4] Verstöße gegen das Niederlassungsverbot sind nach der Ord. 1446 vom 31. 11. 1958 in Verbindung mit Art. 103 Code de l'Urbanisme et de l'Habitation strafbar.

[5] D. 55—36, 5. 1. 1955, exposé des motifs J.O. 8. 1. 1955, 385.

die Genehmigung erteilt werden, wenn die Niederlassung oder Ausdehnung von Industrien im Raum von Paris durch ein nationales Interesse gerechtfertigt ist. Als Beispiele dafür werden die Aufrechterhaltung des Absatzmarktes eines Unternehmens, die Verminderung der Produktionskosten und die Notwendigkeit enger Verbindung mit den Forschungszentren genannt. Da es sich hierbei um Gesichtspunkte wirtschaftlicher Zweckmäßigkeit handelt, hat das Ministerium bei der Entscheidung über die Genehmigung einen weiten Ermessensspielraum.

Auch außerhalb des Ballungsgebietes von Paris sind bei der Entscheidung über die Erteilung einer Bauerlaubnis die Ziele der regionalen Raumplanung zu berücksichtigen.

Gemäß Art. 15 des Dekrets vom 30. November 1961[6] kann die Bauerlaubnis für Bauvorhaben versagt werden, die auf Grund ihrer Ausdehnung, ihrer Lage oder ihrer Zweckbestimmung den regionalen Raumordnungsplänen zuwiderlaufen würden. Ob diese Voraussetzungen vorliegen, ist durch die Verwaltungsgerichte nachprüfbar.

Das Bestehen von Zwangsmaßnahmen im Interesse der Raumordnung und der industriellen Dezentralisation steht nicht in Widerspruch zu dem Grundsatz der indikativen Planung, da den Betroffenen keine positiven Handlungspflichten zur Planerfüllung auferlegt werden. Die Genehmigungspflicht hat vielmehr eine für die Polizeiverwaltung typische negative Ordnungsfunktion und soll verhindern, daß privates Handeln die Plandurchführung an entscheidenden Punkten gefährdet[7].

III. Staatliche Preisfestsetzung

Unmittelbar in die Dispositionsfreiheit der Unternehmen und in die marktwirtschaftliche Ordnung greift dagegen die staatliche Preiskontrolle ein, die durch die bereits erwähnte Ord. vom 30. 6. 1945 begründet wurde und heute noch ein wesentliches Element der Plandurchführung darstellt. Anlaß zur Wiederherstellung der Preiskontrolle im industriellen Bereich nach vorübergehender Liberalisierung war der Plan zur Stabilisierung der Wirtschaft (Plan de Stabilisation) vom September 1963, der in den IV. Plan eingefügt wurde, um inflationäre Tendenzen in Industrie und Handel zu bekämpfen. Dementsprechend ordnete das Wirtschafts- und Finanzministerium auf Grund des Art. 1 der Ord. vom 30. 6. 1945 durch die Erlasse vom 12. September 1963 und 21. November 1963 einen allgemeinen Preisstopp für alle Industrieer-

[6] D. 30. 11. 1961, J.O. 5. 12. 1961, 11169.

[7] s. *de Laubadère* III, S. 530.

zeugnisse an[8]. Seither bedarf grundsätzlich jede Preiserhöhung für Industrieprodukte einer besonderen Preisfreigabe durch ministeriellen Erlaß.

Die Preisstopp-Verordnungen von 1963 sind ein Restbestand des autoritären Wirtschaftsdirigismus der Kriegs- und Nachkriegszeit und im Rahmen der indikativen Planifikation systemfremd[9]. Zur Korrektur dieses schwerwiegenden Eingriffs auf dem französischen Markt diente das Prinzip der konzertierten Planverwirklichung. Seit Inkrafttreten des V. Plans besteht die Möglichkeit einer Preisfreigabe für Unternehmen, die sich durch Vereinbarungen mit dem Staat zur Preisdisziplin und zur Plandurchführung verpflichten. Von diesen Preisabkommen wird im Zusammenhang mit der vertraglichen Plandurchführung noch die Rede sein.

IV. Die Kartellgesetzgebung

Ein weiteres Instrument zur Plandurchführung ist die staatliche Überwachung von Kartellbildungen. Sie beruht auf dem gesetzesvertretenden Dekret vom 9. August 1953, das in die Ord. vom 30. Juni 1945 Bestimmungen zur Aufrechterhaltung und Wiederherstellung der freien Konkurrenz einfügte[10]. Art. 59 *bis* der Ord. enthält nunmehr ein allgemeines Verbot von Kartellen, d. h. wettbewerbsbeschränkenden Vereinbarungen, die eine Senkung der Herstellungs- oder Verbrauchspreise verhindern oder eine künstliche Preiserhöhung ermöglichen sollen. Verstöße gegen das Kartellgesetz haben die Nichtigkeit der Vereinbarung zur Folge und sind nach der Ord. Nr. 45—1484 vom 30. 6. 1945 und Art. 419 Code Pénal strafbar[11].

Art. 59 *ter* der Ord. vom 30. 6. 1945 nimmt jedoch von dem allgemeinen Kartellverbot diejenigen Vereinbarungen oder Unternehmenszusammenschlüsse aus, die eine Erweiterung des Absatzmarktes und eine Rationalisierung oder Spezialisierung der Produktion anstreben[12].

Entscheidend kommt es dabei auf den Hauptzweck der Vereinbarung an. Verfolgt diese in erster Linie die in Art. 59 *ter* genannten Ziele, so ist sie erlaubt, auch wenn sie wettbewerbsbeschränkende Wirkungen hat. Besteht ihr Zweck dagegen vorwiegend in einer unmittelbaren

---

[8] Arr. Nr. 24 873 vom 12. 9. 1963 BOSP 13. 9. 1963; Arr. Nr. 24 898 vom 20. 11. 1963 BOSP 21. 11. 1963.

[9] So auch *Weinmann*, a.a.O., S. 62/63.

[10] D. 53—704, 9. 8. 1953, J.O. 10. 8. 1953, S. 7045.

[11] Verboten und strafbar sind ferner die Preisbindung 2. Hand und die Verkaufsverweigerung unter Mißbrauch einer marktbeherrschenden Position. D. 58—545, 24. 6. 1958, J.O. 25. 6. 1958, 58 77, vgl. dazu *Houin*, a.a.O., 173—175.

[12] Hierfür sind die beteiligten Unternehmen beweispflichtig.

Preisbeeinflussung durch Unterdrückung der Konkurrenz, so kommt die Verbotsnorm des Art. 59 *bis* zur Anwendung[13].

Zur Kontrolle der Kartellbildungen wurde durch das Dekret vom 9. August 1953 eine Kartellbehörde, die „Commission Technique des Ententes" geschaffen. Diese Kommission, die sich aus Mitgliedern des C.E. und der Cour de Cassation zusammensetzt, überprüft entweder auf eigene Initiative oder auf Ersuchen eines Ministeriums oder eines Gerichts die Zielsetzungen wettbewerbsbeschränkender Vereinbarungen. Stellt sie einen Verstoß gegen das Kartellverbot fest, so kann sie die Angelegenheit der Staatsanwaltschaft zum Zwecke der Strafverfolgung übergeben. Die Kommission hat bisher die Ausnahmen vom Kartellverbot sehr weit ausgelegt und sich damit pragmatisch den Tendenzen der Planifikation zur Konzertierung der Unternehmen untereinander und mit dem Staat angepaßt[14].

In den Motiven des Dekrets vom 9. August 1953 wird die Plandurchführung zwar nicht erwähnt. Zwischen dem Kartellverbot und der Planifikation besteht jedoch ein enger Zusammenhang[15].

Kartelle bezwecken private Planung und Marktbeeinflussung; sie stellen somit den Anspruch des Staates auf übergeordnete Wirtschaftsplanung und letztlich auch die Durchführung des staatlichen Plans in Frage. Die Mitglieder von Kartellen versuchen, Produktion und Warenaustausch auf bestimmten Märkten im Sinne ihrer eigennützigen Interessen zu disziplinieren, während die Planifikation eine Marktbeeinflussung im gesamtwirtschaftlichen Interesse erstrebt. Der Staat kann daher private branchenbestimmte Planung nicht dulden, soweit diese dem staatlichen Plan widerspricht.

Anders verhält es sich dagegen mit Wettbewerbsbeschränkungen, die in erster Linie Strukturverbesserungen der beteiligten Unternehmen im Sinne der Planziele anstreben. In der wirtschaftspolitischen Diskussion in Frankreich wird in den letzten Jahren immer wieder auf die Strukturmängel der französischen Industrie hingewiesen[16]. Die mangelnde Konzentration und Modernisierung einer Vielzahl kleiner und mittlerer Industriebetriebe führt zu überhöhten Herstellungskosten und beeinträchtigt daher die Wettbewerbsfähigkeit der französischen Wirtschaft in einer Zeit der Liberalisierung des Außenhandels.

Infolge der industriellen Entwicklung, die eine immer stärkere Unternehmenskonzentration erfordert, hat der Wettbewerb seine Bedeu-

---

[13] *Vasseur*, Le Droit de la Réforme des Structures Industrielles, S. 160.

[14] *Svoboda*, La Notion de Droit Economique, S. 13.

[15] So auch *Houin*, in: Planung II, 177.

[16] Vgl. *A. Chalandon*, Pour une Economie de Compétition, Le Monde 20. 2. 1968.

tung als Grundgesetz einer marktwirtschaftlichen Ordnung verloren. Er wird nicht mehr als Selbstzweck, sondern nur noch als eine von mehreren prinzipiell gleichwertigen Möglichkeiten der Marktorganisation angesehen[17]. Im System einer globalen Wirtschaftsplanung ist freier Wettbewerb nur noch insoweit sinnvoll, als er zu der Verwirklichung gesamtwirtschaftlicher Zielsetzungen beiträgt. Die Globalsteuerung der Wirtschaft, wie sie die französische Planifikation erstrebt, setzt eine Harmonisierung der Entscheidungen im Makro- und Mikrobereich voraus, die nach dem Grundsatz der indikativen Planung nicht durch Zwang, sondern durch eine Konzertierung von Staat und Unternehmen erfolgen soll. Eine konzertierte Wirtschaftsplanung ist aber nicht möglich, wenn sich der Staat einer Vielzahl kleiner und mittlerer Unternehmen gegenübersieht. Als Partner des Staates und Adressaten einer branchenbestimmten Wirtschaftslenkung sind nur Großunternehmen und Verbände geeignet, die durch ihr Verhalten die Plandurchführung in den einzelnen Wirtschaftszweigen entscheidend beeinflussen können.

Angesichts dieser Situation hat sich die ursprüngliche Zielsetzung der staatlichen Kartellüberwachung geändert. Maßstab der Rechtmäßigkeit einer wettbewerbsbeschränkenden Vereinbarung ist nicht mehr ihr Einfluß auf die Preisgestaltung, sondern ihre Übereinstimmung mit dem Plan. Die Kartellkontrolle, die zur Aufrechterhaltung der Preisstabilität und des freien Wettbewerbs konzipiert war, ist zu einem Mittel der Plandurchführung geworden. Sie beschränkt sich nicht mehr auf eine negative Ordnungsfunktion, die nur den äußeren Rahmen einer industriellen Tätigkeit bestimmt, sondern erstrebt eine positive Gestaltung des Wirtschaftsablaufs, indem sie Unternehmenszusammenschlüsse und kooperative Vereinbarungen im Sinne der Planziele orientiert. Damit verläßt der Staat aber den Bereich administrativer Zwangsmaßnahmen. Die Kartellkontrolle stellt den Übergang von einer repressiven Aktion zur Sicherung des Planvollzuges zu einer aktiven Wirtschaftslenkung durch Orientierung der Privatunternehmen dar.

---

[17] Zur Bedeutung des Wettbewerbs in der Bundesrepublik vgl. *J. Huffschmidt*, Die Politik des Kapitals, S. 109, 121.

Drittes Kapitel

§ 3 Orientierungsmaßnahmen zur Plandurchführung

Mit dem Begriff „Orientierungsmaßnahmen" sollen im Zusammenhang mit der französischen Planifikation diejenigen Formen der Wirtschaftslenkung bezeichnet werden, die auf der staatlichen Wirtschaftsaufsicht beruhen und eine aktive Gestaltung des Wirtschaftsablaufes im Sinne der Planziele bewirken sollen. Hierzu zählen die Kontrolle des Kapitalmarktes und die Steuerung des privaten Kredits.

Im Gegensatz zu den im vorhergehenden Kapitel dargestellten Zwangsmaßnahmen, die sich auf eine polizeiliche Ordnungsfunktion zur Verhinderung planschädlichen Verhaltens beschränken, besteht der Zweck der Orientierungsmaßnahmen darin, die Unternehmen zu einer positiven Mitarbeit bei der Planverwirklichung zu veranlassen. Die Wirtschaftsaufsicht begnügt sich nicht wie die Verwaltungspolizei damit, die Grenzen und den Rahmen einer grundsätzlich freien privaten Wirtschaftstätigkeit abzustecken[1]. Sie greift in vielen Fällen direkt in die Entscheidungen des kontrollierten Unternehmens ein und versucht, dieses nach gesamtwirtschaftlichen Zielsetzungen zu lenken. „L'Administration ne se contente plus d'interdire, elle prescrit. Elle pénètre dans le fonctionnement de l'organisme, influe sur ses décisions. Le contrôle n'est plus une limite à l'intérieur de laquelle les organismes privés peuvent agir librement, il est un ensemble de directives qui orientent leur action[2]."

I. Die Kontrolle von Unternehmensvereinigungen

Ein wichtiges Anliegen der Planifikation ist die Steigerung der Produktivität der französischen Industrie und damit ihrer Wettbewerbsfähigkeit auf dem Weltmarkt. Dies setzt aber die Schaffung neuer industrieller Strukturen durch Rationalisierung und Konzentration voraus. Der Staat begünstigt daher kooperative Vereinbarungen und Zu-

---

[1] Zur staatlichen Wirtschaftsaufsicht vgl. das grundlegende Werk von *Demichel,* Le Contrôle de l'Etat sur les Organismes Privés, Bd. I und II.

[2] *Demichel,* Bd. I, S. 4.

sammenschlüsse von Unternehmen, auch wenn diese wettbewerbsbeschränkende Wirkung haben. Er muß allerdings darauf achten, daß diese Formen der industriellen Zusammenarbeit nicht unter dem Deckmantel von Rationalisierungsmaßnahmen zu unzulässigen Preisabsprachen mißbraucht werden. Daher ist eine Kontrolle von Unternehmensvereinigungen unerläßlich. Die Rechtsgrundlage hierfür bieten die Kartellgesetzgebung und Spezialbestimmungen.

1. Die „Groupements Professionnels Agréés"

Das Dekret Nr. 55—877 vom 30. 6. 1955 gibt den industriellen Unternehmen die Möglichkeit, sich auf regionaler oder nationaler Ebene zu branchenbestimmten Vereinigungen ohne Erwerbszweck (groupements professionnels) zusammenzuschließen mit dem Ziel, gemeinsame Maßnahmen zur Strukturverbesserung innerhalb des Wirtschaftszweiges durchzuführen[3]. Zu diesen Maßnahmen gehören vor allem die Rationalisierung von Produktion und Verkauf, die Senkung des Selbstkostenpreises und Produktionsumstellungen in Anpassung an die Wirtschaftslage. Der Aufkauf und die Stillegung einzelner Betriebe durch den Gewerbeverband ist zwar in den Texten nicht ausdrücklich vorgesehen, stellt jedoch in Wirtschaftszweigen mit einer Vielzahl kleiner unrentabler Unternehmen eine notwendige Rationalisierungsmaßnahme dar und entspricht damit den Zielsetzungen des Dekrets[4].

Ihrer Rechtsnatur nach sind die „groupements professionnels" privatrechtliche Vereine; ihre Gründung wie auch die Mitgliedschaft in ihnen unterliegt der Koalitionsfreiheit. Voraussetzung für eine staatliche Förderung ist allerdings, daß sie auf Grund ihrer Mitgliederzahl zu wirksamen Aktionen innerhalb ihres Industriezweiges in der Lage sind. Rationalisierungs- und Konversionsmaßnahmen innerhalb einer Branche sind in den meisten Fällen mit Wettbewerbsbeschränkungen verbunden; die „groupements professionnels" sind daher Kartelle, die von der Regierung gefördert werden, die aber auch einer besonderen Überwachung bedürfen[5].

Voraussetzung für die im Dekret vom 30. 6. 1955 vorgesehenen finanziellen Vorteile ist die Genehmigung (agrément) der Berufsvereinigung durch gemeinsamen Erlaß des Finanzministeriums und des Industrieministeriums. Diese Entscheidung steht im Ermessen der Ministerien und erfolgt nach Prüfung der Satzung, des Aktionsprogrammes und der Regelung seiner Finanzierung, die dem Antrag auf Genehmigung beizu-

---

[3] Art. 1 D. 55—877, 30. 6. 1955, J.O. 1. 7. 1955.

[4] *Vasseur*, a.a.O., S. 95.

[5] *Vasseur*, a.a.O., S. 96.

fügen sind[6]. Das „agrément" wird im allgemeinen befristet erteilt, kann jedoch verlängert werden. Stellt sich vor Ablauf der vorgesehenen Dauer heraus, daß die Voraussetzungen für die Genehmigung nicht mehr vorliegen, kann diese durch ministeriellen Erlaß zurückgenommen werden (Art. 4).

Wie sich aus dem Zusammenhang mit Art. 5 ergibt, der eine Überwachung der „groupements professionnels" durch die Kartellbehörde vorsieht, soll die Rücknahme der Genehmigung verhindern, daß die staatliche Förderung unter Vortäuschung strukturverbessernder Maßnahmen zu unzulässigen Preisabsprachen mißbraucht wird. Insoweit ist der Ermessensspielraum der Behörde bei der Entscheidung über die Rücknahme beschränkt. Staatlich anerkannte Berufsvereinigungen haben ein Recht auf finanzielle Förderung aus öffentlichen Mitteln. Zur Durchführung ihrer vorgesehenen Maßnahmen können sie staatliche Garantien, Zinsvergütungen und verbilligte öffentliche Kredite erhalten. Handelt es sich um Maßnahmen zur Produktionsumwandlung, so können Mittel des „Fonds de Développement Industriel et Social" sowie besonders dafür vorgesehene Haushaltskredite in Anspruch genommen werden. Da die Berufsvereinigungen in der Regel nicht über eigene Einnahmen verfügen, sind sie auf die Beiträge der beteiligten Unternehmen angewiesen. Diese Unternehmen können ihre Beiträge von der Einkommen- oder Körperschaftsteuer absetzen.

Die „groupements professionnels" sind einer weitgehenden staatlichen Kontrolle unterworfen. Von der Prüfung des Aktionsprogramms bei Erteilung des „agrément" war bereits die Rede. Um auch die laufende Geschäftsführung und die zweckentsprechende Verwendung der staatlichen Mittel zu überwachen, wird jeder Berufsvereinigung durch ministeriellen Erlaß ein Regierungskommissar zugeordnet. Dieser nimmt an allen Beratungen der geschäftsführenden Organe teil. Er hat zwar kein positives Weisungsrecht, kann jedoch gegen jeden Beschluß Einspruch mit Suspensivwirkung für die Dauer von 30 Tagen einlegen[7]. In diesem Falle entscheiden die für die Berufsvereinigung zuständigen Ministerien. Bestätigen diese den Einspruch innerhalb von 30 Tagen, so wird der beanstandete Beschluß endgültig unwirksam. Der Regierungskommissar hat somit einen wesentlichen Einfluß auf die Geschäftsführung der Berufsvereinigung; im übrigen kann er bei Zweckentfremdung der öffentlichen Mittel oder Nichteinhaltung des Aktionsprogramms den zuständigen Ministerien die Rücknahme der Genehmigung empfehlen.

---

[6] Art. 1 u. 2 des D. 55—1369 vom 18. 10. 1955.

[7] Art. 7 u. 8 des D. 55—1369 vom 18. 10. 1955.

Die extensiven Kontrollbefugnisse der Verwaltung sind wohl die Ursache dafür, daß von der Möglichkeit industrieller Kooperation durch Bildung von „groupements professionnels" nur wenig Gebrauch gemacht wurde[8]. Entscheidende Fortschritte bei der Reform der industriellen Strukturen blieben aus.

2. Die „Sociétés Conventionnées"

Durch den Abbau der Zollschranken innerhalb der EWG sah sich die französische Regierung veranlaßt, neue Kooperationsformen zur Steigerung der Wettbewerbsfähigkeit der französischen Industrie und ihrer Anpassung an den gemeinsamen Markt zu schaffen. Demgemäß sieht die Ord. vom 4. 2. 1959 Steuervergünstigungen für diejenigen Unternehmen vor, die sich unter Wahrung ihrer Selbständigkeit zu Gesellschaften zum Zwecke der gemeinsamen Marktforschung und Verkaufsförderung zusammenschließen[9]. Begünstigt werden ausschließlich die kleinen und mittleren Unternehmen, die nicht mehr als 500 Beschäftigte umfassen und deren Kapital einschließlich der Reserven 500 Millionen F. nicht übersteigt[10]. Die gemeinsamen Gesellschaften schließen ihrerseits Abmachungen mit dem Wirtschafts- und Finanzministerium, in denen sie sich zur Durchführung des in Übereinstimmung mit dem Ministerium entwickelten Aktionsprogramms verpflichten[11]. In diesem Abkommen sind jeweils auch die Kontrollbefugnisse der Verwaltung festgelegt. Anstelle der zwingenden Regelung des Dekrets vom 30. 6. 1955, das für die „groupements professionnels" die bis ins einzelne gehende Überwachung durch einen Regierungskommissar vorschreibt, lassen sich durch vertragliche Vereinbarung elastischere Kontrollformen finden, die den Bedürfnissen des Einzelfalls angepaßt werden können. Nach Abschluß des Abkommens zwischen der Vertragsgesellschaft und dem Ministerium haben die Mitgliedsunternehmen, die ihre Kapitaleinlage geleistet haben, das Recht, eine außerordentliche Abschreibung in Höhe dieser Einlage vorzunehmen.

Die Gewinne der Vertragsgesellschaften, die diese durch ihre Tätigkeit erzielen und an ihre Mitglieder ausschütten, sind insoweit von der Ergänzungsabgabe (taxe complémentaire) zur Körperschaftsteuer befreit, als sie 5 % des Nominalwertes der Kapitalbeteiligungen nicht überschreiten.

---

[8] Als Beispiele für groupements professionnels sind zu nennen: Association des Filateurs de Lin et le Chanvre (Flachs- und Hanfspinnerei-Industrie) und das Groupement Professionnel pour l'Assainissement de l'Organisation et de la Fabrication des Soieries et Tissus de Lyon 1958 (Lyoner Seidenindustrie).

[9] Ord. 59—248, 4. 2. 1959, J.O. 8. 2. 1959, S. 1754.

[10] Art. 4 Ord. 4. 2. 1959.

[11] Die Gesellschaften werden daher als Vertragsgesellschaften (Sociétés Conventionnées) bezeichnet.

Abweichend von Art. 38, 62 CGI wird der Mehrwert, der durch Veräußerung der Gesellschaftsanteile oder Aktien einer Vertragsgesellschaft erzielt wird, nicht zu dem steuerpflichtigen Einkommen hinzugerechnet, wenn dieser Mehrwert innerhalb eines Jahres zum Erwerb von Kapitalbeteiligungen oder Aktien der gleichen Art verwendet wird.

3. Die „Groupements d'Intérêt Economique"

Auch nach Erlaß der Ord. vom 4. Februar 1959 nahm die industrielle Kooperation noch nicht das vom Plankommissariat gewünschte Ausmaß an. Das lag vor allem daran, daß die Unternehmen, die sich zum Zwecke der Marktforschung, Verkaufsförderung oder der gemeinsamen Produktionsentwicklung zusammenschließen wollten, genötigt waren, eine Kapitalgesellschaft zu gründen, um in den Genuß der steuerlichen Vorteile zu gelangen. Diese Gesellschaftsform ist jedoch infolge der strengen gesetzlichen Bestimmungen, die für Gründung und Geschäftsführung gelten und einen Erwerbszweck voraussetzen, für lockere Unternehmenszusammenschlüsse nicht immer geeignet. Daher sieht die Ord. vom 23. 9. 1967 eine für derartige Vereinigungen angemessene Rechtsform in Gestalt der „groupements d'intérêt économique" vor[12]. Diese „groupements" sind Vereinigungen ohne Erwerbszweck, die ein Gesellschaftskapital nicht voraussetzen, aber wie die Gesellschaften volle Rechtsfähigkeit besitzen. Die innere Gestaltung der Vereinigung ist weitgehend der Vertragsfreiheit der Mitglieder überlassen und nur wenigen Grundbestimmungen unterworfen.

Die „groupements" können im Interesse ihrer Mitglieder, sofern diese Aktiengesellschaften sind, Anleihen emittieren. Wenn sie mit dem Wirtschafts- und Finanzministerium die in der Ord. vom 4. 2. 1959 vorgesehenen Verträge abschließen, haben die Mitgliedsunternehmen, deren Größenordnung den Voraussetzungen der Ord. entspricht, Anspruch auf die im Zusammenhang mit den Vertragsgesellschaften erwähnten Steuervergünstigungen[13].

Die Unternehmensvereinigungen, die vom Staat zum Zwecke der Plandurchführung gefördert, aber auch kontrolliert werden, sind privatrechtliche Körperschaften, deren Gründung ebenso frei ist wie die Mitgliedschaft in ihnen. Als Anreiz zu ihrer Gründung stellt der Staat finanzielle und steuerliche Begünstigungen in Aussicht.

Um die im Plan vorgesehene Wachstumsrate von jährlich 5 % zu erreichen, sind Produktivitätssteigerungen durch plankonforme Investi-

---

[12] Ord. 67—537, 23. 9. 1967 sur les groupements d'intérêt économique, J.O. 28. 9. 1967, 95 37.

[13] Art. 21 Ord. 23. 9. 1967.

tionen erforderlich. Die Planerfüllung ist daher abhängig von dem Kapitaleinsatz der privaten Unternehmen, dessen Maßstab eher individuelle Rentabilität und Gewinnmaximierung als die Verwirklichung eines allgemeinen Wirtschaftsprogrammes ist. Der Staat ist daher bestrebt, die privaten Investitionen im Sinne der Planziele zu lenken. Hierzu bedient er sich der Kontrolle des Kapitalmarktes und des privaten Kredites.

II. Das Problem der Selbstfinanzierung der Unternehmen

Die Einflußmöglichkeiten des Staates oder der von ihm abhängigen Finanzierungsinstitute sind in dem Maße beschränkt, in dem die Privatunternehmen zur Eigenfinanzierung ihrer Investitionen in der Lage sind. „La libre entreprise est aujourd'hui celle qui ne droit rien à l'Etat ni à personne[14]."

Ein hohes Maß an Eigenfinanzierung stellt einen wichtigen Vorteil für die finanzielle Leistungsfähigkeit eines Unternehmens und für sein zukünftiges finanzielles Gleichgewicht dar. Dem stehen jedoch oft Nachteile für die Inhaber von Gesellschaftsanteilen und für die Verbraucher gegenüber, da Selbstfinanzierung in der Regel hohe Reservenbildung bei geringer Gewinnausschüttung und hohe Gewinnspannen bei der Preisgestaltung bedingt. Schließlich ist die Durchführung des staatlichen Wirtschaftsplanes gefährdet, wenn Unternehmen, die sich selbst finanzieren, Investitionen durchführen, die nicht den Prioritäten des Plans entsprechen. Es wurde daher wiederholt eine Beschränkung der Eigenfinanzierung durch direkte staatliche Eingriffe verlangt. Eine derartige Investitionskontrolle, die zum Beispiel in der zusätzlichen Besteuerung der freiwilligen Reserven bestehen könnte, würde jedoch gerade die leistungsfähigsten Unternehmen bestrafen, die über eine ausreichende Gewinnspanne verfügen. Sie wäre daher wirtschaftlich äußerst nachteilig und ist zudem überflüssig, da sich ohnehin der Anteil der Eigenfinanzierung in den letzten Jahren verringert hat[15].

Das Gesetz vom 2. 8. 1956[16], das eine Sonderbesteuerung von Zusatzgewinnen und eine Abgabe in Höhe von 2 % der freiwilligen Reserven einführte, war in seiner Geltungsdauer auf das Jahr 1957 beschränkt[17]. Die vorgesehenen Steuern sollten zur Deckung des erhöhten Finanzbe-

---

[14] *Vasseur*, a.a.O., S. 344.

[15] Der V. Plan erstrebt eine Steigerung der Selbstfinanzierung der Industrie von durchschnittlich 65 % auf 70 %.

[16] Loi du 2 août 1956 relative au financement des dépenses militaires d'Algérie.

[17] Die Geltungsdauer des Gesetzes wurde durch Gesetz vom 13. 12. 1957 um ein weiteres Jahr verlängert.

darfs des Staates infolge des Algerienkrieges dienen und waren nicht als Instrument der Investitionslenkung gedacht. Abgesehen von dieser zeitlich beschränkten Ausnahmebesteuerung hat sich der Staat einer direkten Einflußnahme auf die Eigenfinanzierung enthalten[18].

Infolge der technologischen Entwicklung und des verschärften internationalen Wettbewerbs bei Abbau der Zollschranken ist der Investitionsbedarf der Industrie gestiegen. Daher sind auch finanzstarke Unternehmen in zunehmendem Maße auf Fremdkapital angewiesen.

Soweit sie sich durch Ausgabe von Anleihen oder Aktien an den Kapitalmarkt wenden, treten sie mit dem Staat und den öffentlichen Unternehmen in Konkurrenz, die sich auf dem gleichen Wege Fremdkapital verschaffen. Die Kontrolle des Kapitalmarktes durch den Staat dient daher in erster Linie zur Sicherung des öffentlichen Finanzbedarfs, ist jedoch gleichzeitig ein Mittel zur Lenkung der privatwirtschaftlichen Investitionen.

III. Die Kontrolle des Kapitalmarktes

Nach Art. 82 des Gesetzes vom 23. Dezember 1946 bedarf die Ausgabe von Aktien oder Obligationen über einen bestimmten Höchstbetrag hinaus der Genehmigung durch das Wirtschafts- und Finanzministerium[19]. Das Ministerium kann durch Erlaß diesen Höchstbetrag, der ursprünglich auf 25 Millionen AF. festgesetzt war, entsprechend der Leistungsfähigkeit des Kapitalmarktes variieren. So wurde 1954 die Ausgabe von Aktien im wesentlichen freigegeben; eine erneute Schwächung des Kapitalmarktes im Jahre 1957 hatte dann die Wiedereinführung einer strengeren Kontrolle zur Folge. Zur Zeit ist die Ausgabe von Aktien oder Obligationen ab einem Nominalwert von 100 Millionen NF. genehmigungspflichtig. Der Antrag auf Genehmigung ist bei dem Wirtschafts- und Finanzministerium (Direction du Trésor) zu stellen. Er muß Angaben über die Tätigkeit des Unternehmens, sein Investitionsprogramm und seine finanzielle Lage enthalten. Das Ministerium holt im allgemeinen vor Entscheidung über den Antrag die Stellungnahme des Plankommissariats über die wirtschaftliche Nützlichkeit des Investitionsvorhabens zur Plandurchführung ein. Sinn der Kontrolle des Kapitalmarktes ist somit, die Verwendung der verfügbaren finanziellen Mittel entsprechend den Prioritäten des Planes zu sichern[20].

---

[18] *Lagache,* Les Investissements Privés et le Concours Financier de l'Etat, S. 39.

[19] Loi Nr. 46—2914 du 23 décembre 1946, J.O. 24 déc. 1946.

[20] *Lagache,* a.a.O., S. 53. Zum Schutze des Kapitalmarktes dient ferner die Bestimmung, daß auch bei genehmigungsfreier Ausgabe von Aktien oder Obligationen der Emissionszeitpunkt vom Wirtschaftsministerium gebilligt werden muß.

Die Entscheidung des Ministeriums ist ausschließlich von Erwägungen wirtschaftlicher Opportunität abhängig und daher ihrem Inhalt nach rechtlich nicht nachprüfbar. Die Beurteilung der Plankonformität eines Investitionsvorhabens liegt infolge der Unbestimmtheit des Plans im Bereich wirtschaftlicher Wertschätzungen, die von den Gerichten nicht nachvollzogen werden können.

Da die Genehmigung für die Ausgabe von Aktien in letzter Zeit fast immer erteilt wird, ist die Kontrolle des Staates zu einer Formalität geworden, die den Kontrollorganen aber immerhin die Kenntnis der Investitionsprogramme der Antragsteller ermöglicht. Dagegen unterliegt die Ausgabe von Obligationen einer strengen Kontrolle, da auf diesem Gebiet eine lebhafte Konkurrenz zwischen dem öffentlichen, gemischtwirtschaftlichen und privaten Sektor der Industrie herrscht. Unter den Antragstellern wird eine strenge Auswahl getroffen, bei der grundsätzlich Exportindustrien bevorzugt werden.

Während die Sparer bei Anlage ihres Kapitals wegen der Gefahr der Geldentwertung die Zeichnung von Aktien oder Gewinnschuldverschreibungen (obligations indexées) bevorzugen, neigen die Unternehmen eher dazu, sich Fremdkapital durch Ausgabe einfacher Obligationen mit festem Zinssatz zu verschaffen. Dies hat vor allem steuerliche Gründe: Die Zinsen der einfachen Schuldverschreibungen stellen eine Kostenlast des Unternehmens dar, um die sich der zu versteuernde Gewinn verringert. Dagegen bilden die für die Aktien gezahlten Dividenden einen Teil des Gewinns und unterliegen somit der Körperschaftsteuer[21].

Um Kapitalangebot und Nachfrage anzugleichen, sieht das Gesetz vom 26. 5. 1957 eine steuerliche Erleichterung für die Ausgabe von Aktien vor. Unternehmen, die ihr Gesellschaftskapital bis zum 31. 12. 1961 durch die Ausgabe von Aktien im Börsenhandel bildeten oder aufstockten, hatten die Möglichkeit, einen Teil der ausgeschütteten Gewinne bis zu 5 % des Nominalwertes der neuen Aktien von der Bemessungsgrundlage der Körperschaftsteuer abzusetzen. Diese Steuervergünstigung, die beträchtliche Ausmaße erreichen konnte, war allerdings Unternehmen vorbehalten, deren Investitionen zur Erfüllung des Nationalplanes oder der Regionalpläne beitrugen.

Der Anspruch auf Steuerermäßigung entstand erst nach Genehmigung der Emission durch das Wirtschafts- und Finanzministerium, das die Investitions- und Finanzierungspläne der Antragsteller einer einge-

---

[21] Ein weiterer Grund für die Zurückhaltung bei der Ausgabe neuer Aktien ist die Sorge der bisherigen Aktionäre, durch das mit den neuen Aktien verbundene Stimmrecht die Kontrolle des Unternehmens zu verlieren. Einen Ausweg bietet hier die Ausgabe von Vorzugsaktien mit oder ohne Stimmrecht.

henden Prüfung unterzog und eine Stellungnahme des Direktionsrates des FDES und des Plankommissariates einholte[22].

Die Genehmigung wurde zwar in den meisten Fällen erteilt, oft allerdings unter der Bedingung, daß die Unternehmen ihre Investitionsvorhaben änderten[23].

IV. Kontrolle des privaten Kredites

Ein wichtiges Mittel der Investitionslenkung zur Durchführung des Plans ist die staatliche Kontrolle des Kredits. Um die Orientierung des privaten Kredites im Sinne der Planziele deutlich zu machen, ist kurz auf die rechtliche Organisation des französischen Bankwesens einzugehen[24].

1. Organisation des französischen Bankwesens

Rechtsgrundlage sind das Gesetz vom 2. Dezember 1945 und die Ordonnance vom 16. Oktober 1958[25]. In diesen Texten ist die Dreiteilung der Banken in Depositenbanken, Investmentbanken und Kreditbanken festgelegt.

Depositenbanken (banques de Dépôt) sind Kreditinstitute, die Sichteinlagen oder Sparguthaben mit einer Laufzeit bis zu zwei Jahren verwalten. Durch das Gesetz vom 2. Dezember 1945 (Art. 5/6) wurden die vier wichtigsten Banken dieser Art — Crédit Lyonnais, Société Générale, Comptoir National de l'Escompte und die Banque Nationale de Commerce et de l'Industrie — verstaatlicht[26]. Zwar behielten sie ihre Rechtsform als privatrechtliche Kapitalgesellschaften auch nach der Verstaatlichung; da der Staat jedoch einziger Aktionär ist, gehören sie seither dem öffentlichen Sektor des Bankwesens an.

Die Hauptaufgabe der Investmentbanken (banques d'affaires) besteht im Erwerb und in der Verwaltung finanzieller Beteiligungen an Unternehmen. Ihr Geschäftskapital beziehen sie aus eigenen Einkünften oder Spareinlagen mit einer Laufzeit oder Kündigungsfrist von mindestens zwei Jahren. Die Investmentbanken, deren Bilanzsumme zusammen

---

[22] Art. 1 Abs. 1 des D. Nr. 57—967 du 29 août 1957, J.O. 30 août 1957.

[23] Vgl. *Lagache*, a.a.O., S. 75.

[24] Vgl. hierzu im einzelnen das Lehrbuch des Handelsrechts von *J. de la Morandière, Rodière* und *Houin*, S. 590 ff.

[25] L. Nr. 45—015 du 2 décembre 1945 relative à la nationalisation de la Banque de France et des grandes banques et à l'organisation du crédit, J.O. 3 déc. 1945, S. 8001 sowie Ord. 58—966 du 16 octobre 1958 relative à diverses dispositions concernant le Trésor, J.O. 17 oct. 1958.

[26] Die beiden letzteren Banken wurden inzwischen zu der „Banque Nationale de Paris" (BNP) zusammengeschlossen.

mit den nicht in der Bilanz ausgewiesenen Verpflichtungen 20 Millionen F. übersteigt, unterliegen einer weitreichenden Kontrolle des Staates durch Regierungskommissare. Der Regierungskommissar nimmt an allen Sitzungen des Aufsichtsrates teil und kann Einsicht in sämtliche Geschäftsunterlagen verlangen. Gegen Beschlüsse des Aufsichtsrates und der geschäftsführenden Organe, die seiner Ansicht nach dem öffentlichen Interesse widersprechen, steht ihm ein Vetorecht zu. Macht er von diesem Recht Gebrauch, kann sich die Bank dagegen innerhalb einer Frist von acht Tagen an den Conseil National de Crédit wenden, der dann als übergeordnetes Kontrollorgan endgültig entscheidet[27].

Die Tätigkeit der Kreditbanken (banques de crédit à long et à moyen terme), deren Bedeutung gering ist, beschränkt sich auf die Verwaltung von Spareinlagen mit einer Laufzeit nicht unter zwei Jahren und die Gewährung lang- und mittelfristiger Kredite. Die Vorstandsvorsitzenden dieser Banken werden vom Staat ernannt[28].

Die strenge Dreiteilung des Bankwesens entspricht nicht mehr den wirtschaftlichen Erfordernissen. Das Dekret Nr. 66—81 hat Vereinheitlichungstendenzen dadurch Rechnung getragen, daß der Aktionsbereich der Depositen- und Investmentbanken erweitert wurde[29].

Durch Verstaalichung der wichtigsten Depositenbanken und die Ernennung von Regierungskommissaren bei den Investmentbanken hat sich der Staat einen beträchtlichen Einfluß auf die Vergabe des privaten Kredites gesichert. Darüber hinaus wurden die Banken durch das Gesetz vom 2. 12. 1945 noch einer dreifachen Kontrolle durch den Conseil National de Crédit, die Commission de Contrôle des Banques und die Zentralnotenbank unterstellt.

2. Der Kreditrat

Der „Conseil National de Crédit" ist ein Gremium von 45 Mitgliedern, das Vertreter der wichtigsten Wirtschaftszweige, der Arbeitnehmerorganisationen, der öffentlichen Verwaltung, der öffentlichen oder halböffentlichen Kreditinstitute sowie auf Grund ihrer Sachkenntnisse ernannte Persönlichkeiten umfaßt (Art. 12). Vorsitzender ist nach dem Gesetz der Finanzminister, der diese Befugnis jedoch an den Gouverneur der Zentralbank delegiert hat. Als zentrales Organ der Kreditlenkung wird der „Conseil National de Crédit" von der Regierung über Fragen der allgemeinen Kreditpolitik konsultiert und kann dieser Vor-

[27] Art. 11 des Gesetzes vom 2. 12. 1945.

[28] Art. 5 desselben Gesetzes.

[29] Die Depositenbanken können seither auch Spareinlagen mit einer Laufzeit von mehr als zwei Jahren annehmen, während die Investmentbanken nunmehr auch Sichteinlagen verwalten dürfen.

schläge unterbreiten. Er hat darüber hinaus aber auch echte Entscheidungsbefugnisse: Er kann mit Zustimmung des Finanzministers verbindliche Richtlinien zur Regelung des Bankwesens und der Kreditgewährung im Rahmen der Gesetze erlassen. So können zum Beispiel die allgemeinen Geschäftsbedingungen der Banken durch verbindliche Entscheidung des Conseil National festgesetzt werden.

Der zentrale Kreditrat ist ferner zur Überwachung des Bankgewerbes durch individuelle Maßnahmen zuständig. Die Eröffnung einer Bank bedarf einer Genehmigung durch den Conseil National, die durch Aufnahme in die Liste der Banken erfolgt und erst nach einer strengen Bedürfnisprüfung erteilt wird. Ist das Bestehen einer Bank auf Grund einer Änderung der wirtschaftlichen Verhältnisse oder ihrer unrentablen Geschäftsführung nicht mehr durch ein wirtschaftliches Bedürfnis gerechtfertigt, so kann sie von der Liste der Banken gestrichen und damit zur Einstellung ihres Betriebes gezwungen werden[30].

Der Grundsatz der Berufs- und Gewerbefreiheit (liberté du commerce et de l'industrie) ist somit für den Bereich des Bankgewerbes durch die gesetzlichen Bestimmungen weitgehend außer Kraft gesetzt[31].

Die Einzelentscheidungen des Conseil National zur Berufsregelung des Bankgewerbes sind Verwaltungsakte, die nach vorheriger Anrufung der Commission de Contrôle des Banques vor den Verwaltungsgerichten angefochten werden können[32].

3. Die Kontrollkommission

Die „Commission de Contrôle des Banques" wurde durch das Gesetz vom 13. Juni 1941 geschaffen. Sie besteht aus 5 Mitgliedern, dem Gouverneur der Zentralbank, der den Vorsitz führt, dem Präsidenten der Finanzabteilung des Conseil d'Etat, dem Direktor der staatlichen Vermögensverwaltung sowie je einem Vertreter der Banken und des Bankpersonals. Die Kommission überwacht die Einhaltung der gesetzlichen Bestimmungen und der vom Conseil National erlassenen Richtlinien durch die Banken und kann bei Zuwiderhandlungen Disziplinarstrafen verhängen. Sie übt insoweit Standesgerichtsbarkeit aus; ihre Entscheidungen sind Akte der Rechtsprechung, die im allgemeinen Verwaltungsrechtsweg nicht anfechtbar sind. Gegen die Disziplinarentscheidungen kann jedoch Rechtsbeschwerde (recours en cassation) zum Conseil d'Etat eingelegt werden[33]. Ferner entscheidet die Kommission über

[30] Art. 11 L. du 13 juin 1941.

[31] Zu dem Problem des Grundrechtsschutzes im Bereich der Wirtschaftslenkung, vgl. die Ausführungen zu § 6 III dieser Arbeit.

[32] C.E. 27 mai 1959, Rec. 1959, 319.

[33] C.E. 15 oct. 1954, AJDA 1954 II, 461.

Beschwerden gegen Einzelmaßnahmen des Conseil National. Diese Beschwerde-Entscheidungen haben keinen rechtsprechenden Charakter, sondern sind Verwaltungsakte und als solche im allgemeinen Verwaltungsrechtsweg (recours pour excés de pouvoir) anfechtbar[34].

Eine weitere Aufgabe der Kommission besteht in der Überprüfung der Bilanzen der einzelnen Banken; sie bedient sich hierzu des Kontrolldienstes der Zentralbank. Bei den verstaatlichten Banken, die ihre Rechtsform als Kapitalgesellschaften behalten haben, ist sie als Kontrollorgan an die Stelle der im Aktienrecht vorgesehenen Hauptversammlung der Kapitaleigner getreten.

4. Die Zentralbank und die Steuerung des kurz- und mittelfristigen Kredites

Die Banque de France hat als Zentralnotenbank einen entscheidenden Einfluß auf die Kreditlenkung. Seit ihrer Verstaatlichung durch das Gesetz vom 2. 12. 1945 hat sie ihre frühere Autonomie eingebüßt und ist nunmehr wichtigstes Instrument zur Durchführung der staatlichen Kreditpolitik. Sie ist Exekutivorgan des Kreditrates und der Kontrollkommission, an deren Entscheidungen der Gouverneur der Banque de France als Vorsitzender mitwirkt.

Durch die Festsetzung des Diskontsatzes entscheidet die Banque de France über die Verbilligung oder Verteuerung des Kredits und damit letztlich über die Steuerung des Konjunkturverlaufs. Sie übt ferner durch ihre Diskontierungsbedingungen eine wirksame Kontrolle über das Volumen und die Vergabe der mittel- und kurzfristigen Kredite aus[35].

Während kurzfristige Kredite bis zu einer Laufzeit von zwei Jahren im allgemeinen für Waren und Materialkäufe verwendet werden, dienen mittelfristige Kredite zwischen zwei und fünf Jahren vorzugsweise der Finanzierung von Investitionsgütern und Maßnahmen zur Strukturverbesserung[36]. Kredite mit einer Laufzeit bis zu fünf Jahren sind gewöhnlich mobilisiert, d. h. durch Wertpapiere verkörpert, die sich im Umlauf befinden (effets de mobilisation). Der Kreditnehmer stellt zugunsten der Bank einen Eigenwechsel (billet à ordre) aus, der von weiteren Banken oder Finanzierungsinstituten diskontiert werden kann[37].

---

[34] Zu den Besonderheiten des recours pour excès de pouvoir gegen wirtschaftslenkende Maßnahmen vgl. die Ausführungen zu § 6 VI dieser Arbeit.

[35] Vgl. hierzu das Lehrbuch von *Hamel-Lagarde-Jauffret*, T. II Nr. 1770.

[36] *Vasseur*, Le Droit de la Réforme des Structures Industrielles, S. 273.

[37] Im allgemeinen sind diese Wechsel nach drei Monaten einzulösen. Im Begebungsvertrag wird aber die Verlängerung in Zeitabschnitten von jeweils drei Monaten bis zur endgültigen Fälligkeit der Darlehensforderung vorgesehen. Vgl. hierzu *Hamel-Lagarde-Jauffret*, a.a.O., Nr. 1806.

Die Darlehensbank kann sich so durch Vorlage der Wechsel zum Diskont neues Kapital und damit die Möglichkeit neuer Kreditgewährung verschaffen. Der kurz- und mittelfristige Kredit ist daher von den Möglichkeiten der Rediskontierung durch die Zentralbank abhängig. Diese muß aber das Volumen des Rediskonts beschränken, um die Gefahr einer Inflation durch immer neue Geldschöpfung zu vermeiden. Dies geschieht dadurch, daß für jede Bank ein Höchstbetrag des rediskontierbaren Kredits festgesetzt wird, ferner durch die Zwischenschaltung öffentlicher oder halböffentlicher Finanzierungsinstitute wie des Crédit National oder der Caisse de Dépôts. Die Banque de France rediskontiert nur die Effekten derjenigen Kredite, deren wirtschaftliche Nützlichkeit zuvor von einem solchen Institut durch Indossament bestätigt worden ist[38].

5. Der Crédit National und die Steuerung des langfristigen Kredites

In noch stärkerem Maße kann der Staat die Vergabe langfristiger Kredite kontrollieren und beeinflussen. Da die privaten Kreditbanken, wie bereits erwähnt, finanziell nicht in der Lage sind, langfristige Kredite in ausreichendem Maße zu gewähren, kommt dem Crédit National auf diesem Gebiet eine besondere Bedeutung zu. Er vergibt fast alle wichtigen Darlehen mit einer Laufzeit von mehr als fünf Jahren und hat daher entscheidenden Einfluß auf die Finanzierung langfristiger Investitionen. Der Crédit National ist eine Bank mit rechtlichem Sonderstatus[39]. Zwar hat er die Rechtsform einer Kapitalgesellschaft des Privatrechts und sein Gesellschaftskapital ist in den Händen von Großbanken und der wichtigsten Industrieunternehmen. Der Staat hat sich jedoch alle wesentlichen Befugnisse zur Kontrolle und Geschäftsführung vorbehalten. Er ernennt die Direktoren und den Vorsitzenden des Aufsichtsrates. Der Aufsichtsratsvorsitzende der Crédit National ist kraft seines Amtes Mitglied des Zentralbankrates, des Conseil National de Crédit und des Direktionsrates des FDES und somit an allen Entscheidungen der globalen Steuerung des Kredits beteiligt. Diese institutionelle Verflechtung soll dazu dienen, daß der Crédit National bei seinen Darlehensgewährungen nicht nur Gesichtspunkte finanzieller Rentabilität, sondern auch übergeordnete Interessen der staatlichen Kredit- und Investitionspolitik berücksichtigt. Bei der Prüfung eines Darlehensantrags kommt es daher neben der wirtschaftlichen Leistungsfähigkeit eines Unternehmens auch darauf an, ob das Investi-

---

[38] Vgl. *Vasseur*, a.a.O., S. 280.

[39] Der Crédit National wurde auf Grund des Gesetzes vom 10.10.1919 gegründet, um die Beseitigung von Kriegsschäden zu erleichtern und Unternehmen von mittlerer Größe zu fördern.

tionsvorhaben der Planerfüllung dient. Bei Krediten über 2,5 Millionen F. ist die Zustimmung des Plankommissariats erforderlich.

Das Volumen der vom Crédit National gewährten Darlehen und damit auch dessen Einfluß auf die Gestaltung langfristiger Investitionen sind in den letzten Jahren ständig gestiegen[40]. Seine Mittel sind allerdings im wesentlichen der Finanzierung von Großunternehmen vorbehalten und reichen nicht aus, um auch den finanziellen Bedürfnissen der wirtschaftlichen Expansion innerhalb der Regionen gerecht zu werden.

6. Die „Sociétés de Développement Régional"

Um an der Finanzierung kleinerer und mittlerer Unternehmen auf regionaler Ebene mitzuwirken, wurde durch das Dekret Nr. 55—876 vom 30. Juni 1955 ein neuer Banktyp, die „Société de Développement Régional" (SDR) geschaffen[41].

Einer industriellen Dezentralisation stand bisher die Konzentration der Investmentbanken und Finanzierungsinstitute im Raum von Paris entgegen. Unternehmen, die sich in wirtschaftlich unterentwickelten Gebieten Frankreichs befanden oder sich dort niederlassen wollten, hatten kaum Möglichkeiten, Kredite von den Investmentbanken zu erhalten, die auf zu große Sicherheiten bedacht sind und Großunternehmen in den Expansionszentren bevorzugen.

Seit 1955 wurden 15 SDR gegründet, deren Zuständigkeitsbereiche im allgemeinen der regionalen Einteilung entsprechen und mit Ausnahme des Ballungsraumes von Paris das gesamte französische Mutterland umfassen. Die SDR sind ihrer Rechtsform nach Aktiengesellschaften, die durch private Initiative entstanden sind und deren Gesellschaftskapital in den Händen von Banken und Privatunternehmen ist. Ihre Aufgabe geht jedoch über reines Gewinnstreben hinaus und liegt im öffentlichen Interesse. Sie besteht darin, die wirtschaftliche Expansion auf regionaler Ebene durch finanzielle Beteiligungen zu fördern. Dies geschieht durch den Erwerb von Kapitalanteilen bei Gründung oder Kapitalerhöhung von Unternehmen. Um die Gefahr zu vermeiden, daß sich die SDRs zu einer Art Holdinggesellschaft entwickeln, wurde die Höhe der Beteiligung auf 25 % des Eigenkapitals der SDR und 35 % des Unternehmenskapitals beschränkt. Eine wichtige Funktion der SDR besteht in der Emission von Anleihen entweder auf eigene Rechnung oder als Kollektivanleihen für die kleinen und mittleren Unternehmen,

[40] Von 0,37 Milliarden NF. im Jahre 1960 auf 1,50 Milliarden NF. im Jahre 1967, vgl. Stat. et Et.Fin. Nr. 235—236, S. 1080.

[41] J.O. 2 juillet 1955, S. 6640.

die zu einer eigenen Emission nicht in der Lage sind. Diese Anleihen sind regional, d. h. sie sollen die Ersparnisse eines bestimmten Gebietes unmittelbar für dessen wirtschaftliche Entwicklung nutzbar machen.

Bei der Finanzierung kleiner und mittlerer Unternehmen und der Beteiligung an industriellen Neugründungen innerhalb einer Region gehen die SDR naturgemäß ein erhöhtes Risiko ein, das sie nur mit staatlicher Hilfe tragen können. Wenn sich der Staat aber zur Erfüllung öffentlicher Aufgaben der Tätigkeit privater Organisationen bedient und diese finanziell fördert, so ist er auch daran interessiert, diese Tätigkeit zu überwachen. Für die SDR, die sich durch eine Vereinbarung mit dem Finanzministerium der Kontrolle eines Regierungskommissars unterstellen, sieht das Dekret vom 30. 6. 1955 folgende finanzielle Vorteile vor: Sie sind für den Teil ihres Gewinnes, der sich aus dem Nettoertrag ihrer Wertpapierbestände oder aus dem Wertzuwachs ergibt, den sie beim Verkauf von Wertpapieren oder Gesellschaftsanteilen aus ihrem Portefeuille erzielen, von der Körperschaftsteuer befreit. Die verteilten Gewinne aus den Wertpapierbeständen oder aus dem Verkauf von Kapitalanteilen unterliegen außerdem nicht der Zusatzabgabe (taxe complémentaire) zur Einkommen- und Körperschaftsteuer. Ebenso sind die Erträge aus der Begabe von Anleihen von dieser Zusatzsteuer befreit.

Die von den SDR emittierten Anleihen werden im allgemeinen vom Staat garantiert. Diese Garantie ist abhängig von einem Agrément des Finanzministeriums nach Stellungnahme des Direktionsrates des FDES. Auf Grund ihrer besonderen Aufgabenstellung können manche SDRs nicht sogleich Gewinne erzielen. Um aber die Beteiligung an ihrem Grundkapital trotzdem attraktiv zu gestalten und zu sichern, ist der Finanzminister berechtigt, eine Mindestdividende zu garantieren, die zur Zeit 5 % beträgt.

Der Vertrag zwischen den SDR und dem Finanzministerium, der Voraussetzung für die Förderung aus öffentlichen Mitteln ist, hat in erster Linie die Bestellung eines Regierungskommissars zum Inhalt, der weitgehende Kontrollbefugnisse hat. Er hat das Recht auf Einsicht in alle Geschäftsunterlagen, nimmt an allen Sitzungen der geschäftsführenden Organe teil und kann innerhalb von acht Tagen sein Veto gegen jeden Beschluß der Gesellschaft einlegen[42], der seines Erachtens dem allgemeinen Interesse widerspricht. Gegen die Ausübung des Vetorechts kann die betroffene SDR Beschwerde beim Direktionsrat des FDES erheben, der dann endgültig entscheidet.

Der Mustervertrag enthält in Art. 7 ferner eine interessante Schlichtungsvereinbarung, die als Vorbild für ähnliche vertragliche Regelun-

[42] Art. 2 des D. Nr. 55—876 vom 30. 6. 1955.

gen dienen könnte. Bei Meinungsverschiedenheiten über die Auslegung, Ausführung oder Kündigung des Vertrages ist der Rechtsweg nur zulässig, wenn zuvor eine Schlichtungskommission angerufen wurde. Die Kommission besteht aus je einem Vertreter des Finanzministeriums und der SDR sowie einem dritten Mitglied, das von den Parteien gemeinsam oder mangels einer Einigung vom Vizepräsidenten des C.E. bestimmt wird. Die Entscheidung der Kommission ist für die Parteien nicht bindend.

7. Zusammenfassung

Den bisher dargestellten Formen der Investitionsfinanzierung durch Kredite und Kapitalbeteiligungen ist gemeinsam, daß es sich um den Einsatz privaten Kapitals durch privatrechtliche Kredit- und Finanzierungsinstitute handelt. Auch die Banken, die verstaatlicht sind oder wie der Crédit National einer weitgehenden Kontrolle des Staates unterliegen, sind nach den Rechtsformen des Privatrechts organisiert. Ihre Rechtsbeziehungen zu den Darlehensnehmern können daher auch nur privatrechtlicher Natur sein. Es handelt sich in der Regel um Darlehensverträge oder im Fall finanzieller Beteiligung am Grundkapital auch um Gesellschaftsverträge. Dagegen sind die Rechtsbeziehungen der Banken zu den übergeordneten Kontrollinstanzen wie der Banque de France, den Conseil National de Crédit und der Commission de Contrôle, denen zur Erfüllung ihrer Aufgaben die Ausübung öffentlicher Gewalt übertragen wurde, öffentlich-rechtlicher Natur. Durch die Kontroll- und Steuerungsmaßnahmen dieser Organe wird jedoch nur die innere Organisation des Bankwesens geregelt und Einfluß auf die Entscheidung der Banken über die Darlehensvergabe ausgeübt. Sie haben keine Außenwirkung auf die Beziehungen zwischen Bank und Darlehensnehmer, die ausschließlich nach privatrechtlichen Grundsätzen zu beurteilen sind.

Zusammenfassend ist festzustellen, daß der Staat durch die Kontrolle des privaten Kredits über ein sehr wirksames Mittel verfügt, die Plandurchführung durch Steuerung der privatwirtschaftlichen Investitionen zu bewirken. Hinzu kommt die Möglichkeit unmittelbarer Investitionslenkung durch den Einsatz öffentlicher Mittel. Infolge ihres hohen Kapitalbedarfs, der durch die technologische Entwicklung und die Notwendigkeit von Strukturänderungen bedingt ist, sind manche Industriezweige wie die Stahlindustrie und die Elektronik in zunehmendem Maße auf staatliche Hilfe angewiesen. Das Volumen des privaten Kredites ist beschränkt; er wird zudem nur zu hohen Zinssätzen und gegen Sicherheiten gegeben, durch die viele Industrieunternehmen in unzumutbarer Weise belastet würden. Für solche Unternehmen ist es lebensnotwendig, zusätzlich verbilligte staatliche Kredite zu erhalten. Maßnahmen zur industriellen Dezentralisierung und Konversion können zwar auf lange Sicht für die betroffenen Unternehmen erhebliche Vorteile bedeuten, sind jedoch zum Zeitpunkt ihrer Durchführung mit hohen finanziellen Belastungen verbunden. Um die nötigen Anreize zur Verwirklichung dieser Planziele zu schaffen, muß der Staat großzügige Überbrückungshilfen leisten.

Viertes Kapitel

§ 4 Stimulierungsmaßnahmen zur Plandurchführung

Zur Finanzierung privater Investitionen, die den Planzielen entsprechen, hat der Staat selbst die Rolle eines Bankiers übernommen[1]. Hierzu bedient er sich des Staatsschatzes sowie besonderer öffentlicher Finanzierungsinstitute wie der „Caisse de Dépôts“ und der „Caisse Nationale des Marchés“[2]. Zinsgünstige Darlehen und Finanzhilfen aus öffentlichen Mitteln können mögliche Interessengegensätze zwischen dem Gewinnstreben der Einzelunternehmen und gesamtwirtschaftlichen Zielsetzungen ausgleichen und dadurch einen Anreiz zu plankonformem Verhalten bewirken. Der Staat kann ferner durch einnahmepolitische Maßnahmen zur Planerfüllung beitragen, indem er den Unternehmen für die Beachtung der Planrichtlinien Steuervorteile gewährt oder die Steuerlast bei planwidrigem Verhalten erschwert.

Stimulierungsmaßnahmen (actes incitatifs) sind daher die Formen der Investitionslenkung, die durch eine finanzielle oder steuerliche Begünstigung oder Benachteiligung privater Unternehmen einen Anreiz zur Plandurchführung bewirken sollen. Von den Orientierungsmaßnahmen unterscheiden sie sich dadurch, daß ihnen jeder Zwangscharakter fehlt; die Entscheidungsfreiheit der Unternehmen bleibt nach außen hin völlig gewahrt[3].

Finanzielle und steuerliche Anreize können jedoch einen nachhaltigen Einfluß auf das wirtschaftliche Verhalten ausüben. Da sie die finanzielle Situation und die Wettbewerbslage der Unternehmen berühren, sind sie in vielen Fällen wirksamer als Sanktionen.

Die Stimulierungsmaßnahmen sind daher ein entscheidendes Mittel zur Durchsetzung einer Wirtschaftsplanung, die zwar ihrem Wesen nach indikativ ist, jedoch eine aktive Gestaltung der wirtschaftlichen Entwicklung erstrebt.

---

[1] Vgl. *Vasseur*, L'Etat Banquier, RTDCom. 1961, 303.

[2] Zu der Organisation und Bedeutung dieser Finanzierungsinstitute s. *de Laubadère* III, Nr. 755—764.

[3] D. 55—875 vom 30. 6. 1955, J.O. 2. 7. 1955, 6639.

I. Die öffentliche Subventionierung privater Investitionen

1. Der „Fonds de Développement Economique et Social"

Als zentrale Instanz zur Verteilung der öffentlichen Mittel und zur Koordinierung der staatlichen Förderungsmaßnahmen wurde durch das Dekret Nr. 55—875 vom 30. 6. 1955 der „Fonds de Développement Economique et Social" (FDES) geschaffen. Auf Grund seiner Aufgabenstellung und seiner finanziellen Bedeutung wird der FDES allgemein als der eigentliche Bankier des Plans bezeichnet[4]. Zwar besteht seine Aufgabe in erster Linie darin, die Investitionen innerhalb des öffentlichen Sektors und der verstaatlichten Industrien zu fördern. In den letzten Jahren nahm jedoch auch das Volumen der Kredite, die privaten Unternehmen gewährt werden, ständig zu[5]. Da seine Kredite und Förderungsmaßnahmen solchen Unternehmen vorbehalten sind, deren Investitionen dem Nationalplan oder den regionalen Wirtschaftsplänen entsprechen[6], trägt der FDES entscheidend zur Plandurchführung im privatwirtschaftlichen Bereich der Industrie bei. Seiner Rechtsnatur nach ist er ein Sonderkonto des Staatsschatzes ohne eigene Rechtspersönlichkeit. Seine Einkünfte bestehen im wesentlichen aus Haushaltskrediten und Finanzzuweisungen.

Der FDES ist entsprechend den Schwerpunkten der staatlichen Förderungsmaßnahmen in vier Sachbereiche unterteilt:

- Ausrüstung im Bereich von Industrie, Handel, Landwirtschaft und Tourismus
- Strukturmaßnahmen für Industrie und Landwirtschaft und industrielle Dezentralisation
- Produktivität
- Bauwesen

Über die Gewährung von Darlehen oder sonstigen finanziellen Hilfen aus öffentlichen Mitteln entscheidet der Direktionsrat des FDES, dem Vertreter der verschiedenen Fachministerien, der Gouverneur der Banque de France, die Direktoren des Crédit National und anderer Banken mit Sonderstatus sowie der Plankommissar angehören. Formell hat der Direktionsrat nur konsultative Befugnisse, während die endgültige Entscheidung über einen Antrag dem Finanzministerium vorbehalten ist[7]. Da sich das Finanzministerium jedoch in der Regel nach den Stellungnahmen des Direktionsrates richtet, hat dieser in Wirklichkeit

---

[4] *de Laubadère* III, Nr. 894.

[5] Diese Kredite erhöhten sich von 634 Millionen NF. im Jahre 1966 auf 1185 Millionen NF. im Jahre 1968, vgl. Stat. et Et.Fin. Nr. 235—236, 1155.

[6] Art. 2 des D. 18. 10. 1955.

[7] D. 55—1367 du 18 oct. 1955 portant organisation du FDES.

die eigentliche Entscheidungsbefugnis für die Verteilung der öffentlichen Mittel.

2. Der öffentliche Kredit

Anträge auf Gewährung von Darlehen aus Mitteln des FDES sind bei dem für das Unternehmen zuständigen Ministerium zu stellen, das den Antrag auf seine Vollständigkeit und seine wirtschaftliche Zweckmäßigkeit überprüft und unter Umständen auch Auskünfte bei Berufsverbänden und anderen Organisationen einholt. Eine weitere Prüfung erfolgt dann durch einen der 11 Sonderausschüsse des FDES zur Vorbereitung der endgültigen Entscheidung des Direktionsrates. Dieser kann den Ausschüssen auch seine Befugnisse delegieren.

Maßgebend für die Entscheidung über einen Darlehensantrag ist, ob die geplanten Investitionen zur Plandurchführung beitragen. Außerdem ist die staatliche Hilfe immer subsidiär. Kredite des FDES werden nur dann bewilligt, wenn das Unternehmen alle Möglichkeiten erschöpft hat, privaten Kredit zu zumutbaren Bedingungen zu erlangen.

Wird der Antrag angenommen, so legt der Direktionsrat auch die Bedingungen der Darlehensgewährung fest, die vor allem die Sicherung des Darlehens sowie die Verzinsung und die Tilgungsmodalitäten betreffen. Durch die Festsetzung der Darlehensbedingungen kann der Direktionsrat somit einen wichtigen Einfluß auf die Geschäftsleitung des Unternehmens und vor allem auf dessen Investitionstätigkeit ausüben. Die Bewilligung eines Kredits kann zum Beispiel davon abhängig gemacht werden, daß das Unternehmen sein Kapital erhöht, während einer bestimmten Zeit keine Dividenden an seine Aktionäre zahlt oder seine Exporte steigert[8].

Um die Einhaltung der Darlehensbedingungen zu sichern, kann den Unternehmen die Auflage erteilt werden, in regelmäßigen Abständen Auskunft über ihre Geschäftsführung zu geben und ihre Geschäftsunterlagen zur Prüfung vorzulegen. Gemäß Art. 2 des Dekrets 55—773 vom 26. 5. 1955 können Unternehmen, die öffentliche Mittel in Anspruch nehmen, auch einer Kontrolle durch staatliche Beamte unterstellt werden. Von dieser Befugnis macht der Staat jedoch bei öffentlichen Krediten nur in seltenen Fällen Gebrauch. Bei Nichtbeachtung der Darlehensbedingungen kann die Bewilligung rückgängig gemacht werden mit der Folge, daß die bereits gewährten Beträge sofort zurückgezahlt werden müssen.

Die vom Finanzministerium auf Grund der Entscheidung des Direktionsrates des FDES bewilligten Kredite werden auf direktem Wege

---

[8] Vgl. *Vasseur*, Le Droit de la Réforme des Structures Industrielles, S. 326.

nur in Ausnahmefällen an staatliche Unternehmen ausbezahlt[9]. Da der FDES keine eigene Rechtspersönlichkeit besitzt, ist zum Abschluß des Darlehensvertrages mit einem privaten Unternehmen immer ein Kreditinstitut mit Sonderstatus, wie die Caisse de Dépôts oder der Crédit National, eingeschaltet. Diese Kreditinstitute werden bei der Weitergabe der ihnen zur Verfügung gestellten Mittel auf Grund eines Abkommens mit dem Finanzministerium tätig[10]. Sie sind grundsätzlich bei Abschluß des Darlehensvertrages an die vom Direktionsrat festgesetzten Bedingungen gebunden. Ob sie darüber hinaus noch zusätzliche Vereinbarungen treffen oder den Vertragsabschluß überhaupt ablehnen können, hängt davon ab, wer das Geschäftsrisiko der Darlehensgewährung trägt. Wird der Darlehensvertrag von der Caisse de Dépôts im Auftrag des FDES geschlossen, so trägt immer die Staatskasse das Risiko. Bei Einschaltung des Crédit National gibt es zwei Möglichkeiten der Vertragsregelung:

- Hat die Staatskasse das Geschäftsrisiko übernommen, so hat der Crédit National keine eigene Entscheidungsbefugnis hinsichtlich der Auswahl der Darlehensnehmer und der Gestaltung der Vertragsbedingungen, ist jedoch in eigener Verantwortung für die Abwicklung des Darlehensverhältnisses zuständig. Das Unternehmen hat auf Grund der Entscheidung des Direktionsrates einen Rechtsanspruch auf Gewährung des bewilligten Darlehens.
- Hat der Crédit National das Darlehensrisiko übernommen, so ist er nur insoweit an die Entscheidung des Direktionsrates gebunden, als dieser die Förderungswürdigkeit der geplanten Investitionen bejaht. Er kann jedoch selbständig die wirtschaftliche Bonität des Unternehmens überprüfen und, wenn ihm diese zweifelhaft erscheint, den Abschluß des Darlehensvertrages ablehnen oder zusätzliche Bedingungen zur Sicherung des Rückzahlungsanspruches vereinbaren[11].

Die Darlehen des FDES sind im Vergleich zu dem privaten Kredit mit erheblichen Vorteilen verbunden, sowohl was die Höhe der Zinsen als auch was die von den Darlehensnehmern geforderten Sicherheiten betrifft. Sie dienen nicht dem fiskalischen Interesse des Staates, sondern sind Maßnahmen der Wirtschaftslenkung, die eine Förderung privater Investitionen im gesamtwirtschaftlichen Interesse bezwecken.

3. Unentgeltliche Zuwendungen

Neben Krediten sind verlorene Zuschüsse ein wichtiges Mittel zur Förderung plankonformer Investitionen. Unter verlorenen Zuschüssen

[9] *Lagache*, a.a.O., S. 118.
[10] Art. 2 und 3 des D. vom 18 oct. 1955.
[11] *Vasseur*, a.a.O., S. 321.

versteht man Geldleistungen ohne Rückzahlungspflicht. Diese Art der Investitionsförderung ist vor allem im Bereich der industriellen Rationalisierung und Dezentralisation von Bedeutung.

a) Die „Prime de Développement"

Als wichtigstes Beispiel ist hier die „Prime de Développement Industriel" zu nennen. Sie wurde durch das Dekret Nr. 64—440 vom 21. Mai 1964 eingeführt[12]. Diese Prämie soll der Verwirklichung einer ausgeglicheneren Raumordnung dienen und die Industrialisierung der wirtschaftlich unterentwickelten Regionen im Innern, im Westen und Südwesten Frankreichs sowie in Korsika begünstigen. Sie wird daher den Unternehmen gewährt, die sich innerhalb dieser Regionen niederlassen oder dort bereits bestehende Betriebe erweitern und so zur Schaffung neuer Arbeitsplätze beitragen. Die industrielle Niederlassung in den Regionen soll allerdings nicht undifferenziert, sondern in den Gemeinden erfolgen, die auf Grund ihrer Bedeutung und geographischen Lage besonders geeignet sind, Mittelpunkte für die regionale Wirtschaftsentwicklung zu bilden. Diese Gemeinden sind in einem ministeriellen Erlaß aufgezählt. Voraussetzung für die Gewährung der Subvention ist ein Investitionsprogramm des Unternehmens zu einem Mindestbetrag von 300 000 F. sowie die Schaffung von mindestens 30 neuen Arbeitsplätzen (Art. 5). Auch die Höhe der Prämie ist in dem Dekret vom 21. 5. 1964 genau festgelegt. Sie beträgt bei Niederlassung innerhalb einer in dem ministeriellen Erlaß genannten Gemeinde 25 %, im Falle der Ausdehnung eines dort schon bestehenden Betriebes 15 % der Investitionsausgaben des Unternehmens[13]. Probleme der Schaffung neuer Arbeitsplätze und der industriellen Entwicklung stellen sich auch in den Gegenden, deren wichtigste Industrien sich in einer Krisensituation befinden. Dies gilt vor allem für die Gebiete, die durch den Rückgang der Kohleförderung und die Strukturkrise der Stahlindustrie betroffen sind[14]. Das Dekret vom 21. 4. 1964 sieht daher eine „Prime d'Adaptation Industrielle" für die Unternehmen vor, die sich in diesen Gegenden niederlassen oder durch Produktionsumstellungen und Umschulung des Personals neue Arbeitsplätze schaffen oder bestehende Arbeitsplätze aufrechterhalten. Auch hier sind die Voraussetzungen für die Gewährung des Zuschusses im einzelnen geregelt[15].

---

[12] D. 64—440 du 21 mai 1964 instituant une prime de développement industriel et une prime d'adaptation industrielle, J.O. 26. 5. 1964.

[13] Zu den Einzelheiten der Regelung vgl. Art 6 des D. 21. 5. 1964.

[14] Vor allem: Kohlegebiete der Departements Nord und Pas de Calais, Kohle- und Stahlindustrie an der Loire sowie Kohlegebiet von Alès. Für diese Gebiete wurden auf Grund des D. 67—937 vom 24. 10. 1967 (J.O. 26. 10. 1967) Regierungskommissare zur Koordination der staatlichen Planungs- und Strukturmaßnahmen ernannt.

[15] Vgl. Art. 9—13 D. 21. 5. 1964.

Über die Bewilligung einer „Prime de Développement" oder einer „Prime d'Adaptation" entscheidet das Wirtschafts- und Finanzministerium auf Grund der Stellungnahme des Direktionsrats des FDES. Die Auszahlung der Prämie erfolgt direkt durch die Staatskasse an die Antragsteller. Die Bewilligung ist gemäß Art. 15 des D. vom 21. 5. 1964 zurückzunehmen, wenn ihre Voraussetzungen nachträglich infolge eines Umstandes weggefallen sind, den der Antragsteller zu vertreten hat. Bereits gezahlte Zuschüsse können dann ganz oder teilweise zurückverlangt werden.

b) *Zinszuschüsse*

Zu den verlorenen Zuschüssen zählen auch die aus Mitteln des Staatshaushaltes gewährten Zinsvergütungen (bonifications d'intérêt). Nach Art. 84 des Gesetzes vom 4. 8. 1956 können Unternehmen, die sich zur Finanzierung plankonformer Investitionen durch Emission von Anleihen an den Kapitalmarkt wenden, Zuschüsse aus staatlichen Mitteln erhalten[16]. Durch diese Subventionen übernimmt der Staat einen Teil der Kosten des privaten Kredites.

Die Zuschüsse werden vom Finanzministerium nach Stellungnahme des Direktionsrates des FDES bewilligt und von der Staatskasse direkt an die betroffenen Unternehmen ausbezahlt. Der Richtsatz der Zuschüsse wird in der Regel einheitlich nach Industriezweigen festgesetzt[17]. Durch das Dekret Nr. 55—874 vom 30. 6. 1955 wird das Wirtschafts- und Finanzministerium ermächtigt, Zuschüsse für die Anleihen zu gewähren, die zur Finanzierung von Strukturmaßnahmen bestimmt sind[18]. Die Zuschüsse werden im allgemeinen so bemessen, daß die von dem Unternehmen zu tragenden Zinsen dem Zinssatz eines Kredites aus Mitteln des FDES entsprechen. Die Bewilligung kann mit Bedingungen oder Auflagen verbunden sein[19]. Gemäß Art. 4 des Dekrets 55—877 können auch die „groupements professionnels agrées" Zinszuschüsse für ihre Anleihen erhalten.

c) *Forschungsbeihilfen*

Durch die Forschungsbeihilfen werden Investitionen im Bereich der industriellen Forschung und Entwicklung gefördert. Es handelt sich um unverzinsliche Vorschüsse, die nur bei Erfolg der Forschungen zurückbezahlt werden müssen (subventions remboursables en cas de succès).

---

[16] Vgl. L. 56—780 du 4 août 1956, J.O. 6.—8. 8. 1956, 7439.

[17] Über die Bedingungen und das Verfahren bei der Bewilligung von Zinszuschüssen im einzelnen *Lagache*, a.a.O., S. 126, 144—146.

[18] J.O. 2. 7. 1955, 6638.

[19] Inhalt einer solchen Bedingung oder Auflage kann z. B. sein, daß das Unternehmen einen Teil seiner Produktion exportiert.

Sie können bis zu 50 % der Gesamtkosten eines Entwicklungsprojektes umfassen.

Die Entscheidung über die Gewährung der Beihilfen wird gemeinsam vom Wirtschafts- und Finanzministerium auf Vorschlag des Direktionsrates des FDES getroffen. Der Abschluß des Finanzierungsvertrages mit dem begünstigten Unternehmen und die Auszahlung der bewilligten Mittel erfolgen durch den Crédit National, an den auch die Rückzahlungen zu bewirken sind[20].

4. Subventionsbürgschaften

Unter denselben Voraussetzungen, die für die Zinszuschüsse gelten, kann der Staat auch die Garantie für die Anleihen privater Unternehmen auf dem Kapitalmarkt oder bei Kreditinstituten übernehmen. Rechtsgrundlage hierfür ist Art. 25 des Gesetzes vom 7. 2. 1953. Durch diese Staatsbürgschaften, über deren Bewilligung das Wirtschafts- und Finanzministerium nach Stellungnahme eines Sonderausschusses des FDES entscheidet, soll Unternehmen, die zur Plandurchführung beitragen, die Aufnahme von Fremdkapital erleichtert werden.

Gemäß Art. 1 des Dekrets Nr. 55—874 vom 30. 6. 1955 kann das Wirtschafts- und Finanzministerium ferner die Bürgschaft für die Anleihen übernehmen, die zur Finanzierung von Maßnahmen zur Strukturverbesserung (z. B. Konversion, Dezentralisation) bestimmt sind. Das gleiche gilt für Anleihen, durch die Investitionen zur Förderung der regionalen Wirtschaftsentwicklung finanziert werden sollen. Da die SDR bei ihren Kredit- und Finanzierungsmaßnahmen in erster Linie das Ziel der Industrialisierung unterentwickelter Regionen verfolgen, genießen sie den Vorzug, Anleihen mit staatlicher Garantie emittieren zu können.

5. Machtzuwachs der Verwaltung durch die öffentliche Finanzierung Privater

Durch den gezielten Einsatz öffentlicher Mittel übt der Staat einen entscheidenden Einfluß auf die privatwirtschaftlichen Investitionen aus. Er kann daher bei der Plandurchführung weitgehend auf die Anwendung von Zwangsmaßnahmen verzichten. Er verwirklicht seine Ziele mit Hilfe von Auflagen und Bedingungen, die er mit der Bewilligung der jeweiligen Finanzhilfen verknüpft. Angesichts der Schwäche des Kapitalmarktes und der mangelnden Kapazität des privaten Kredites sind viele Unternehmen auf öffentliche Mittel angewiesen. Diese Ab-

---

[20] Stat. et Et.Fin. Nr. 235—236, 1160; im Jahre 1967 wurden Forschungsbeihilfen in Höhe von insgesamt ca. 82 Millionen NF. gewährt.

hängigkeit von zweckgebundenen Zuwendungen des Staates bewirkt einen Sachzwang zu plankonformem Verhalten. Der Plan, seiner Natur nach indikativ, wird so zum Imperativ für die Unternehmen, die staatliche Hilfe in Anspruch nehmen.

Wie bereits im Zusammenhang mit den Krediten des FDES erwähnt, erlangt der Staat durch die Gewährung finanzieller Zuwendungen das Recht, die Geschäftsführung des begünstigten Unternehmens zu kontrollieren. Diese Kontrollbefugnis, deren Ausübung im Ermessen des Finanzministeriums steht, beruht auf dem gesetzvertretenden Dekret vom 26. 5. 1955. Für bestimmte Finanzhilfen ist die Kontrolle des begünstigten Unternehmens zwingend vorgeschrieben.

Mit der Subventionstätigkeit des Staates ist ein Machtzuwachs der Verwaltung verbunden, durch den die Freiheit des einzelnen im Bereich seiner wirtschaftlichen Betätigung weitgehend in Frage gestellt wird[21]. Finanzielle Zuwendungen des Staates an bestimmte Unternehmen bedeuten einen Eingriff in das wirtschaftliche Kräfteverhältnis und bewirken in der Regel eine Veränderung der Wettbewerbsbedingungen. Es besteht daher die Gefahr, daß die Verwaltung ihre finanzielle Machtstellung zur willkürlichen Zuteilung von Privilegien oder zu einer unangemessenen Ausdehnung ihrer Kontrollbefugnisse im Bereich der Privatwirtschaft mißbraucht und damit gegen Grundrechte (libertés publiques) verstößt[22].

6. Grundsatz der Gesetzmäßigkeit der öffentlichen Finanzierung

Die Handlungsfreiheit der Verwaltung ist jedoch bei der Zuteilung öffentlicher Mittel nicht schrankenlos. Eine gewisse Einschränkung ergibt sich aus dem Grundsatz der Gesetzmäßigkeit der öffentlichen Finanzierung (légalité du financement public)[23]. Das bedeutet zunächst, daß öffentliche Ausgaben in Form von Finanzhilfen an private Unternehmen einer Ermächtigung des Parlaments im Haushaltsgesetz bedürfen[24].

---

[21] Auf die Gefahren der individuellen Förderungsmaßnahmen weisen vor allem hin: *de Calan*, La Renaissance des Libertés Economiques et Sociales, S. 238 ff., und *Vasseur*, in: RTDC 1964, 44.

[22] Eine weitere Gefahr der staatlichen Subventionierung besteht darin, daß die Unternehmen auf Grund der staatlichen Hilfe die für den wirtschaftlichen Fortschritt notwendige Verantwortlichkeit und Risikobereitschaft verlieren, daß somit die Finanzhilfe des Staates einen „capitalisme sans risque" bewirkt und begünstigt; vgl. hierzu *de Calan*, a.a.O., S. 238 und *Mitterand* in Le Monde vom 7. 2. 1968.

[23] Vgl. hierzu *Demichel*, Le Contrôle de l'Etat sur les Organismes Privés, S. 423 ff.

[24] Zum Grundsatz der Spezialität der Budgetbewilligung vgl. *Duverger*, Les Finances Publiques, 296.

Diese Ermächtigung wird nicht global, sondern gesondert nach Etattiteln erteilt. Übertragungen eines Haushaltskredits von einem Titel auf den anderen sind daher ausgeschlossen. Das Budget dient ausschließlich der Kontrolle der Exekutive durch das Parlament; Dritte, z. B. möglicherweise begünstigte Unternehmen können aus einer Ausgabebewilligung keine Rechte herleiten[25].

Von der Notwendigkeit der Budgetbewilligung abgesehen, ist ähnlich wie im deutschen Recht eine besondere gesetzliche Ermächtigung für die Gewährung von Finanzhilfen zum Zwecke der Wirtschaftslenkung grundsätzlich nicht erforderlich[26]. Das bedeutet aber nicht, daß das Ermessen der Verwaltung bei der Vergabe öffentlicher Mittel unbeschränkt ist. Die finanzielle Förderung privater Unternehmen ist nur zulässig, wenn sie im öffentlichen Interesse erfolgt[27].

Eine weitere Einschränkung ergibt sich aus dem Grundsatz der Berufs- und Wirtschaftsfreiheit (liberté du commerce et de l'industrie), der nach der Rechtsprechung zu den „principes généraux du droit" zählt[28]. Die Freiheit der wirtschaftlichen Betätigung Privater kann durch individuelle Förderungsmaßnahmen des Staates, die eine Veränderung des wirtschaftlichen Kräfteverhältnisses und der Wettbewerbsbedingungen bewirken, beeinträchtigt werden. Beschränkungen von Individualrechten und Grundfreiheiten, die zu dem Katalog der principes généraux du droit gehören, sind nur auf Grund eines formellen Gesetzes zulässig. Die Verwaltung bedarf daher für die Gewährung von Finanzhilfen an Private, die nicht wettbewerbsneutral sind und damit zum Nachteil konkurrierender Unternehmen in das Grundrecht der Wirtschaftsfreiheit eingreifen, einer gesetzlichen Ermächtigung[29]. Dieser Gesetzesvorbehalt ist jedoch infolge der Verfassungspraxis der IV. und V. Republik zu einer reinen Formalität geworden, da das Parlament in den meisten Fällen der Regierung durch Globalermächtigungen die Befugnis zum Erlaß gesetzesvertretender Verordnungen im Bereich der Wirtschaftsverwaltung erteilte[30]. Damit beschränkt sich die parlamentarische Kontrolle der öffentlichen Finanzierung faktisch auf das Gebiet des Haushaltsrechts. Im übrigen hat sich die Verwaltung die gesetzlichen Grundlagen ihrer Subventionstätigkeit im wesentlichen selbst geschaffen. Die Voraussetzungen für die Gewährung finanzieller Hilfen sind im allgemeinen in Rechtsverordnungen geregelt, die zum

---

[25] C.E. 26. 7. 1946, Valent Falendry, Rec. 1946.

[26] *Demichel*, a.a.O., S. 424.

[27] *Demichel*, a.a.O., S. 424.

[28] Vgl. hierzu die Ausführungen zu § 6 III dieser Arbeit.

[29] *Demichel*, a.a.O., S. 424, 425.

[30] Eine solche Globalermächtigung ist Rechtsgrundlage der Dekrete vom 30. 6. 1955, die im einzelnen bereits erwähnt wurden.

Teil Gesetzeskraft besitzen. Von wenigen Ausnahmen abgesehen, sind diese Rechtsvorschriften so weit gefaßt, daß der Verwaltung für die Entscheidung im Einzelfall ein großer Ermessensspielraum bleibt. Es fragt sich daher, ob diese Entscheidungen einer gerichtlichen Kontrolle unterliegen und welche Rechtsbehelfe gegeben sind.

7. Die Rechtsnatur der Wirtschaftssubventionen

Die französische Rechtsordnung beruht ebenso wie die deutsche auf der Trennung von Privatrecht und öffentlichem Recht. Nach der in Frankreich geltenden strengen Auffassung des Grundsatzes der Gewaltenteilung ist es den ordentlichen Gerichten grundsätzlich untersagt, in den Bereich der öffentlichen Verwaltung einzugreifen[31]. Durch das Gesetz vom 28 Pluviôse, An VIII (1799) wurde zur Entscheidung von Rechtsstreitigkeiten auf dem Gebiet des Verwaltungsrechts ein besonderer Verwaltungsrechtsweg vor dem Conseil d'Etat geschaffen[32].

Für die Beurteilung von Art und Umfang des Rechtsschutzes kommt es daher auf die rechtliche Qualifikation der staatlichen Finanzhilfen an. Sind diese als Maßnahmen auf dem Gebiet des öffentlichen Rechts anzusehen, so ist die Verwaltung an die Grundsätze des Verwaltungsrechts und die Grundrechte gebunden und ihre Entscheidungen sind im Verwaltungsrechtsweg anfechtbar. Wird die Verwaltungsbehörde dagegen auf dem Gebiet des Privatrechts tätig, so befindet sich der Antragsteller in einer ähnlichen Situation wie der Kunde eines privaten Unternehmens[33]. Er könnte sich weder auf die principes généraux du droit noch auf die nach öffentlichem Recht bestehenden Bedingungen der Verwaltung berufen und wäre daher gegen willkürliche Entscheidungen weitgehend schutzlos[34].

a) Stand der Meinungen in der französischen Literatur und Rechtsprechung

Im Bereich des deutschen Rechtes ist das Problem der Rechtsnatur der staatlichen Subventionierung Privater ausführlich behandelt worden[35]. Nachdem die von Ipsen entwickelte Zweistufentheorie lange

[31] L. 16—24. 8. 1790, Titre 2, Art. 13.

[32] Seit der Einführung der Tribunaux administratifs als untere Verwaltungsgerichte im Jahre 1953 entscheidet der C.E. im Regelfall als Berufungsgericht, erstinstanzlich nur noch in bestimmten Sonderfällen; vgl. *de Laubadère* I, Nr. 761—769.

[33] So *de Laubadère* I, Nr. 1073.

[34] Der Begriff des Verwaltungsprivatrechts ist im französischen Recht unbekannt.

[35] Vgl. hierzu vor allem die grundlegende Darstellung von *Ipsen*, Die öffentliche Subventionierung Privater, in: DVBl. 1956, 461 ff.; ferner: *Zuleeg*, Die Rechtsform der Subventionen, 1965; *V. Götz*, Recht der Wirtschaftssubventionen, 1966.

Zeit als herrschend anerkannt war und sogar in § 102 des II. Wohnungsbaugesetzes ihren Niederschlag gefunden hat, mehren sich in letzter Zeit die Tendenzen nach einer einheitlichen Einordnung der Subventionsbeziehungen entweder in den Bereich des privaten oder in den des öffentlichen Rechts[36].

Die französische Rechtswissenschaft hat sich mit diesen Problemen bisher nur wenig auseinandergesetzt. Hervorzuheben ist vor allem die Stellungnahme von Vasseur, der — allerdings ohne nähere Begründung — für eine zweistufige Behandlung der Subventionsverhältnisse eintritt[37]. Nach seiner Auffassung ist die Entscheidung der Behörde über die Gewährung von Finanzhilfen aus öffentlichen Mitteln als Verwaltungsakt zu werten. Die Durchführung der Subventionsverhältnisse erfolge dagegen im Rahmen eines privatrechtlichen Vertrages.

Die Rechtsprechung des C.E., auf die sich Vasseur beruft, ist nicht einheitlich. Zu dem Problem der Rechtsnatur der staatlichen Subventionierung Privater liegen bisher nur wenige höchstrichterliche Entscheidungen vor, die sich im Ergebnis und in der Begründung teilweise widersprechen. Der C.E. sah ursprünglich die Gewährung öffentlicher Kredite und Staatsbürgschaften als privatrechtliche Rechtsgeschäfte an und verneinte dementsprechend die Zulässigkeit des Verwaltungsrechtsweges[38]. In einer späteren Entscheidung rückte der C.E. bei der Beurteilung einer Subventionsbürgschaft von dieser rein privatrechtlichen Betrachtungsweise ab und unterschied zwischen der öffentlichrechtlichen Bewilligung der Bürgschaft gegenüber dem begünstigten Unternehmen und dem Abschluß eines privatrechtlichen Bürgschaftsvertrages mit dessen Gläubiger[39]. Die Entscheidungsgründe lassen aber nicht erkennen, daß sich der C.E. mit seiner früheren abweichenden Rechtsprechung auseinandergesetzt hätte. Sie enthalten, auch wenn man den Schlußvortrag des Regierungskommissars Grévisse zu ihrer Auslegung heranzieht, keine grundsätzliche Stellungnahme zu dem Problem der Rechtsform staatlicher Finanzhilfen. Grévisse läßt die Frage, ob die von ihm für die Staatsbürgschaften entwickelten Kriterien auch für andere Arten vermögenswerter Leistungen an Private gelten, ausdrücklich offen.

Das Problem der Rechtsnatur der wirtschaftslenkenden Finanzhilfen des Staates bedarf, da Rechtsprechung und Literatur hierzu wenig er-

---

[36] Für eine rein öffentlich-rechtliche Lösung tritt vor allem *Zuleeg*, S. 46 ff., ein. Dagegen ordnet *Götz*, S. 56 ff., die öffentlichen Kredite und Bürgschaften dem Privatrecht zu.

[37] *Vasseur*, a.a.O., S. 331, und in RTDC 1964, 43.

[38] C.E. 20.10.1950, Stein, Rec. 505; 29.6.1951, Sté minière du Cap Corse, Rec. 383.

[39] C.E. 18.10.1957, Sté industrielle pour l'utilisation du beton et du bois, D. 1957, 734, concl. *Grévisse*.

giebig sind, schon im Interesse des Rechtsschutzes der betroffenen Unternehmen einer ausführlicheren Untersuchung. Soweit dies im Rahmen der vorliegenden Arbeit möglich ist, soll daher der Versuch gemacht werden, auf der Grundlage des französischen Verwaltungsrechts einige tragende Gesichtspunkte für einen Lösungsvorschlag zu entwikkeln.

b) Definition des Subventionsbegriffes

Wie bereits ausgeführt, weisen öffentliche Kredite, verlorene Zuschüsse und Staatsbürgschaften trotz der Verschiedenheiten in der Form der Vermögenszuwendung Gemeinsamkeiten hinsichtlich ihrer Zweckbestimmung und des Bewilligungsverfahrens auf. Es liegt daher nahe, sie zur Bestimmung ihrer Rechtsnatur unter einem gemeinsamen Oberbegriff zusammenzufassen.

Staatliche Vorteilsgewährungen zur Förderung privater Unternehmen werden in der deutschen Verwaltungsrechtslehre im allgemeinen als Subventionen bezeichnet, wobei man zwischen direkten und indirekten Subventionen unterscheidet[40]. Eine direkte Subvention liegt dann vor, wenn das begünstigte Unternehmen Zuwendungen aus öffentlichen Mitteln erhält. Indirekte Subventionen sind alle übrigen Vergünstigungen, durch die der Empfänger einen Vorteil zu Lasten der öffentlichen Hand erlangt, also z. B. auch Zollschutz und Steuerermäßigungen. Ein allgemeiner Subventionsbegriff, der unterschiedslos jede staatliche Förderungsmaßnahme umfaßt, erweist sich als ungeeignet zur Bestimmung der Rechtsform von Zuwendungen, durch die ein besonderes Rechtsverhältnis zwischen Staat und Empfänger begründet wird. Eine sinnvolle Abgrenzung des Subventionsbegriffes kann nur im Hinblick auf die besondere rechtliche Fragestellung erfolgen[41]. Definitionszweck ist hier die Bestimmung der Rechtsbeziehungen und des Rechtsschutzes als Folge besonderer Leistungen des Staates an Private. Damit beschränkt sich der nach der Problemstellung relevante Subventionsbegriff auf die direkten Subventionen[42].

Bei der Einordnung einer Maßnahme als Subvention kommt es nicht auf die Unentgeltlichkeit der Leistungsbeziehung zwischen Staat und Empfänger, sondern auf die Zuwendung eines Vermögensvorteils an, der auch in der Gewährung einer Bürgschaft oder eines Darlehens zu

---

[40] So z. B. *Huber*, Wirtschaftsverwaltungsrecht II, 258.

[41] So auch *Götz*, a.a.O., S. 18.

[42] Zu dieser Definition des Subventionsbegriffes im deutschen Verwaltungsrecht vgl. *Zuleeg*, S. 15—18.

Da Gegenstand der Untersuchung die Rechtsform der Wirtschaftssubventionen ist, können bei der Bestimmung des Subventionsbegriffes auch diejenigen Leistungen außer Betracht bleiben, die der Staat im sozialen Bereich gewährt.

günstigen Bedingungen bestehen kann. Subventionen in dem hier verstandenen Sinn sind daher vermögenswerte Leistungen der öffentlichen Hand an Private zum Zwecke der Wirtschaftslenkung[43].

Diese Definition ist auch im französischen Recht zur Ermittlung der Rechtsform der Wirtschaftssubventionen brauchbar. Auch hier läßt sich der Begriff der Subvention, wenn er rechtlich relevant sein soll, nicht in allgemeingültiger Form, sondern nur funktionsbedingt bestimmen. Auszugehen ist von der Definition von Boulouis, der unter öffentlichen Subventionen Geldbeträge versteht, die von der öffentlichen Hand an Private gewährt werden, um deren Initiativen im Bereich des öffentlichen Interesses anzuregen und zu fördern[44]. Diese Definition ist insoweit zutreffend, als sie den Subventionsbegriff auf vermögenswerte Leistungen der öffentlichen Hand beschränkt und damit die sogenannten indirekten Subventionen ausklammert[45]. Andererseits ist sie zu eng, da sie nur Vermögenszuwendungen in Form von Geldzuschüssen berücksichtigt.

Nach den bisherigen Ausführungen ist der Subventionsbegriff im Rahmen der rechtlichen Problemstellung so abzugrenzen, daß er nur die Förderungsmaßnahmen aus öffentlichen Mitteln umfaßt, die zwei Grundvoraussetzungen erfüllen:

- Es muß sich um die unmittelbare Zuwendung finanzieller Vorteile handeln, durch die ein besonderes Rechtsverhältnis (Subventionsverhältnis) zwischen dem Staat und dem Empfänger begründet wird. Dies ist bei den indirekten Subventionen nicht der Fall.
- Die Zuwendung von Vermögensvorteilen muß unmittelbar im öffentlichen Interesse erfolgen.

Damit scheiden Maßnahmen der Verwaltung im Bereich ihrer fiskalischen Tätigkeit und ihrer eigenen Bedarfsdeckung aus. Unter Berücksichtigung dieser Gesichtspunkte erscheint die Definition von Boulouis in abgewandelter Form als sachgerecht: Subventionen sind vermögenswerte Leistungen der öffentlichen Hand an Private, um deren Initiative im Bereich des öffentlichen Interesses anzuregen und zu fördern. Dieser Subventionsbegriff umfaßt die Finanzhilfen, die der Staat privaten Unternehmen in Form von Darlehen, Zuschüssen oder Bürgschaften gewährt, um einen Anreiz zur Plandurchführung zu schaffen. Damit ist

---

[43] Vgl. auch BVerwG DÖV 1959, 706.

[44] *Boulouis*, in: Répertoire de Droit Public et Administratif, S. 892: „Subventions publiques consistent dans des sommes d'argent attribuées par des collectivités publiques à des personnes privées, physiques ou morales pour susciter encourager ou soutenir leurs initiatives dans le domaine de l'interêt général".

[45] Dagegen bezieht *Waline*, in: Droit Administratif, S. 644 auch die indirekten Subventionen in den Subventionsbegriff ein.

jedoch noch nichts über die Rechtsnatur dieser Förderungsmaßnahmen ausgesagt. Aus der Subventionseigenschaft einer finanziellen Begünstigung können erst dann rechtliche Schlüsse gezogen werden, wenn feststeht, welchem Rechtsgebiet die Subventionen zuzuordnen sind.

Die Frage, ob sich die öffentliche Subventionierung Privater zum Zwecke der Plandurchführung in den Formen des Privatrechts oder des öffentlichen Rechts vollzieht, läßt sich nur an Hand der allgemeinen Abgrenzungskriterien zwischen beiden Rechtsgebieten entscheiden.

Die Frage der Abgrenzung von Privatrecht und öffentlichem Recht ist in Frankreich nicht weniger umstritten als im deutschen Recht. Es kann daher nur ein zusammenfassender Überblick über die Entwicklung der wichtigsten Abgrenzungskriterien in Rechtsprechung und Rechtswissenschaft gegeben werden, soweit dies für die Frage nach der Rechtsnatur der Subventionen erforderlich erscheint[46].

c) Theorien zur Abgrenzung von Privatrecht und öffentlichem Recht

Aus der Zweiteilung des Rechtswegs ergab sich die Notwendigkeit, die sachliche Zuständigkeit der Zivil- und der Verwaltungsgerichte nicht nur im Einzelfall zu ermitteln, sondern eine allgemeingültige Formel für die Abgrenzung von Privatrecht und öffentlichem Recht zu finden[47]. Daraus erklärt sich das Bestreben der französischen Rechtswissenschaft, die Besonderheiten des Verwaltungsrechts auf einen einzigen Grundbegriff zurückzuführen. Im 19. Jahrhundert wurde die Ausübung hoheitlicher Gewalt als das entscheidende Merkmal des öffentlichen Rechts angesehen[48]. Nach der damals herrschenden Auffassung sind die Regeln des Verwaltungsrechts dann anzuwenden, wenn der Staat von seiner Herrschaftsgewalt durch Erlaß einseitiger verbindlicher Anordnungen Gebrauch macht; alle übrigen Formen des Verwaltungshandelns, insbesondere der Abschluß von Verträgen, sind „actes de gestion" und als solche privatrechtlicher Natur.

Als alleiniges Abgrenzungskriterium ist diese Theorie nur dann geeignet, wenn sich die Aufgaben der öffentlichen Verwaltung auf die Erhebung von Steuern und die Wahrnehmung polizeilicher Funktionen beschränken. Sie wird jedoch den Besonderheiten der Leistungsverwaltung nicht gerecht, die sich seit Mitte des 19. Jahrhunderts in den Be-

---

[46] Im übrigen wird hierzu auf die grundlegenden Darstellungen von *de Laubadère* I, S. 27—52, *Rivero*, DA, S. 29 ff. und das Lehrbuch von *Auby-Drago*, S. 323 ff., verwiesen.

[47] Über den zulässigen Rechtsweg entscheidet bei Kompetenzkonflikten ein besonderer Gerichtshof, das Tribunal des Conflits, das sich aus Richtern des Kassationshofes und des C.E. zusammensetzt.

[48] Vgl. den Schlußvortrag des Regierungskommissars *Aucoc* zu C.E. 26. 2. 1869, Pinard, D. 1869, III, 74.

reichen des Unterrichtswesens, der Wohlfahrtspflege, der Beförderung von Personen und Gütern und der Energieversorgung entwickelte. Die Ausdehnung der staatlichen Tätigkeit zum Zwecke der Daseinsvorsorge hatte eine Revision der verwaltungsrechtlichen Grundbegriffe zur Folge. Seit mehreren grundsätzlichen Entscheidungen des Tribunal des Conflits und des Conseil d'Etat sahen Rechtsprechung und der überwiegende Teil der Rechtslehre das Wesensmerkmal des Verwaltungsrechts nicht mehr in der Ausübung hoheitlicher Gewalt, sondern in dem Begriff des „service public"[49]. Unter service public versteht man jede Tätigkeit einer öffentlichen Körperschaft zur Erreichung eines im öffentlichen Interesse liegenden Zwecks[50]. Allein auf die Wahrnehmung des öffentlichen Interesses als Ziel des staatlichen Handelns und nicht mehr primär auf die angewandten Mittel gründen sich nach dieser Theorie die Besonderheiten des öffentlichen Rechts. Die Vorschriften des Verwaltungsrechts dienen dazu, die aus dem Gedanken des service public abgeleiteten Prinzipien zu verwirklichen. Die hoheitlichen Befugnisse der Verwaltung finden so ihre Rechtfertigung in der Notwendigkeit der Kontinuität des service public, seiner ständigen Anpassung an die wechselnden Verhältnisse und seines Vorrangs gegenüber partikulären Interessen[51]. Der Begriff des service public wurde zu Beginn dieses Jahrhunderts von der herrschenden Meinung der Rechtslehre als alleinige Grundlage des gesamten Verwaltungsrechts angesehen. Von der Rechtsprechung wurde er zwar als wichtiges, nicht aber als ausschließliches Abgrenzungskriterium anerkannt[52].

Die Theorie des service public in ihrer klassischen Form ist heute überholt. Sie hatte ihre Berechtigung in einer Zeit des wirtschaftlichen Liberalismus, in der sich die Tätigkeit des Staates auf die Aufrechterhaltung von Sicherheit und Ordnung und auf elementare Bereiche der Leistungsverwaltung wie Post und Energieversorgung beschränkte. Die öffentlichen Versorgungsbetriebe unterschieden sich hinsichtlich ihres Monopolcharakters und ihrer Organisation eindeutig von den privatwirtschaftlichen Unternehmen, so daß der Begriff des service public im allgemeinen genügte, um den Bereich des Verwaltungsrechtes zu bestimmen. Die Entwicklung des staatlichen Interventionismus seit dem 1. Weltkrieg und die Ausdehnung der wirtschaftlichen Betätigung der öffentlichen Körperschaften, die sich immer mehr an die Formen der

[49] T.C. 8. 2. 1873, *Blanco*, GA Nr. 1; C.E. 6. 2. 1903, Terrier, GA Nr. 12; C.E. 4. 3. 1910, Thérond, GA Nr. 25.

[50] *de Laubadère* I, Nr. 50.

[51] *de Laubadère* I, Nr. 52.

[52] Vgl. concl. *Romieur* zu C.E. 6. 2. 1903 GA 12: „Il peut se faire que l'administration tout en agissant, non comme personne privée, mais comme personne publique, dans l'intérêt d'un service public proprement dit, n'invoque pas le bénéfice de sa situation de personne publique et se place volontairement dans les conditions d'un particulier".

Privatwirtschaft anglich, führten zu einer Fortbildung des Verwaltungsrechts, die in der Literatur allgemein als „crise de la notion de service public“ bezeichnet wird[53].

Service public kann sowohl im organischen Sinne als Verwaltungsbehörde wie im materiellen Sinne als Wahrnehmung öffentlicher Interessen verstanden werden. Diese beiden Elemente der Definition stimmen nicht mehr in allen Fällen überein. Ebenso wie die Verwaltung rein fiskalische Interessen verfolgen kann, so ist es auch möglich, daß Private primär im öffentlichen Interesse tätig werden. Gerade im Bereich der Wirtschaftsverwaltung ist es keine Seltenheit, daß der Staat Befugnisse zu wirtschaftslenkenden Maßnahmen privaten Körperschaften überträgt[54]. Dadurch ändert sich zwar an dem privatrechtlichen Status dieser Körperschaften nichts; sie treten aber zu dem Staat in ein besonderes Rechtsverhältnis, das durch Rechte und Pflichten gekennzeichnet ist, die dem Zivilrecht wesensfremd sind. Sie unterliegen einer besonderen staatlichen Kontrolle. Zur Wahrnehmung ihrer im öffentlichen Interesse liegenden Aufgaben kann ihnen der Staat die Ausübung hoheitlicher Gewalt übertragen[55]. Das bedeutet aber, daß in diesen Fällen die Vorschriften des Verwaltungsrechts auch auf die Tätigkeit privatrechtlicher Organisationen anzuwenden sind[56].

Andererseits bedient sich die Verwaltung bei der Erfüllung ihrer Aufgaben in zunehmendem Maße der Rechtsformen des Privatrechts. Dies gilt vor allem im Bereich ihrer wirtschaftlichen Betätigung. Erfolgt diese in erster Linie zu Erwerbszwecken, so ist sie kein service public und unterliegt dem Privatrecht. Die Wahrnehmung eines öffentlichen Interesses schließt jedoch die Anwendung privatrechtlicher Vorschriften nicht aus. Vollzieht sich die wirtschaftliche Tätigkeit der öffentlichen Hand im Rahmen eines service public, aber unter denselben Bedingungen, die auch für private Unternehmen gelten, so begibt sich die Verwaltung bewußt auf die Ebene des Privatrechts. Aus diesem Grunde erklärt das Tribunal des Conflits in einer berühmten Entscheidung vom 22. 1. 1921 die Zivilgerichte für zuständig, über Schadensersatzansprüche gegen ein von der Verwaltung betriebenes Transportunternehmen zu entscheiden[57]. Ausgehend von dieser Entscheidung hat die Rechtsprechung den Begriff des service public industriel und commercial als Kriterium für die Anwendung des Zivilrechts im Bereich der öffentlichen Verwaltung entwickelt.

---

[53] Vgl. hierzu die grundlegende Darstellung von *Corail*, La Crise de la Notion de Service Public, Paris, 1954.

[54] Als Beispiele seien die bereits erwähnten groupements professionnels, der Crédit National und die SDR angeführt.

[55] C.E. 20. 12. 1935 Etablissements Vezia, GA Nr. 61.

[56] C.E. 31. 7. 1941 Monpeurt, GA Nr. 68.

[57] T.C. 21. 1. 1921 Sté commerciale de l'Ouest Africain, GA Nr. 42.

Die Tätigkeit der Verwaltung zur Wahrnehmung eines öffentlichen Interesses ist dann als service public industriel et commercial nach privatrechtlichen Grundsätzen zu beurteilen, wenn sie ihrer Art nach auch von einem Privatunternehmen ausgeübt werden könnte und außerdem ihre Organisation der Geschäftsführung eines solchen Unternehmens entspricht[58]. Dies bedeutet aber nicht, daß die Verwaltung in diesem Bereich den privaten Unternehmen völlig gleichgestellt ist. Die Vermutung, die für die Anwendung privatrechtlicher Vorschriften und damit für die Zuständigkeit der Zivilgerichte spricht, kann im Einzelfall widerlegt werden[59].

Das Tribunal des Conflicts hat in der Entscheidung vom 22. 1. 1955 den services publics industriels et commerciaux Tätigkeiten der Verwaltung auf dem Gebiet der Sozialfürsorge gleichgestellt und damit ein weiteres Kriterium für die Anwendung des Privatrechts geschaffen[60]. Diese Auffassung konnte sich jedoch in Rechtsprechung und Rechtslehre bisher nicht durchsetzen[61].

Wie wir gesehen haben, reicht der Begriff des service public nicht mehr aus, um den Bereich des Verwaltungsrechts zu bestimmen. Aus diesem Grunde wurde er von dem überwiegenden Teil der Rechtslehre aufgegeben, während die Rechtsprechung sich weiter auf ihn beruft, gleichzeitig aber zusätzliche Abgrenzungskriterien heranzieht.

Die in der Literatur entwickelten Ersatzlösungen können nicht befriedigen, da sie ebenso wie die „Ecole de Service Public" versuchen, das gesamte öffentliche Recht auf einem einzigen Grundbegriff aufzubauen[62]. Soweit das entscheidende Kriterium in der Wahrnehmung des öffentlichen Interesses (utilité publique) gesehen wird[63], steht dem der Einwand gegenüber, daß Handeln im öffentlichen Interesse auch in den Rechtsformen des Privatrechts möglich ist. Der Begriff der öffentlichen Gewalt (puissance publique) führt zwar in vielen Fällen zu brauchbaren Ergebnissen, versagt aber bei der Abgrenzung öffentlich-rechtlicher und privatrechtlicher Verträge[64]. Wie Rivero zutreffend ausführt, läßt sich ebensowenig wie für die Vielfalt des Zivilrechts für die verschiedenen Bereiche des Verwaltungsrechts ein einheitlicher Grundbegriff finden[65]. Gerade die Entwicklung der Wirtschaftsplanung und Wirtschafts-

---

[58] Vgl. dazu im einzelnen *Auby-Drago*, a.a.O., 386 ff.

[59] *de Laubadère* I, Nr. 1065.

[60] T.C. 22. 1. 1955 Naliato, GA Nr. 100.

[61] C.E. 21. 3. 1958 Salin, RDP 1959, 112, concl. *Bernard*.

[62] Vgl. hierzu die treffende Kritik von *Rivero*, Existe-t-il un Critère du Droit Administratif?, in: RDP 1953, 279.

[63] *Waline*, Vorwort zum JCA.

[64] Die Theorie der „puissance publique" wird vor allem von *Vedel*, EDCE 1954, 45 ff., vertreten.

[65] *Rivero*, in: RDP 1953, 279 ff.

lenkung und die Ausdehnung der wirtschaftlichen Betätigung des Staates haben die traditionellen Grundbegriffe des Verwaltungsrechts in Frage gestellt und eine Abgrenzung zwischen öffentlichem und privatem Recht erschwert. Dies wird besonders deutlich bei der öffentlichen Subventionierung Privater, die, wie wir gesehen haben, in vielen Fällen durch das Zusammenwirken von Verwaltungsbehörden und privaten Geldgebern gekennzeichnet ist. Diese Schwierigkeiten dürfen aber im Interesse der Rechtssicherheit nicht dazu führen, daß, wie Chenot dies vorschlägt, auf eine allgemeingültige Abgrenzung verzichtet und nur von Fall zu Fall entschieden wird[66]. Eine Definition, die zugleich den Besonderheiten der Eingriffsverwaltung wie auch der Leistungsverwaltung und der Wirtschaftslenkung gerecht werden soll, läßt sich nur dadurch gewinnen, daß man die brauchbaren Elemente der bisherigen Theorien, die nur einen Teilaspekt umschreiben, vereinigt.

Für die begriffliche Abgrenzung des Verwaltungsrechts kommt es entscheidend sowohl auf das Ziel der Verwaltungstätigkeit wie auch auf die zur Erreichung des Zieles eingesetzten Mittel an. Die Normen des Verwaltungsrechts unterscheiden sich von dem Privatrecht in doppelter Hinsicht. Sie geben den Verwaltungsbehörden einerseits die Möglichkeit, durch einseitige hoheitliche Maßnahmen die Rechtsstellung der Bürger zu verändern. Sie unterwerfen die Verwaltung aber auch besonderen Beschränkungen, die für die Rechtsbeziehungen Privater nicht gelten, z. B. Bindung an Kompetenzen und Grundrechte[67]. Diese Vorrechte und Bindungen rechtfertigen sich allein aus der besonderen Aufgabe der öffentlichen Verwaltung, der Wahrnehmung eines öffentlichen Interesses. Wird die Verwaltung dagegen vorwiegend zur Deckung ihres Eigenbedarfs oder zu Erwerbszwecken tätig, so können für sie nur dieselben Rechte und Pflichten gelten wie für Private. Die fiskalische Tätigkeit des Staates vollzieht sich daher grundsätzlich im Rahmen des Privatrechts. Handelt die Behörde dagegen in Ausübung eines service public, so besteht die Vermutung, daß sie sich hierzu auch ihrer besonderen hoheitlichen Befugnisse bedient.

Diese Vermutung gilt auch für die Abgrenzung von privatrechtlichem und öffentlichrechtlichem Vertrag. Zwar stellt die Rechtsprechung hier in erster Linie auf die „clause exorbitante", die hoheitliche Gestaltung des Vertrages, ab[68]. Sie greift jedoch auf die aus dem Begriff des service public abgeleitete Vermutung zurück, wenn sich der hoheitliche Charakter eines Vertrages nicht eindeutig bestimmen läßt[69].

---

[66] *Chenot*, La Notion de Service Public dans la Jurisprudence Economique du Conseil d'Etat, EDCE 1950, 77 ff., dagegen *Rivero*, Apologie pour les Faiseurs de Systèmes, in: D. 1951, 99 ff.

[67] *Rivero*, DA Nr. 32

[68] Vgl. hierzu die Ausführungen zu § 5 III 2.

[69] Vgl. hierzu die Ausführungen zu § 5 III 3.

Die Erfüllung öffentlicher Aufgaben ist somit ein wichtiges Kriterium für die Anwendung des Verwaltungsrechts. Zu Recht treten daher de Laubadère und Demichel entgegen der herrschenden Meinung in der Literatur für die Beibehaltung des Begriffes service public ein[70]. Sie messen ihm jedoch keine ausschließliche Bedeutung zu, sondern sehen ein zusätzliches Wesensmerkmal des öffentlichen Rechts in der Ausübung hoheitlicher Gewalt. Dieser Auffassung ist zuzustimmen. Die Vermutung, daß sich die Wahrnehmung öffentlicher Interessen in den Formen des Verwaltungsrechts vollzieht, ist nämlich dann widerlegt, wenn sich die Verwaltung erkennbar auf die Ebene des Privatrechts begibt.

Wie bereits ausgeführt, ist die unmittelbare wirtschaftliche Betätigung der öffentlichen Hand im Bereich der services publics industriels et commerciaux in der Regel nach den Grundsätzen des Privatrechts zu beurteilen. Im übrigen handelt die Verwaltung bei Ausübung eines service public dann privatrechtlich, wenn sie auf ihre hoheitlichen Befugnisse verzichtet und Rechtsverhältnisse mit Privaten auf der Ebene der Gleichordnung begründet (gestion privée d'un service public). Dafür müssen aber besondere Anzeichen vorhanden sein.

Der Anwendungsbereich des Verwaltungsrechts beschränkt sich auf hoheitliches Handeln bei der Ausübung eines service public (gestion publique d'un service public). In Zweifelsfällen ist aus dem Verhalten der Behörde, aus der Art der Begründung und dem Maße der Mitwirkung der Beteiligten bei der Ausgestaltung des Rechtsverhältnisses zu ermitteln, ob die Verwaltung in übergeordneter Stellung aufgetreten ist oder sich auf den Boden der Gleichordnung und damit des Privatrechtes gestellt hat.

Das Verwaltungsrecht ist demnach auf die Rechtsbeziehungen anzuwenden, die eine öffentliche Körperschaft auf Grund ihrer hoheitlichen Befugnisse zur Erfüllung einer im öffentlichen Interesse liegenden Aufgabe begründet. Service public und gestion publique sind die beiden entscheidenden Kriterien für die Abgrenzung von Privatrecht und öffentlichem Recht, nach denen auch die Subventionsmaßnahmen des Staates zu beurteilen sind.

d) Die Subventionen als Maßnahmen des öffentlichen Rechts

Nach den bisherigen Ausführungen liegt ein service public dann vor, wenn eine Verwaltungsbehörde oder eine Privatperson unter besonderer staatlicher Kontrolle im öffentlichen Interesse tätig wird. Voraussetzung für die Gewährung einer Subvention, gleichgültig, ob diese in Form eines Darlehens, eines Zuschusses oder einer Bürgschaft erfolgt,

---

[70] *de Laubadère* I, Nr. 716; *Demichel* II, S. 659 ff.

ist stets eine Entscheidung des Wirtschafts- und Finanzministeriums. Soweit bei der Weitergabe der bewilligten Mittel an die begünstigten Unternehmen Kreditinstitute wie der Crédit National oder die Caisse de Dépôts eingeschaltet sind, handeln diese im Auftrag des Staates und unter seiner besonderen Kontrolle. Wie bereits ausgeführt, sind die Subventionen ein Mittel der Wirtschaftslenkung. Durch die Zuwendung finanzieller Vorteile sollen Unternehmen gefördert werden, deren Maßnahmen zur Planerfüllung beitragen und somit dem gesamtwirtschaftlichen Interesse dienen. Das Ministerium und die besonders beauftragten Kreditinstitute wirken daher bei der Vergabe der Subventionen in der Erfüllung einer im öffentlichen Interesse liegenden Aufgabe zusammen. Das bedeutet aber, daß sowohl für die Bewilligung wie auch für die Realisierung der Subventionen die Merkmale eines service public im materiellen Sinne gegeben sind. Damit spricht die Vermutung dafür, daß die Subventionsverhältnisse öffentlich-rechtlicher Natur sind.

Nach den bisherigen Ausführungen könnte diese Vermutung jedoch auf zweierlei Weise widerlegt werden:

- Sie gilt nach der Rechtsprechung generell nicht für die sogenannten services publics industriels et commerciaux. In diesem Bereich sind die Rechtsverhältnisse zwischen Verwaltungsbehörden und Außenstehenden grundsätzlich nach den Vorschriften des Privatrechts zu beurteilen, während die Anwendung des Verwaltungsrechts auf einige Ausnahmefälle beschränkt ist[71]. Als service public industriel et commercial sind aber nur solche Tätigkeiten zu betrachten, die ihrer Art nach auch von privaten Unternehmen ausgeführt werden könnten[72]. Während es sich bei Finanzierungsmaßnahmen Privater in der Regel um Kapitalanlagen zu Erwerbszwecken handelt, erfolgt die Vergabe der Subventionen im gesamtwirtschaftlichen Interesse, so daß die Gesichtspunkte der wirtschaftlichen Rentabilität der Maßnahme für den Subventionsgeber in den Hintergrund treten. Dementsprechend werden die Darlehen des FDES zu günstigeren Zinssätzen und Tilgungsbedingungen und gegen geringere Sicherheiten gewährt, als dies bei privaten Krediten üblich ist. Bei Forschungssubventionen (subventions remboursables en cas de succès) übernimmt, wie wir gesehen haben, der Staat das volle Risiko, bei Nichterfolg des geförderten Entwicklungsprojektes seinen Einsatz zu verlieren. Subventionen sind Mittel der Wirtschaftslenkung, die zu den Aufgaben eines modernen Staates gehört. Sie unterscheiden sich von Kapitalanlagen Privater, die am Gewinnstreben orientiert sind, durch ihre besondere Zweckbindung und die daraus resultierende einseitige Risikoverteilung zu Lasten der öffentlichen Hand als Geldgeber. Über die

[71] *de Laubadère* I, Nr. 714.
[72] *Auby-Drago* I, 386.

Bewilligung der Subventionen entscheidet im allgemeinen das Finanzministerium, eine Verwaltungsbehörde herkömmlicher Art, die keinerlei Ähnlichkeit mit einem öffentlichen Unternehmen oder gar einem privaten Gewerbebetrieb besitzt. Die Subventionstätigkeit des Staates kann mit dem wirtschaftlichen Handeln privater Unternehmen nicht verglichen und somit auch nicht nach den für die „services publics industriels et commerciaux" geltenden Grundsätzen beurteilt werden[73].

Es müßten daher besondere Anzeichen dafür vorhanden sein, daß sich die Verwaltung zur Erfüllung ihrer öffentlichen Aufgaben der Rechtsformen des Privatrechts bedient (gestion privée). Gründe, die für ein privatrechtliches Handeln der Verwaltung sprechen, lassen sich im Regelfall der Subventionen, die Gegenstand der Untersuchung bilden, nicht finden. Die Subventionsmaßnahmen weisen vielmehr Merkmale auf, die ihre Zuordnung zum öffentlichen Recht noch unterstreichen:

Das Subventionsverhältnis wird durch die Entscheidung einer Verwaltungsbehörde, des Wirtschafts- und Finanzministeriums, begründet. Zwar ist diese Entscheidung von einem Antrag des Betroffenen abhängig. Auf die inhaltliche Ausgestaltung des Rechtsverhältnisses hat dieser jedoch keinen Einfluß. Die Voraussetzungen für die Gewährung einer Subvention werden durch die Verwaltung einseitig festgelegt. Dies geschieht entweder in allgemeiner Form durch Verordnungen, Richtlinien oder Verwaltungsvorschriften oder im Einzelfall durch besondere Bedingungen oder Auflagen, die mit der Bewilligungsentscheidung verbunden werden. Erfüllt das begünstigte Unternehmen die Verpflichtungen nicht, die ihm durch diese Nebenbestimmungen auferlegt wurden, so kann die Verwaltungsbehörde die Subventionsbewilligung widerrufen und sofortige Rückerstattung der bereits gewährten Leistungen verlangen. Die Möglichkeiten zu einseitiger Gestaltung und Beendigung des Subventionsverhältnisses sind typische Merkmale für hoheitliches Handeln (gestion publique) der Behörde in Form eines Verwaltungsaktes[74].

Für eine öffentlich-rechtliche Beurteilung der Subventionsmaßnahmen des Staates spricht auch die besondere Bindung, der die begünstigten Unternehmen unterliegen. Auf Grund des Dekrets vom 26. 5.

---

[73] So auch *Grévisse* in seinem Schlußvortrag zu C.E. v. 18. 10. 1957, D. 1957, 734.

[74] Die *materielle* Definition des Verwaltungsaktes entspricht dem deutschen Recht: einseitige Maßnahme einer Verwaltungsbehörde auf dem Gebiet des öffentlichen Rechts zur Regelung eines Einzelfalles. Davon zu unterscheiden ist die *rein prozessuale* Definition des Verwaltungsakts. Sie umfaßt alle Akte der vollziehenden Gewalt mit Außenwirkung, die im Verwaltungsrechtsweg anfechtbar sind. Vgl. *de Laubadère* I, Nr. 333 ff.

1955 hat die Verwaltung die Möglichkeit, alle Unternehmen, die öffentliche Mittel in Anspruch nehmen, einer Kontrolle durch staatliche Behörden oder Beauftragte zu unterstellen[75]. In einigen Fällen ist durch Sondervorschriften eine Kontrolle durch Regierungskommissare mit weitgehenden Kompetenzen zwingend vorgeschrieben[76].

Nach alledem ist die Entscheidung des Ministeriums über die Gewährung einer Subvention als Verwaltungsakt zu werten[77]. Das so begründete Rechtsverhältnis ist in seiner Gesamtheit dem öffentlichen Recht zuzuordnen, wenn sich die Abwicklung der Leistungsbeziehungen unmittelbar zwischen Trägern der öffentlichen Verwaltung und dem begünstigten Unternehmen vollzieht. Insoweit besteht für eine zweistufige Behandlung des Subventionsverhältnisses keine Veranlassung. Schwierigkeiten ergeben sich dann, wenn sich die Verwaltung zur Realisierung der bewilligten Subventionen privatrechtlicher Institutionen bedient, wie dies vor allem bei den Krediten des FDES der Fall ist. Dies kann zwar an der öffentlich-rechtlichen Natur der Entscheidung über die Vergabe der Subventionen nichts ändern, denn bereits auf dieser Stufe werden alle wesentlichen Bestimmungen über die Gestaltung des Rechtsverhältnisses hoheitlich getroffen. Es fragt sich jedoch, ob bei Einschaltung privater Finanzierungsinstitute eine einheitliche Beurteilung des Subventionsverhältnisses noch möglich ist oder ob dieses entsprechend der im deutschen Verwaltungsrecht vertretenen Zweistufentheorie in einen öffentlich-rechtlichen und einen privatrechtlichen Abschnitt aufgegliedert werden muß.

e) Zweistufigkeit der Subventionsverhältnisse bei Mitwirkung privater Finanzierungsinstitute

Wie wir gesehen haben, werden die vom Finanzministerium in Übereinstimmung mit dem Direktionsrat des FDES bewilligten Kredite durch den Crédit National an die begünstigten Unternehmen ausbezahlt. Hierbei ist der Crédit National grundsätzlich an die Bewilligungsentscheidung der Behörde gebunden. Er kann über die ihm zur Weitergabe überlassenen Mittel nicht selbständig verfügen. Der Crédit National hat nur dann eine beschränkte Entscheidungsfreiheit, wenn er das Darlehensrisiko trägt. In diesen Fällen kann er die Auszahlung des bewilligten Kredites verweigern oder zusätzliche Sicherheiten für den Rückzahlungsanspruch verlangen, wenn er begründete Zweifel an der Bonität des Kreditnehmers hat. Auf die Auswahl des Subventionsempfängers und die inhaltliche Ausgestaltung des Subventionsverhältnisses hat der Crédit National keine oder bei Risikoübernahme nur geringen

[75] Zu den Einzelheiten dieser Regelung vgl. *Demichel* I, 313 ff.

[76] Vgl. Art. 4 des D. 55—877 vom 30. 6. 1955 für die groupements professionnels und Art. 1 des D. 55—878 vom gleichen Tag für die SDR.

[77] So auch *Vasseur*, a.a.O., S. 313.

Einfluß. Es würde jedoch seiner Bedeutung bei der Vergabe von Subventionsdarlehen nicht entsprechen, ihn nur als unselbständigen Erfüllungsgehilfen der Verwaltung anzusehen. Er schließt vielmehr den Darlehensvertrag mit dem Kreditnehmer in eigenem Namen und tritt auch bei der Abwicklung des Darlehensverhältnisses selbständig in Erscheinung. Er ist in eigener Verantwortung für die technische Durchführung des Vertrages und die Verwaltung der geforderten Sicherheiten zuständig (z. B. Berechnung der Zinsen, Entgegennahme der Rückzahlungen, Überwachung des Geschäftsgebarens des Kunden etc.).

Diese Funktionen können nicht als öffentlich-rechtlich angesehen werden. Zwar dienen sie der Wahrnehmung eines öffentlichen Interesses und erfüllen somit die materiellen Voraussetzungen eines service public. Der Crédit National hat jedoch die Organisationsform einer privatrechtlichen Kapitalgesellschaft. Seine Tätigkeit bei Abschluß des Darlehensvertrages läßt auch keine hoheitlichen Merkmale erkennen. Die hoheitliche Regelung des Rechtsverhältnisses wurde bereits von der Bewilligungsbehörde getroffen; sie ist Bestandteil des Darlehensvertrages. Aufgabe des Crédit National ist es, diese Regelung zu verwirklichen. In dieser Funktion wird er zwar selbständig und nicht nur als Bote der Verwaltung tätig. Einseitige Anordnungsbefugnisse gegenüber dem Empfänger stehen ihm jedoch nicht zu. Das bedeutet aber, daß der Darlehensvertrag nach privatrechtlichen Grundsätzen zu beurteilen ist.

Eine einheitliche Zuordnung des Subventionsverhältnisses zum öffentlichen Recht kommt bei Einschaltung eines privaten Finanzierungsinstituts nur dann in Betracht, wenn dieses lediglich als Bote bei der Auszahlung der bewilligten Mittel tätig wird und unmittelbare Rechtsbeziehungen daher nur zwischen Bewilligungsbehörde und Subventionsempfänger bestehen.

Die Bewilligung einer Subventionsbürgschaft erfolgt in der Regel durch Verwaltungsakt. Davon zu unterscheiden ist der Abschluß des Bürgschaftsvertrages mit dem an dem Subventionsverhältnis unbeteiligten Dritten. Dieser Vertrag ist als privatrechtliches Rechtsgeschäft zu werten[78].

f) Zusammenfassung

Als Ergebnis der bisherigen Überlegungen kann zu dem Problem der rechtlichen Beurteilung der Wirtschaftssubventionen im französischen Recht folgende Lösung vorgeschlagen werden:

- Die Entscheidung der Behörde über die Bewilligung der Suvention ist als Verwaltungsakt zu werten.

---

[78] So die bereits mehrfach zitierte Entscheidung des C.E. v. 18. 10. 1957.

— Subventionsverhältnisse, die durch Verwaltungsakt begründet und von der Verwaltung auch unmittelbar durchgeführt werden, sind einheitlich nach den Grundsätzen des öffentlichen Rechts zu beurteilen. Das gleiche gilt, wenn sich die Verwaltung eines privaten Finanzierungsinstitutes lediglich als Erfüllungsgehilfen bei der Auszahlung der bewilligten Mittel bedient.

— Ist ein privates Finanzierungsinstitut jedoch in selbständiger Funktion bei der Abwicklung des Subventionsverhältnisses eingeschaltet, so sind zwei Stufen zu unterscheiden:

· Die Bewilligung der Subvention und die hoheitliche Gestaltung der Subventionsbeziehungen durch die Verwaltungsbehörde in Form eines Verwaltungsaktes.

· Die privatrechtliche Durchführung des Subventionsverhältnisses im Rahmen eines Vertrages zwischen dem privaten Finanzierungsinstitut und dem Subventionsempfänger.

Die Entscheidungen der ersten Stufe unterliegen der Nachprüfung durch die Verwaltungsgerichte; das geeignete Rechtsmittel ist die Anfechtungsklage (recours pour excès de pouvoir). Für Rechtsstreitigkeit auf der zweiten Stufe sind die Zivilgerichte zuständig.

II. Steuerliche Maßnahmen zum Zweck der Plandurchführung

Neben Subventionen sind steuerliche Maßnahmen ein wesentliches Mittel zur Plandurchführung. Zweck der Steuerpolitik eines modernen Staates ist nicht mehr ausschließlich die Erzielung von Einkünften, sondern darüber hinaus die Durchsetzung wirtschaftlicher und sozialer Ziele. Zu diesen Zielen gehören in Frankreich in erster Linie die Prioritäten des Wirtschaftsplans.

1. Wirtschaftsplanung und steuerliche Neutralität

Lange Zeit hindurch stand das französische Steuersystem im Widerspruch zu den Zielen der Wirtschaftsplanung, da es die Bildung moderner, leistungsfähiger Industriebetriebe erschwerte, dagegen unrentable Mittel- und Kleinbetriebe begünstigte[79]. Dies hatte zur Folge, daß die angestrebte Steigerung der Produktivität und der Wettbewerbsfähigkeit der französischen Industrie nur in bescheidenem Maße erreicht wurden. Eine Anpassung des Steuersystems war daher unumgänglich. Steuerliche Hindernisse für die wirtschaftliche Expansion mußten beseitigt werden. Außerdem erwies es sich als notwendig, in besonders

[79] *Duverger* spricht in der 4. Auflage seines Lehrbuches (Finances Publiques) S. 407 von einem steuerlichen Malthusianismus, der den wirtschaftlichen Fortschritt behindere.

wichtigen Bereichen der Industrie durch Steuervorteile einen Anreiz zur Plandurchführung zu schaffen. Dementsprechend enthielten der IV. und der V. Plan eine beträchtliche Anzahl von Vorschlägen für steuerliche Reformen, die im wesentlichen verwirklicht wurden.

Im Zuge der Planifikation haben sich nicht nur einzelne steuerliche Bestimmungen geändert; auch wichtige Grundbegriffe des Steuerrechts bedürfen einer Neuinterpretation. Dies gilt vor allem für das Postulat der steuerlichen Neutralität. Dieser aus der Zeit des wirtschaftlichen Liberalismus stammende Grundsatz ist heute in seiner ursprünglichen Bedeutung überholt. Unter steuerlicher Neutralität im traditionellen Sinne versteht man ein Steuersystem, das auf jeden gezielten Einfluß auf das bestehende Kärfteverhältnis bei Produktion und Güterverteilung verzichtet[80]. Eine solche Konzeption des Steuerrechts ist unvereinbar mit einer aktiven Planifikation, die eine Überwindung des Status quo durch wirtschaftliche Expansion und Modernisierung bestehender Strukturen erstrebt. Der Begriff der steuerlichen Neutralität war daher im Hinblick auf das Wirtschaftswachstum neu zu definieren.

Unter diesem Aspekt kann eine Steuer als neutral angesehen werden, wenn sie die Kräfte der wirtschaftlichen Entwicklung, wo sich diese spontan äußern, nicht behindert[81]. Wie der Wirtschafts- und Sozialrat in einem Gutachten aus dem Jahr 1962 forderte, muß es dem Unternehmer ermöglicht werden, die juristische und wirtschaftliche Organisation seines Betriebes ohne Rücksicht auf unterschiedliche steuerliche Belastungen optimal nach betriebswirtschaftlichen Erfordernissen zu bestimmen[82]. Steuerliche Neutralität wird daher im IV. Plan als Nichtdiskriminierung technischer Organisationsformen der Produktion verstanden.

Durch die Beseitigung steuerlicher Hindernisse für das wirtschaftliche Wachstum werden Entwicklungstendenzen angeregt, die sich zuvor nicht voll entfalten konnten. Auf Grund dieses Stimulierungseffektes erweist sich die steuerliche Neutralität als Mittel der globalen Wirtschaftslenkung[83]. Sie genügt zur Plandurchführung aber nur dann,

---

[80] Vgl. *Beltrame,* La Fiscalité et l'Aménagement du Territoire, RSF 1967, 280/342.

[81] *Pottier,* Fiscalité et Croissance dans le IVe Plan, RSF 1964, 305/364: „Dans l'optique de la croissance la véritable neutralité paraît se trouver dans l'aptitude du système fiscal à se transformer sans cesse, à renouveller à bon escient les dispositions particulières favorisant efficacement les secteurs décisifs."

[82] *Tisserand,* Rapp. au Conseil Economique et Social, J.O. 9. 8. 1962, 672.

[83] Ein Musterbeispiel hierfür ist die Einführung der Mehrwertsteuer (TVA). Sie kann auf jeder Produktionsstufe in Höhe des auf einer früheren Stufe bezahlten Steuerbetrages abgesetzt werden und hat daher gegenüber einer Allphasen-Umsatzsteuer den Vorzug der Neutralität gegenüber der Arbeitsteilung bei Produktion und Verkauf. Das System der Mehrwertsteuer

wenn die befreiten Expansivkräfte stark genug sind, um sich spontan weiterzuentwickeln. Dies ist nur bei solchen Unternehmen der Fall, die bereits einen gewissen Grad wirtschaftlicher Rentabilität erreicht haben.

Besondere Stimulierungsmaßnahmen sind jedoch für die Bereiche erforderlich, die in der Entwicklung zurückgeblieben sind. Ebenso müssen neu entstehenden Industrien, die auf Grund der technologischen Anforderungen einen hohen Investitionsbedarf haben, besondere Starthilfen durch steuerliche Erleichterungen gegeben werden. Die Gewährung von Steuervorteilen ist ferner erforderlich, um solche Investitionen anzuregen, die nicht unmittelbar im wirtschaftlichen Interesse des Unternehmers liegen, aber gesamtwirtschaftlichen Bedürfnissen (z. B. Raumordnung, industrielle Dezentralisation) entsprechen.

Der IV. und in noch stärkerem Maße der V. Plan sehen daher den gezielten Einsatz steuerlicher Maßnahmen zur Verwirklichung der Planziele vor, die schwierig zu erreichen sind. An die Stelle der steuerlichen Neutralität tritt dann ein Steuersystem, das zwischen den verschiedenen Industriezweigen und sogar unter Umständen zwischen einzelnen Unternehmen derselben Branche nach planerischen Gesichtspunkten differenziert. Die selektive Besteuerung (fiscalité sélective) entspricht dem Wesen der französischen Planifikation, die sich nicht mit einer globalen Vorausschau des wirtschaftlichen Wachstums begnügt, sondern Prioritäten und damit Ansatzpunkte für gezielte steuerliche Maßnahmen festlegt[84].

Bestimmungen des Steuerrechts, die die normale Steuerlast erhöhen oder vermindern, um den Steuerpflichtigen zu einem bestimmten wirtschaftlichen Verhalten zu veranlassen, werden in der französischen Literatur als „incitations fiscales" (steuerliche Anregungen) bezeichnet. Handelt es sich um die Beseitigung steuerlicher Hindernisse für die wirtschaftliche Expansion, so spricht man von „incitations générales"[85]. „Incitations sélectives" sind dagegen steuerliche Sonderregelungen, die bestimmte Wirtschaftsbereiche oder auch einzelne Unternehmen zu plankonformem Verhalten veranlassen sollen[86].

Um einen Überblick über die Vielfalt der steuerlichen Stimulierungsmaßnahmen zu gewinnen, empfiehlt es sich, diese nach den Planzielen zu ordnen, zu deren Verwirklichung sie beitragen sollen: Verstärkung der Selbstfinanzierung, Förderung der Kapitalbildung, Ent-

ermöglicht somit den Unternehmen, die Herstellung und den Vertrieb ihrer Erzeugnisse unbeeinflußt von steuerlichen Notwendigkeiten optimal zu gestalten.

[84] Vgl. *de Laubadère* III, Nr. 896.

[85] *Pottier*, RSF 1964, 306.

[86] *Barrère*, Economie et Institutions Financières, S. 659.

wicklung der wissenschaftlichen und technologischen Forschung, Verbesserung der Unternehmensstruktur und Raumordnung.

Da die Steuergesetzgebung auch in Frankreich kaum noch überschaubar ist und einem ständigen Wandel unterliegt, wäre es illusorisch, eine umfassende Beschreibung der steuerlichen Mittel zur Wirtschaftslenkung geben zu wollen. Die folgende Darstellung erhebt daher keinen Anspruch auf Vollständigkeit; sie bemüht sich jedoch, den Leser über die wesentlichen steuerlichen Stimulierungsmaßnahmen der letzten Jahre zu informieren.

2. Die wichtigsten steuerlichen Maßnahmen zum Zweck der Plandurchführung

a) Erleichterung der Selbstfinanzierung

Eines der Ziele des V. Plans ist, den Anteil der Selbstfinanzierung bei industriellen Investitionen von 65 % auf 70 % zu erhöhen[87].

Ein Unternehmen kann sich Mittel zur Deckung seines Investitionsbedarfs dadurch verschaffen, daß es überflüssige Teile seines Betriebsvermögens veräußert. Dabei wird in vielen Fällen ein Preis erzielt, der den in der Bilanz ausgewiesenen Wert des Gegenstandes übersteigt. Dieser Mehrwert würde normalerweise einer Besteuerung von 50 % unterliegen. Um Neuinvestitionen und damit die Modernisierung oder gegebenenfalls die Umstellung der Produktion zu begünstigen, sieht das Gesetz vom 12. Juli 1965 steuerliche Erleichterungen vor[88]. Art. 12 ermäßigt den Steuersatz auf 10 % für Gewinnne, die bei Veräußerung von Teilen des Betriebsvermögens erzielt werden, welche sich seit mehr als zwei Jahren im Besitz des Unternehmens befinden (plus-values à long terme).

Gewinne aus der Veräußerung von Investitionsgütern, die das Unternehmen vor weniger als zwei Jahren erworben oder geschaffen hat (plus-values à court terme), sind zwar zu dem normalen Tarif von 50 % zu versteuern. Ihr Gesamtbetrag kann jedoch nach Art. 11 des Gesetzes vom 12. 7. 1965 in fünf gleiche Teile geteilt und so den Bilanzen des laufenden und der vier folgenden Jahre zugeschrieben werden.

Voraussetzung der erwähnten Steuervorteile ist in beiden Fällen, daß die erzielten Gewinne für neue Investitionen verwendet werden.

Die Selbstfinanzierung wird außerdem in wirksamer Weise durch die Gestaltung der Abschreibungsmodalitäten gefördert. Ein Unternehmen

---

[87] Der Anteil der Selbstfinanzierung ging von 83,3 % im Jahre 1959 auf 62 % im Jahre 1962 zurück, um dann bis 1965 wieder auf 65 % anzusteigen. Vgl. *Beltrame*, RSF 1967, 291.

[88] L. 65—566 du 12 juillet 1965 modifiant l'imposition des entreprises et des revenus de capitaux mobiliers, J.O. 13. 7. 1965, 6003.

muß bei seiner Jahresbilanz die Summe berücksichtigen, die es zum Ersatz seiner Produktionsanlagen benötigt. Die Abschreibung ist ein Kostenfaktor und verringert den zu versteuernden Gewinn. Durch Art und Berechnung der Abschreibungen wird daher die steuerliche Belastung eines Unternehmens beeinflußt.

Die Höhe der Abschreibungen ist von der bilanzmäßigen Bewertung des Produktivvermögens abhängig. Dieses ist grundsätzlich mit seinem Anschaffungs-, nicht aber seinem Wiederbeschaffungswert auszuweisen. Die Unternehmen hatten jedoch die Möglichkeit, innerhalb einer bestimmten Frist diese Bilanzwerte unter Berücksichtigung einer gewissen Inflationsrate neu festzusetzen. Da das Betriebsvermögen infolge der Preiserhöhung erheblich im Wert gestiegen war, konnten nach dieser Neufestsetzung erhöhte Abschreibungen vorgenommen werden.

Durch Art. 37 des Gesetzes vom 28. 12. 1959 wurde den Unternehmen eine degressive Abschreibung gestattet. Dies bedeutet, daß Investitionsgüter nicht mehr wie zuvor nach dem System der linearen Abschreibung in fünf Jahresraten von 20 %, sondern bereits im ersten Jahr zu 50 % abgeschrieben werden können. Schließlich wurde durch das Gesetz vom 18. 5. 1966 entsprechend einem Vorschlag des V. Plans die Möglichkeit einer steuerlichen Absetzbarkeit von Investitionen geschaffen. Danach können Aufwendungen für Investitionen, die zwischen dem 15. 2. und 31. 12. 1966 vorgenommen wurden, innerhalb einer Zeitspanne von fünf Jahren in Höhe von 10 % von dem Effektivbetrag der Einkommen- oder Körperschaftsteuer abgesetzt werden[89]. Durch diese Regelung wurden vor allem die Unternehmen begünstigt, deren Erträge nicht ausreichten, um alle gesetzlich vorgesehenen Abschreibungsmöglichkeiten auszunutzen.

Zur Förderung der Selbstfinanzierung dienen auch die steuerlichen Bestimmungen der Ord. vom 17. 8. 1967, die für Unternehmen mit mehr als 100 Beschäftigten eine Gewinnbeteiligung der Arbeitnehmer zwingend vorschreibt[90]. Diese Beteiligung bemißt sich nach dem Reinertrag des Unternehmens und dem Anteil der Lohnkosten an der gesamten Produktion; die Hälfte des so ermittelten Betrages wird unter den Arbeitnehmern im Verhältnis zu den von ihnen bezogenen Löhnen verteilt. Ziel der Ord. ist zwar in erster Linie, den Arbeitnehmern einen finanziellen Anteil an der Expansion ihrer Unternehmen zu sichern. Diese sozialreformerische Maßnahme soll aber auch, wie sich aus den Motiven der Ord. ergibt, zum Fortschritt der Wirtschaft und der Steige-

[89] L. Nr. 66—307 du 18. 5. 1966 tendant à l'institution d'une déduction fiscale pour investissement, J.O. du 19. 5. 1966, S. 4043.

[90] Ord. 67—693 du 17 août 1967 relative à la participation des travailleurs aux fruits de l'expansion des entreprises, J.O. 18. 8. 1967, S. 8288.

rung der Investitionsfähigkeit der Unternehmen beitragen[91]. Aus diesem Grund müssen die den Arbeitnehmern zufließenden Gewinnanteile gemäß Art. 6 der Ord. mindestens für die Dauer von fünf Jahren in Form von Belegschaftsaktien, Schuldverschreibungen oder Investmentzertifikaten angelegt werden[92]. Die Gewährung vermögenswirksamer Leistungen ist mit erheblichen Steuervorteilen verbunden[93]. Der Gewinnanteil ist für die Arbeitnehmer steuerfrei und unterliegt nicht der Lohnsummensteuer nach Art. 231 CGI. Die Unternehmen können diesen Betrag von der Bemessungsgrundlage ihrer Einkommen- oder Körperschaftsteuer absetzen. Sie haben ferner das Recht, eine Investitionsrücklage in gleicher Höhe zu bilden. Diese Rücklage ist steuerfrei, wenn sie innerhalb eines Jahres zur Beschaffung von Investitionsgütern verwendet wird. Durch diese Steuererleichterungen übernimmt der Staat den überwiegenden Teil der finanziellen Lasten der Gewinnbeteiligung. Die Finanzierungsmöglichkeiten der Unternehmen werden daher nicht geschmälert, sondern im Gegenteil noch verstärkt, da die den Arbeitnehmern gewährten Gewinnanteile mindestens für die Dauer von fünf Jahren weiterhin zu Investitionszwecken zur Verfügung stehen.

b) Sparförderung

Um die Durchführung der im Plan vorgesehenen Investitionen zu ermöglichen, ist nicht nur eine Erhöhung der Selbstfinanzierungsquote, sondern auch eine Ausweitung des allgemeinen Sparvolumens erforderlich. Entsprechend den Empfehlungen des V. Plans fördert daher der Staat das private Sparen in Form langfristiger Kapitalanlagen.

Das Haushaltsgesetz von 1966 sieht eine steuerliche Begünstigung langfristiger Sparverträge vor. Verpflichtet sich der Sparer, innerhalb eines bestimmten Zeitraums regelmäßig Beträge auf ein Sonderkonto einzuzahlen, über das er erst nach Ablauf von fünf Jahren verfügen kann, so ist das Einkommen aus dieser Kapitalanlage bis zu einer gewissen Höchstgrenze steuerfrei.

Nach dem Haushaltsgesetz für 1967 können Prämien für Lebensversicherungen von dem zu versteuernden Einkommen des Versicherten abgesetzt werden.

Eine wichtige Maßnahme der Sparförderung ist die Beseitigung der steuerlichen Doppelbelastung der Einkünfte aus Aktien, die sich daraus

[91] Vgl. den Bericht an den Staatspräsidenten, der die Motive der Ord. enthält. J.O. 18. 8. 1967, 8288: „Une telle réforme sociale doit concourir à la marche et au progrès de l'économie et en particulier accroître les capacités d'investissement des entreprises.“

[92] Andere Formen der Kapitalanlagen können tarifvertraglich vereinbart werden; diese Vereinbarungen bedürfen jedoch der Bestätigung durch gemeinsamen Erlaß des Finanz- und des Sozialministeriums (Art. 5/16 der Ord. v. 17. 8. 1967).

[93] Art. 7/8 der Ord. v. 17. 8. 1967.

ergibt, daß der ausgeschüttete Gewinn einer Gesellschaft sowohl der Körperschaftsteuer als auch bei den Aktionären der Einkommensteuer unterliegt. Um die Bereitschaft der Sparer zum Erwerb von Aktien zu erhöhen und den Unternehmen dadurch neue Finanzierungsmöglichkeiten zu erschließen, sah das Dekret vom 29. 8. 1957 eine steuerliche Begünstigung für die Ausgabe neuer Aktien vor, wenn diese mit Genehmigung des Finanzministeriums erfolgte. Die auf diese Aktien entfallenden Dividenden waren bis zur Höhe von 5 % des Nominalwertes für die Dauer von sieben Jahren von der Körperschaftsteuer befreit. Diese steuerliche Maßnahme erwies sich als äußerst wirksam: Bis zum 31. 12. 1964 wurden 782 Emissionen mit einem Gesamtkapital von über 10 Milliarden NF. genehmigt[94]. Das Gesetz vom 12. 7. 1965 traf daher eine Neuregelung genereller Art, die für alle Einkünfte aus Aktien gilt. Danach unterliegt der ausgeschüttete Gewinn zwar wieder in vollem Umfang der Körperschaftsteuer. Den Aktionären wird jedoch durch Art. 1 des Gesetzes ein sogenanntes Steuerguthaben (avoir fiscal oder crédit d'impôt) eingeräumt, das der Hälfte der von ihnen bezogenen Dividende entspricht. Dieses Guthaben können sie von dem Effektivbetrag ihrer Einkommensteuer absetzen.

c) Förderung der industriellen Forschung

Entscheidende Voraussetzung für den wirtschaftlichen Fortschritt ist die Entwicklung der wissenschaftlichen und technischen Forschung. Die Wirtschaftspläne, insbesondere der V. Plan, regten daher eine Reihe von steuerlichen Maßnahmen zur Förderung von Forschungsprojekten an.

Nach Art. 238 *bis A* des CGI können Unternehmen die Spenden, die sie an Forschungsinstitute gewähren, bis zur Höhe von 2 ‰ ihres Gesamtumsatzes von der Bemessungsgrundlage ihrer Steuer absetzen.

Das Gesetz vom 31. 7. 1962 läßt bei Grundstücken, die für Forschungsanlagen bestimmt sind, eine Sonderabschreibung von 50 % zu.

Erdöl- und Erdgasgesellschaften genießen besondere Steuervorteile. Sie können bis zur Hälfte ihres Gewinnes steuerfreie Rücklagen für die Suche und Erschließung neuer Lagerstätten bilden. Diese Rücklagen müssen innerhalb von fünf Jahren investiert werden.

Da bestimmte Forschungsprojekte ein einzelnes Unternehmen zu sehr belasten würden, fördert der Staat Unternehmenszusammenschlüsse und die Bildung von Forschungsgesellschaften (sociétés de recherche). Erfolgt der Zusammenschluß mit Zustimmung des Finanzministeriums, so können die beteiligten Unternehmen die Hälfte ihrer Anteile an der gemeinsamen Gesellschaft sofort abschreiben. Gewinne,

---

[94] *Chappert*, Les Agréments Administratifs en Matière Fiscale, S. 190.

die sie bei der Veräußerung dieser Anteile erzielen, sind nach der Ord. vom 25. 9. 1958 steuerfrei.

d) Die Förderung industrieller Strukturverbesserungen

Unternehmenszusammenschlüsse sind nicht nur zum Zweck gemeinsamer wissenschaftlicher und technologischer Forschung erforderlich. Eines der Hauptziele des V. Plans ist die Steigerung der Produktivität und Wettbewerbsfähigkeit der französischen Industrie durch Strukturverbesserungen. Der Staat begünstigt daher die Neugruppierung und Spezialisierung der Unternehmen durch steuerliche Maßnahmen.

Wie bereits erwähnt, werden den Mittel- und Kleinbetrieben, die gemeinsame Organisationen für Marktforschung und Verkaufsförderung oder Berufsvereinigungen (groupements professionnels) bilden, beträchtliche Steuervorteile gewährt[95]. Die Fusion von Unternehmen wird durch Art. 14/15 des Gesetzes vom 12. 7. 1965 steuerlich begünstigt. Der durch eine Fusion bedingte Wertzuwachs des aufnehmenden Unternehmens unterliegt nicht der Körperschaftsteuer. Die Übertragung des Betriebsvermögens ist von der Kapital- und Grunderwerbsteuer (droit de mutation) befreit. Als Registrierungsabgabe für die bei der Fusion erforderlichen Rechtsgeschäfte ist an Stelle eines proportionalen Tarifs von 0,50 bis 1,30 % des Geschäftswertes lediglich ein Fixum von 50 NF. zu bezahlen[96]. Nach Art. 16 des Gesetzes vom 12. 7. 1965 gelten diese Bestimmungen auch für die Neugruppierung von Unternehmen durch Spaltung oder teilweise Übertragung des Betriebsvermögens, wenn diese Maßnahmen mit Genehmigung des Finanzministeriums erfolgen. Art. 17 desselben Gesetzes dehnt die steuerliche Vorzugsregelung auch auf Geschäftseinlagen französischer Unternehmen bei ausländischen Gesellschaften aus; Voraussetzung ist auch hier das Agrément des Finanzministeriums.

Art. 27 des Gesetzes vom 31. 7. 1962 gestattet den aufnehmenden Unternehmen, vorbehaltlich der Genehmigung des Finanzministeriums von ihren Gewinnen die steuerlich noch nicht erfaßten Verluste der absorbierten Gesellschaften ganz oder teilweise abzusetzen. Diese Regelung ist auf heftige Kritik gestoßen. Es besteht nämlich die Gefahr, daß prosperierende Unternehmen defizitäre Betriebe lediglich aus Gründen der Steuerersparnis absorbieren, um sie dann alsbald stillzulegen. Daraus könnte sich nach der Meinung von Vallon ein blühender

---

[95] Ord. 4. 2. 1959, Art. 34 des Gesetzes vom 12. 7. 1965, D. 55—677 vom 30. 6. 1955.

[96] Bestimmte Rechtsgeschäfte, darunter auch Verträge zur Umwandlung von Kapitalgesellschaften, werden in ein öffentliches Register eingetragen. Hierfür ist eine Abgabe (droit d'enregistrement) zu entrichten. Vgl. hierzu im einzelnen: *Trotabas*, Nr. 256 ff.

Handel mit Defiziten entwickeln, der für den Staat erhebliche Einnahmeverluste zur Folge hätte[97]. Das Finanzministerium hat jedoch die Möglichkeit, durch Verweigerung des Agréments eine mißbräuchliche Ausnützung des Steuervorteils zu verhindern. So wurde in den Jahren 1965 und 1966 fast die Hälfte der gestellten Anträge auf Genehmigung abgelehnt. Immerhin konnten in diesen beiden Jahren Verluste in einer Gesamthöhe von etwa 300 Millionen F. übertragen werden, um die sich der Gewinn der aufnehmenden Gesellschaften verminderte. Für den Staat entstand dadurch eine Steuereinbuße von ca. 150 Millionen F.[98].

Als Maßnahmen zur Strukturverbesserung kommen neben dem Zusammenschluß auch die innere Umwandlung und die Auflösung bestehender Unternehmen in Betracht. Unternehmen, die mit Zustimmung des Finanzministeriums ihre Produktion ändern, können nach dem Gesetz vom 31. 7. 1962 von den Gewinnen, die sie nach der Umstellung erzielen, die zuvor erlittenen Verluste absetzen. Wird eine inaktiv gewordene Gesellschaft mit Zustimmung des Finanzministeriums aufgelöst, so unterliegt der an die Gesellschafter verteilte Liquidationsgewinn lediglich einer pauschalen Besteuerung von 15 % (Art. 18 des Gesetzes vom 12. 7. 1965).

Eine Rationalisierung der Produktion kann auch dadurch bewirkt werden, daß ein oder mehrere Unternehmen spezialisierte Filialen gründen. Diese Filialen sind, wirtschaftlich betrachtet, Teil des Hauptunternehmens, haben aber oft die Rechtsform von Kapitalgesellschaften. Die Gewinne der Tochtergesellschaften würden daher nach allgemeinen Grundsätzen der Körperschaftsteuer unterliegen. Da sie jedoch in der Regel an die Muttergesellschaften weitergegeben werden, wären sie von diesen nochmals zu versteuern. Eine optimale Arbeitsteilung und Spezialisierung bei der Produktion läßt sich aber nur dann erreichen, wenn die Steuer hinsichtlich der rechtlichen Organisationsformen eines Unternehmens neutral ist. Um eine Doppelbesteuerung zu vermeiden, mußte daher für die Gewinne der Tochtergesellschaften eine Sonderregelung getroffen werden. Hat eine Gesellschaft an einer Filiale einen Kapitalanteil von mindestens 10 %, so ist nach Art. 21 des Gesetzes vom 12. 7. 1965 die entsprechende Gewinnbeteiligung auf der Ebene der Filiale steuerfrei und muß lediglich als Gewinn der Muttergesellschaft versteuert werden. Die Filiale wird daher steuerlich so angesehen, als ob sie keine eigene Rechtspersönlichkeit besäße (transparence fiscale). Mit Zustimmung des Finanzministeriums können ferner die Verluste der Filialen auf die Bilanz der Muttergesellschaften

---

[97] *Vallon* in seiner Stellungnahme zu dem Entwurf des Haushaltsgesetzes für 1967, Document Nr. 2050, J.O. A.N. du 11. 10. 1966.

[98] *Chappert*, a.a.O., S. 188.

übertragen werden, so daß sich deren steuerpflichtiger Gewinn vermindert[99].

Die Umsatzsteuer, die auf die Investitionen zur Einrichtung einer Filiale entfällt, kann im allgemeinen erst bei den Umsätzen des neuen Tochterunternehmens abgesetzt werden. Dieses ist jedoch hierzu oft erst nach längerer Zeit in der Lage. Das Dekret vom 22. 4. 1960 gestattet daher den Muttergesellschaften, vorbehaltlich der Zustimmung des Finanzministeriums von der Mehrwertsteuer für ihre eigenen Umsätze die auf der Ausstattung der Filiale lastende Steuer abzusetzen.

Im Zusammenhang mit den Zielen der industriellen Strukturverbesserung ist noch eine steuerliche Sonderregelung zu erwähnen, die zugleich auch der Exportförderung dient. Während grundsätzlich nur der im Inland erzielte Gewinn zu versteuern ist, gibt Art. 22 des Gesetzes vom 12. 7. 1965 den Unternehmen die Möglichkeit, mit Zustimmung des Finanzministeriums bei der Gewinnermittlung die Gesamtheit ihrer Geschäftsergebnisse im In- und Ausland zu berücksichtigen. Eine derartige Gewinnermittlung, die als bénéfice mondial bezeichnet wird, ist für viele Unternehmen vorteilhaft, wenn man bedenkt, daß Zweigbetriebe im Ausland erhebliche Anfangsschwierigkeiten zu überwinden haben und sich daher in den ersten Jahren ihres Bestehens oft in einer defizitären Situation befinden. Die Regelung des bénéfice mondial, nach der die im Ausland erlittenen Verluste von den Inlandsgewinnen abgesetzt werden können, erleichtert es den Exportunternehmen, auf ausländischen Märkten Fuß zu fassen und sich gegen starke Konkurrenz zu behaupten.

e) Steuerrecht und Raumordnung

Zu den grundlegenden Zielen der französischen Planifikation gehört die Verwirklichung einer neuen Raumordnung. Die bestehenden wirtschaftlichen Ungleichheiten zwischen den verschiedenen Regionen können nur durch den gezielten Einsatz finanzieller und steuerlicher Mittel des Staates beseitigt oder gemildert werden. Um die industrielle Konzentration im Ballungsraum von Paris und die zunehmende Verödung der Provinz zu bekämpfen, erstrebte man in den Jahren 1950—1955 eine möglichst breite Streuung industrieller Niederlassungen über das ganze Staatsgebiet. Diese Politik undifferenzierter Förderungsmaßnahmen erwies sich jedoch als wirkungslos und behinderte zudem die wirtschaftliche Expansion, die eine gewisse industrielle Konzentration erfordert[100]. Erstrebt man daher wie die französischen Pläne eine möglichst hohe gesamtwirtschaftliche Wachstumsrate, so liegt es nahe, die

[99] In der Zeit von 1963 bis 1966 wurden hierfür allerdings nur sieben Agréments erteilt.

[100] Vgl. hierzu *Beltrame*, a.a.O., S. 299 ff.

zur Verfügung stehenden Mittel auf die Zentren zu konzentrieren, die bereits stark entwickelt sind oder besonders günstige Entwicklungsbedingungen aufweisen. Dadurch würde aber andererseits das wirtschaftliche Gefälle zu den bereits in der Entwicklung zurückgebliebenen Gebieten noch verstärkt. Ein harmonisches Wirtschaftswachstum läßt sich daher nur durch eine gleichzeitige differenzierte Förderung unterentwickelter Gebiete und Entwicklungszentren erreichen.

Um die Prioritäten für die notwendigen Hilfsmaßnahmen zu schaffen, wurde das Staatsgebiet in fünf Entwicklungszonen eingeteilt. Die 1. Zone umfaßt die Departements im Westen, Südwesten und Korsika, Gebiete, die durch ständige Arbeitslosigkeit und mangelnde Industrialisierung gekennzeichnet sind. Hier werden sämtliche für die Raumordnung vorgesehenen steuerlichen Erleichterungen und Subventionen wie die „prime d'équipement" und die Dezentralisierungsbeihilfe gewährt. Wie bereits am Beispiel der prime d'équipement gezeigt wurde, werden die finanziellen Hilfen so bemessen, daß vor allem die Bildung industrieller Schwerpunkte in den unterentwickelten Regionen gefördert wird.

In der 2. Zone sind die Gebiete zusammengefaßt, deren wichtigste Industrien sich in einer Struktur- und Absatzkrise befinden. Dies gilt vor allem für die Kohle- und Erzförderung im Osten, Norden und Süden sowie die Textilindustrie im Norden und in der Mitte Frankreichs. Als Hilfsmaßnahmen sind hier einige Steuervorteile sowie die „prime d'adaptation industrielle" und die Dezentralisationsbeihilfe vorgesehen. Die 3. und 4. Zone umfaßt einige Departements, in denen steuerliche Erleichterungen und in besonderen Fällen auch Subventionen gewährt werden können.

In der 5. Zone, dem Ballungsraum von Paris, können weder Steuervorteile noch finanzielle Hilfen in Anspruch genommen werden. Im Gegenteil — seit dem Gesetz vom 2. 8. 1960 ist für industrielle Niederlassungen oder für die Ausdehnung bestehender Unternehmen im Raum von Paris eine besondere Abgabe zu entrichten. Diese Abgabe wird zwar in dem Gesetzestext als redevance (Gebühr) bezeichnet. Es handelt sich jedoch um eine Steuer, die von den Steuerpflichtigen ohne jede Gegenleistung seitens der Verwaltung erhoben wird[101].

Um sich in der Provinz niederzulassen, muß ein Unternehmen zunächst Grundstücke oder Gebäude erwerben, unter Umständen auch bereits bestehende Firmen übernehmen. Diese Rechtsgeschäfte unterliegen normalerweise einer Erwerbssteuer (droit de mutation) in Höhe

---

[101] Vgl. C.E. 3. 11. 1967 Ministre de l'Economie et des Finances et Secrétaire d'Etat au Logement c/ Sieur Marc AJDA 1968, 124, concl. *Galmot*.

von 13,20 %[102]. Auf Grund des Dekrets 64—442 vom 21. Mai 1964 kann dieser Steuersatz durch Entscheidung der Finanzbehörde im Einzelfall auf 1,4 % ermäßigt werden[103].

Mit der Aufnahme ihrer Produktion sind die Unternehmen gewerbesteuerpflichtig. Die Gewerbesteuer (patente) ist an das Departement und an die betreffende Gemeinde zu entrichten. Nach Art. 1473 *bis* CGI können Unternehmen, die mit Zustimmung des Finanzministeriums ihre Betriebe dezentralisieren oder ihre Produktion umstellen, von dem Departementsrat und dem Gemeinderat eine völlige oder teilweise Befreiung von der Gewerbesteuer bis zu einer Dauer von fünf Jahren erlangen.

Ferner können nach Art. 39 Abs. 5 CGI Unternehmen mit Zustimmung des Finanzministeriums für ihre in der Provinz errichteten Produktionsanlagen eine einmalige Sonderabschreibung von 25 % vornehmen.

3. Das steuerliche Agrément

Zusammenfassend läßt sich feststellen, daß im Bereich der allgemeinen Spar- und Investitionsförderung die steuerliche Neutralität im wesentlichen gewahrt ist und die staatlichen Eingriffe sich darauf beschränken, steuerliche Hindernisse für die wirtschaftliche Expansion zu beseitigen. Dagegen bedient sich der Staat überwiegend individueller Stimulierungsmaßnahmen, um die Industrieunternehmen zur Dezentralisierung und Rationalisierung ihrer Produktion zu veranlassen. Zu diesem Zwecke werden Steuervorteile nicht, wie dies im Steuerrecht die Regel sein sollte, generell durch eine gesetzliche Bestimmung gewährt, sondern können nur für die Maßnahmen in Anspruch genommen werden, deren besondere Förderungswürdigkeit von der Finanzbehörde ausdrücklich anerkannt wurde. Diese Entscheidung der Behörde bezeichnet man als steuerliches Agrément.

a) Wesen und Funktion des Agréments

Der Begriff „agrément" kann im Deutschen mit Zustimmung oder Genehmigung übersetzt werden, hat jedoch mit einer polizeilichen Erlaubnis nichts gemein. Die Verweigerung des Agréments bedeutet kein Verbot der geplanten Maßnahme, sondern hindert lediglich die Anwendung einer steuerlichen Vorzugsregelung. Das Agrément hat keinen repressiven Charakter. Es ist nichts anderes als die förmliche Bestätigung, daß die Zielsetzung eines Unternehmens, seine Satzung, sein Programm oder seine Einzelaktionen im öffentlichen Interesse

---

[102] Weitere 1,6 % sind an das Departement und 1,2 % als Gemeindesteuer zu entrichten.

[103] Art. 722 CGI.

liegen und den gesetzlichen Voraussetzungen für die Gewährung eines Steuervorteils entsprechen[104]. Hinsichtlich dieser Funktion kann das Agrément im Bereich des deutschen Rechts mit der Bescheinigung der Verwaltungsbehörde nach §§ 82, 83 des II. Wohnungsbaugesetzes verglichen werden, die für die in demselben Gesetz vorgesehene Grundsteuervergünstigung erforderlich ist[105].

Eine Zuteilung steuerlicher Privilegien, die oft eine Veränderung der Wettbewerbsbedingungen bewirkt, ist nur dann vertretbar, wenn sich das begünstigte Unternehmen als Gegenleistung zu einem bestimmten wirtschaftlichen Verhalten verpflichtet. Die Erteilung des Agréments ist daher in der Regel von der Bereitschaft des Unternehmens zur Plandurchführung und zur Übernahme bestimmter Leistungspflichten abhängig.

Diese Individualisierung von Steuervergünstigungen im Rahmen eines Austauschverhältnisses trägt wesentlich zu der Wirksamkeit steuerlicher Anreize bei. Generelle Steuervorteile haben nämlich, auch wenn sie ursprünglich als zeitlich beschränkte Maßnahmen gedacht waren, die Tendenz, zur ständigen Einrichtung zu werden. Nach einer treffenden Bemerkung von Lauré ist es schwierig, wenn nicht unmöglich, einen Steuervorteil auf andere Weise als durch die Abschaffung der betreffenden Steuer selbst zu beseitigen[106]. Je länger nun eine steuerliche Ausnahmeregelung dauert und je weiter sich ihr Anwendungsbereich erstreckt, um so mehr wird sie von den Steuerpflichtigen als normales Phänomen des wirtschaftlichen Lebens angesehen und verfehlt damit ihren Zweck. Macht man jedoch die Gewährung eines Steuervorteils im Einzelfall von einer Gegenleistung abhängig, so unterstreicht man den Ausnahmecharakter dieser Regelung und erhöht damit ihre Wirksamkeit.

Für den Steuerpflichtigen ist das Agrément ein Sicherheitsfaktor. Da ihm durch die Entscheidung der Finanzbehörde über seinen Antrag in der Regel schon vor der Durchführung eines Projektes mitgeteilt wird, unter welchen Voraussetzungen er mit Steuervorteilen rechnen kann, vermindert sich das Risiko unvorhergesehener steuerlicher Belastungen.

Auf Grund der Vorteile, die es sowohl für den Staat als auch für den Steuerpflichtigen bietet, erwies sich das Agrément als geeignetes Mittel zur Anregung privater Investitionen, die im öffentlichen Interesse

---

[104] *Chappert*, a.a.O., S. 248.

[105] Im Gegensatz zu dem steuerlichen Agrément handelt es sich hierbei jedoch um einen gebundenen Verwaltungsakt. Die Bescheinigung ist zu erteilen, wenn die gesetzlichen Voraussetzungen vorliegen. Dagegen steht die Erteilung des Agréments im Ermessen der Finanzbehörde.

[106] *Lauré*, Traité de Politique Fiscale, 1956, S. 320.

liegen. Obwohl sich individuelle Steuervergünstigungen zum Zwecke der Wirtschaftslenkung bereits im Ancien Régime und in der Gesetzgebung der III. Republik finden[107], hat sich die Technik des Agréments erst nach 1945 im Zusammenhang mit der Planifikation entwickelt. Wie wir gesehen haben, sind zahlreiche Steuervorteile, die einen Anreiz zur Plandurchführung schaffen sollen, von einem Agrément der Finanzbehörde abhängig[108].

b) Das Problem der Rechtsnatur des Agréments in der französischen Literatur

Ebenso wie bei der Gewährung von Subventionen besteht auch bei der individuellen Zuteilung von Steuerprivilegien die Gefahr, daß der Antragsteller oder Dritte durch die Entscheidungen der Verwaltung in rechtswidriger Weise benachteiligt werden. Das Verfahren des steuerlichen Agréments gab daher schon verschiedentlich Anlaß zu Rechtsstreitigkeiten, mit denen sich die Verwaltungsgerichte zu befassen hatten[109]. In der französischen Literatur sind in den letzten Jahren einige wichtige Untersuchungen erschienen, die zu dem Problem der Rechtsnatur des Agréments Stellung nehmen[110]. Sie kommen in Übereinstimmung mit der Rechtsprechung zu dem Ergebnis, daß das Agrément als einseitige Maßnahme der Finanzbehörde zu werten sei. Meinungsverschiedenheiten bestehen jedoch über die Rechtsfolgen, die sich aus dieser Beurteilung ergeben. Nach Timsit entspricht das Agrément dem klassischen Typ eines mitwirkungsbedürftigen Verwaltungsaktes, der eine generelle gesetzliche Regelung auf einen Einzelfall anwendet[111]. Nach der Auffassung von Chappert weist das durch Agrément gestaltete Steuerrechtsverhältnis vertragliche Elemente auf[112]. Tournié schließlich sieht das Agrément als einseitigen Akt der Verwaltung an, der ein vertragliches Rechtsverhältnis zwischen dem Staat und dem begünstigten Unternehmen begründe.

Angesichts dieser Divergenzen erscheint eine kritische Stellungnahme zu den bisher vertretenen Theorien erforderlich. Zu diesem Zweck be-

---

107 s. hierzu *Chappert*, a.a.O., S. 166—168.

108 Im Jahre 1969 waren mehr als 30 solcher Verfahrenstypen vorgesehen. Die Vielfalt dieser Regelungen trug nicht wenig zu der gegenwärtigen Unübersichtlichkeit des französischen Steuersystems bei. Die Regierung entschloß sich daher, die Steuervergünstigungen, die bisher wenig gefragt waren, bis Ende 1970 zu beseitigen und damit die Gesamtzahl der vorgesehenen Arten des steuerlichen Agréments auf 20 zu beschränken.

109 In Frankreich gibt es keine besondere Finanzgerichtsbarkeit.

110 *Timsit*, Les Contrats Fiscaux, D. 1964, 114; *Ebrard*, Les Avantages Fiscaux sur Agrément Administratif, RSF 1967, 41; *Tournié*, Les Agréments Fiscaux, th. Paris 1969; *Chappert*, Les Agréments Administratifs en Matière Fiscale, Annales de la Faculte de Droit de Clermont 1970, 161.

111 *Timsit*, a.a.O., S. 115.

112 *Chappert*, a.a.O., S. 285.

darf es einer kurzen Darstellung der formellen und materiellen Voraussetzungen für die Erteilung des Agréments.

c) Die formellen und materiellen Voraussetzungen für die Erteilung des Agréments

Zuständig für die Erteilung und gegebenenfalls auch die Rücknahme des Agréments ist nach Art. 38 des Gesetzes vom 12. 7. 1965 das Finanzministerium. Es kann diese Befugnis durch Erlaß an die regionalen oder departementalen Finanzbehörden delegieren. Von dieser Möglichkeit hat das Ministerium jedoch bisher nur hinsichtlich der Anträge kleiner und mittlerer Unternehmen von geringer finanzieller Bedeutung Gebrauch gemacht[113]. In das Verfahren sind in allen wichtigen Fällen konsultative Organe eingeschaltet; in der Regel wird vor Erteilung oder Rücknahme eines Agréments die Stellungnahme des Direktionsrates des FDES oder seiner Sonderausschüsse eingeholt.

Nach den einschlägigen gesetzlichen Bestimmungen kann ein Agrément grundsätzlich nur vor der Durchführung des betreffenden Vorhabens beantragt werden. Im übrigen sind die Verfahrensvoraussetzungen in Verwaltungsvorschriften oder Runderlassen des Ministeriums geregelt. Das an einem Steuervorteil interessierte Unternehmen hat ein Antragsformular auszufüllen, das Fragen über seine wirtschaftliche Lage und über die geplante Maßnahme enthält. Die Behörde prüft nun, ob die Angaben des Unternehmens richtig sind und ob dieses bisher seine steuerlichen Pflichten ordnungsgemäß erfüllt hat.

Die Erteilung des Agréments erfolgt entweder durch Vermerk auf dem Antragsformular, von dem das Unternehmen und die zuständige Steuerbehörde eine Kopie erhalten, oder in besonders wichtigen Fällen durch ministeriellen Erlaß. Die Ablehnung des Antrags wird dem Antragsteller ohne Angabe von Gründen in Form eines Briefes mitgeteilt.

Zu den materiellen Voraussetzungen des Agréments hat der Finanzminister Giscard d'Estaing in seiner Rede vor der Nationalversammlung anläßlich der Beratung des am 12. 7. 1965 in Kraft getretenen Gesetzes eine treffende Zusammenfassung gegeben: „Il s'agit d'apprécier les droits des intéressés, compte tenu de critères objectifs précis qui sont fixés, soit par les textes législatifs, soit par les textes réglementaires ou par les circulaires. Il faut en vérifier la conformité et, d'autre part, assurer que les avantages fiscaux ne sont pas utilisés à des fins qui les dénaturent[114]."

Die Erteilung des Agréments ist zunächst davon abhängig, daß die gesetzlichen Voraussetzungen für die Gewährung des begehrten Steu-

---

[113] s. hierzu die Erlasse vom 21. 5. 1964 und vom 10. 7. 1969.

[114] Débats A.N. J.O. du 13 mai 1965, S. 1298.

ervorteils erfüllt sind. Der Grundsatz der Gesetzmäßigkeit der Besteuerung (légalité fiscale) ist somit formell gewahrt. Der Gesetzgeber hat der Verwaltung jedoch einen weiten Beurteilungs- und Handlungsspielraum eingeräumt. Es bleibt der Behörde überlassen, durch die Technik des Agréments, das sie nach ihrem Ermessen erteilen oder verweigern kann, die wirtschaftliche Zielsetzung der gesetzlichen Vorschriften im Einzelfall zu konkretisieren. Sie verlangt daher von dem Antragsteller, daß er sich als Gegenleistung für eine steuerliche Vorzugsstellung zu einem bestimmten Verhalten verpflichtet. Dem Agrément geht daher oft eine Phase des Dialogs zwischen der Bewilligungsbehörde und dem Antragsteller voraus. Mit der Erteilung des Agréments werden Rechtsbeziehungen begründet, die auf der Seite der Verwaltung durch verstärkte Kontrollbefugnisse, auf seiten des Unternehmens durch gewisse Informationspflichten gegenüber der Behörde gekennzeichnet sind.

Die Mitwirkung des Unternehmens geht über die bloße Antragstellung hinaus. Sie äußert sich in der Übernahme besonderer Leistungspflichten, die Grundlage für die Gewährung des beantragten Steuervorteils ist. Vasseur spricht daher im Zusammenhang mit dem steuerlichen Agrément von einer „fiscalité négociée“[115]. Im IV. Plan und von verschiedenen Autoren wird sogar zur Kennzeichnung der besonderen Beziehungen zwischen Staat und Unternehmen der Ausdruck „contrat fiscal“ verwendet. Dieser Begriff wird allerdings nur vage definiert[116]. So bestehen in der Literatur Unklarheiten insbesondere darüber, ob unter „Steuervertrag“ das Agrément, das Steuerrechtsverhältnis oder beides zu verstehen ist[117]. Diese Begriffsverwirrung ist wohl eine der Ursachen für die Meinungsverschiedenheiten über Rechtsnatur und Rechtsfolgen des Agréments.

d) Die Rechtsnatur des Agréments

Der Begriff „contrat fiscal“ ist viel zu unscharf, als daß sich aus ihm eine rechtliche Aussage ableiten ließe[118]. Bei einer individuellen Steuervergünstigung sind vielmehr drei Phasen zu unterscheiden, die selbständige rechtliche Bedeutung haben:

1. die gesetzliche Regelung
2. die Erteilung des Agréments durch die Bewilligungsbehörde

[115] *Vasseur*, in: RTDC 1964, 1 ff.

[116] IVe Plan, J.O. 1962 brochure Nr. 1220, S. 204: „On accorde un avantage déterminé à une entreprise en contrepartie d'un programme d'investissement jugé intéressant.“

[117] *Chappert* behandelt „agrément“ und „contrat fiscal“ als selbständige Rechtsinstitute, ohne aber diese Begriffe klar voneinander abzugrenzen.

[118] So auch *Delmas-Marsallet*, Le Contrôle Juridictionnel des Interventions Economiques de l'Etat, in: EDCE 1969, S. 137.

3. die Gewährung des Steuervorteils durch Entscheidung der sachlich und örtlich zuständigen unteren Finanzbehörde.

Die Probleme, die sich auf der ersten Stufe ergeben, sind verfassungsrechtlicher Art; sie können im Rahmen dieser Arbeit nur gestreift werden[119]. Es bedürfte einer besonderen Untersuchung, ob Gesetze, welche die Gewährung einer Steuerbefreiung oder Steuerermäßigung in das Ermessen der Verwaltung stellen, nicht gegen die Grundsätze der Gesetzmäßigkeit und Gleichheit der Besteuerung verstoßen. Als Rechtsinstitute des Verwaltungshandelns sind aber die Stufen 2 und 3 hier von besonderem Interesse. Jede dieser Stufen stellt einen rechtlich selbständigen Vorgang dar. Dies ergibt sich schon daraus, daß für die Erteilung des Agréments und die Gewährung des Steuervorteils verschiedene Behörden nach unterschiedlichen Verfahren entscheiden. Das Agrément dient nur der Vorbereitung für die endgültige Gestaltung der steuerlichen Beziehungen, ist aber nicht Bestandteil des Steuerrechtsverhältnisses selbst[120].

Wie wir gesehen haben, wird durch das Agrément in den Fällen, in denen das begünstigte Unternehmen bestimmte Leistungspflichten übernimmt, ein Austauschverhältnis begründet, das einem gegenseitigen Vertrag ähnelt. Kann deswegen das Agrément als Bestandteil einer vertraglichen Regelung zwischen den Beteiligten angesehen werden? Die Rechtsprechung und der überwiegende Teil der Literatur haben dies zu Recht verneint, da die Merkmale einer einseitigen Regelung durch Hoheitsakt überwiegen[121].

Bei der Erteilung des Agréments stimmen zwar der Wille der Verwaltung und des begünstigten Unternehmens in der Regel überein. Ein solcher Konsens findet sich jedoch bei allen mitwirkungsbedürftigen Verwaltungsakten, die dem Begehren des Antragstellers voll entsprechen, und reicht daher zu der Annahme einer vertraglichen Regelung nicht aus. Von einem Vertrag kann nur dann die Rede sein, wenn durch die Übereinkunft der Parteien konkrete Rechte und Pflichten begründet werden[122]. Aus dem Agrément ergibt sich jedoch für das steuerpflichtige Unternehmen keine Rechtspflicht, die versprochenen wirtschaftlichen Maßnahmen durchzuführen. Weder in gesetzlichen Bestimmungen noch in den Texten der sogenannten steuerlichen Ab-

---

[119] s. hierzu § 6 I und V b dieser Arbeit.

[120] So auch *Galmot* in seinem Schlußvortrag zu der Entscheidung des C.E. vom 10. 3. 1967 Sté Samat et Cie AJDA 1967, 640, concl. *Questiaux* mit Anmerkung von *Tournié*.

[121] Vgl. hierzu C.E. 26. 1. 1968 Sté „Maison Généstal", Réc. 62, und C.E. 23. 5. 1969 Sté Distillerie Brabant et Cie AJDA 1969, 640, concl. *Questiaux* mit Anmerkung von *Tournié*.

[122] Art. 1134 CC: „Les conventions légalement formées tienent lieu de loi à ceux qui les ont faites."

machungen wird der Verwaltung die Befugnis zur zwangsweisen Durchsetzung dieser Verhaltenspflichten eingeräumt. Die einzige Sanktion ist der Widerruf des Agréments mit der Folge, daß die bewilligte Steuervergünstigung hinfällig wird und bereits erlassene Steuerschulden wieder aufleben[123]. Eine vertragliche Verpflichtungserklärung liegt daher auf seiten des Unternehmens nicht vor. Die Verpflichtung zu einer Gegenleistung, die nicht erzwingbar ist, kann auch nicht als behördliche Auflage gewertet werden. Es handelt sich vielmehr um eine rechtlich unverbindliche Absichtserklärung, die, wie im folgenden Kapitel noch zu zeigen ist, in die Kategorie der Quasikontrakte des Wirtschaftsverwaltungsrechts eingeordnet werden kann[124].

Die Behörde ist grundsätzlich an das Agrément gebunden, solange dieses wirksam ist. Es begründet einen Rechtsanspruch des Antragstellers auf tatsächliche Gewährung des bewilligten Steuervorteils. Die Ausführungen Galmots, das Agrément sei durch die Nichterfüllung der von dem Unternehmen eingegangenen Verpflichtungen auflösend bedingt, sind daher zumindest mißverständlich[125]. Die Bewilligungsbehörde kann das Agrément jedoch nach ihrem Ermessen widerrufen. Der Widerruf ist durch Art. 54 des Gesetzes vom 27. 12. 1963 zwingend vorgeschrieben, wenn das Unternehmen seine Versprechen nicht eingehalten hat[126]. Nach der Rechtsprechung braucht ein Widerruf nicht einmal begründet zu werden; er darf allerdings nicht willkürlich erfolgen[127]. Die Möglichkeit der Behörde zu einseitiger Entziehung einer gewährten Vergünstigung ist ein typisches Merkmal für eine Regelung durch Hoheitsakt.

Die Behörde kann bei der Erteilung des Agréments auch solche Bedingungen für die Gewährung des Steuervorteils festsetzen, die dem Willen des Antragstellers nicht entsprechen. Dieser Umstand spricht ebenfalls dagegen, das durch Agrément begründete Rechtsverhältnis als Vertrag anzusehen.

Wie bereits dargestellt wurde, beruhen auch individuelle Steuervergünstigungen auf einer gesetzlichen Grundlage. Der Gesetzgeber räumt der Verwaltung zwar einen weiten Ermessensspielraum ein. Das ändert aber nichts daran, daß die Bewilligungsbehörde bei Erteilung des Agréments eine generelle gesetzliche Bestimmung auf einen konkreten Einzelfall anwendet. Eine derartige Entscheidung wird im

---

[123] *Chappert*, a.a.O., S. 245.

[124] Vgl. hierzu § 5 II 1 dieser Arbeit.

[125] *Galmot* in seinem Schlußvortrag zu der bereits zitierten Entscheidung des C.E. in AJDA 1967, 280.

[126] Wird ein Unternehmer wegen Steuerhinterziehung rechtskräftig verurteilt, so verliert er nach Art. 1756 II CGI die ihm gewährten Steuervorteile, ohne daß es des Widerrufs des Agréments bedarf (déchéance).

[127] T.A. de Paris, Rec. du C.E. 1962, 776.

französischen Verwaltungsrecht als „acte condition" bezeichnet. Bei Veränderung seiner gesetzlichen Grundlage kann ein „acte condition" einseitig geändert oder aufgehoben werden. Dies entspricht aber den Merkmalen einer hoheitlichen Regelung durch Verwaltungsakt.

Das steuerliche Agrément ist somit trotz seiner vertragsähnlichen Ausprägung ebenso wie die Bescheidung eines Subventionsantrags als mitwirkungsbedürftiger Verwaltungsakt zu werten.

e) Rechtsfolgen des Agréments auf der Ebene des Steuerrechtsverhältnisses

Durch das Agrément stellt die Bewilligungsbehörde fest, daß alle Voraussetzungen für die Gewährung des beantragten Steuervorteils gegeben sind. Diese Entscheidung bedarf des Vollzugs durch die untere Finanzbehörde, die für die Festsetzung der Effektivsteuer zuständig ist. Als vorbereitender Akt ist das Agrément nicht Bestandteil des Steuerschuldverhältnisses und hat daher keinen Einfluß auf die Rechtsnatur des Besteuerungsvorgangs.

Die Festsetzung der Steuer ist Ausfluß der Hoheitsgewalt des Staates und kann somit nicht Gegenstand einer vertraglichen Regelung sein. Nach der Theorie des „impôt-échange", die in Frankreich auf Montesquieu zurückgeführt wird, ist die Steuer zwar der Preis, den der Bürger für die in der Existenz des Staates begründeten Vorteile entrichtet, und die Steuerermäßigung dementsprechend die Belohnung des Staates für die Bürger, deren wirtschaftliches Verhalten dem öffentlichen Interesse dient[128]. Diese Äquivalenztheorie gibt jedoch lediglich eine Erklärung über den Ursprung der Steuer und die innere Berechtigung des Staates zu ihrer Erhebung. Sie besagt aber nichts über die Rechtsnatur des Besteuerungsvorganges. Hierfür ist der Grundsatz der Steuerhoheit des Staates maßgebend.

Der Staat kann sich seiner Hoheitsgewalt im Bereich des Steuerrechts nicht durch vertragliche Bindungen entäußern. Die herrschende Meinung in Rechtsprechung und Literatur sieht daher die Steuerfestsetzung mit Recht als einseitigen Hoheitsakt an[129]. Für die Gewährung eines Steuervorteils auf Grund eines Agréments kann nichts anderes gelten.

f) Das Agrément als einseitige Ermessensentscheidung

Die Verweigerung und der Widerruf des Agréments können im Verwaltungsrechtswege angefochten werden. Als einseitige Ermessens-

[128] *Montesquieu*, De l'Esprit des Lois XIII Kap. I: „Les revenus de l'Etat sont une portion que chaque citoyen donne de son bien pour avoir la sûreté de l'autre ou pour en jouir agréablement."

[129] Vgl. hierzu *Morange*, La Nature Juridique des Actes d'Imposition, RSF 1950, 549; *Beltrame*, RSF 1967, 327.

entscheidungen der Verwaltung sind diese Maßnahmen aber nur in beschränktem Umfange nachprüfbar[130]. „L'appréciation d'opportunité d'accorder ou refuser l'agrément n'est pas susceptible d'être discutée par la voie contentieuse[131]."

Die Feststellung von Ermessensfehlern ist dadurch erschwert, daß die Entscheidungen der Behörde im allgemeinen nicht begründet werden. Mit dem Hinweis auf das Fehlen einer gesetzlichen Begründungspflicht lehnt das T.A. von Paris in seiner bereits zitierten Entscheidung vom 5. 7. 1962 ab, der Behörde aufzugeben, wenigstens im Verwaltungsstreitverfahren die Gründe für die Verweigerung des Agréments mitzuteilen. Nach dieser Rechtsprechung wäre eine rechtliche Überprüfung von Ermessensentscheidungen praktisch unmöglich und der Steuerpflichtige gegenüber Willkürmaßnahmen der Finanzverwaltung schutzlos. Demgegenüber stellt der C.E. in einer neueren Entscheidung fest, daß die Behörde zwar nicht verpflichtet sei, die Verweigerung eines Agréments zu begründen, daß sie die Begründung aber auf Verlangen des Gerichts im Verwaltungsstreitverfahren nachzuholen habe[132]. Um eine gerichtliche Überprüfung zu ermöglichen, müssen dann nach dem Urteil des C.E. die genauen tatsächlichen und rechtlichen Gründe angegeben werden, die für die Entscheidung der Behörde maßgeblich waren; eine allgemeine Bemerkung des Inhalts, das Investitionsvorhaben des betroffenen Unternehmens sei nicht von ausreichendem gesamtwirtschaftlichen Interesse, genügt nicht. Da der Finanzbehörde durch die gesetzlichen Bestimmungen ein sehr weiter Ermessensspielraum eingeräumt ist, werden sich Ermessensfehler aber nur in den seltensten Fällen nachweisen lassen. Eine Anfechtungsklage gegen die Verweigerung oder den Widerruf eines Agréments ist daher in der Regel ohne Aussicht auf Erfolg.

4. Die selektive Besteuerung und der Gleichheitssatz

In der Zuteilung steuerlicher Privilegien, die in das Ermessen der Verwaltung gestellt ist, könnte ein Verstoß gegen den Grundsatz der Steuergleichheit gesehen werden.

Nach Art. 13 der Menschenrechtserklärung von 1789 müssen öffentliche Abgaben alle Bürger gleichmäßig nach Maßgabe ihrer wirtschaftlichen Leistungsfähigkeit belasten[133].

---

[130] Zur gerichtlichen Nachprüfung von Ermessensentscheidungen vgl. die Ausführungen zu § 6 VII 4 dieser Arbeit.

[131] Die bereits zitierte Entscheidung des T.A. de Paris, Réc. du C.E. 1962, 776.

[132] Die bereits zitierte Entscheidung des C.E. vom 26. 1. 1968, AJDA 1968, 122.

[133] Art. 13 der Menschenrechtserklärung: „Pour l'entretien de la force

Die in der Menschenrechtserklärung enthaltenen Grundrechte sind Bestandteil der geltenden französischen Verfassung[134]. Sie können jedoch, da es keine Kontrolle der Verfassungsmäßigkeit von Gesetzen gibt, durch einfache Gesetze durchbrochen werden. Für die Gewährung von Steuervorteilen durch Agrément ist zwar eine gesetzliche Ermächtigung erforderlich. Der Gesetzgeber hat sich jedoch im allgemeinen damit begnügt, Gegenstand und Umfang der Steuerermäßigung festzusetzen. Im übrigen sind die gesetzlichen Tatbestände so weit gefaßt, daß der Verwaltung ein fast uneingeschränkter Ermessensspielraum verbleibt. Damit ist die gerichtliche Kontrolle der Gesetzmäßigkeit des Verwaltungshandelns in diesem Bereich des Steuerrechts in Frage gestellt. Eine gesetzliche Bestimmung, die der Verwaltung fast völlige Handlungsfreiheit einräumt, bedeutet in Wirklichkeit die Übertragung der gesetzgeberischen Befugnisse auf die Exekutive. Die Rechtsprechung, der eine Überprüfung von formellen Gesetzen auf ihre Verfassungsmäßigkeit versagt ist, ist gegen die Durchbrechung der Grundsätze der Gesetzmäßigkeit und der Gleichheit der Besteuerung machtlos[135].

Die steuerliche Diskriminierung als Mittel der Wirtschaftspolitik wurde in der französischen Öffentlichkeit heftig kritisiert. So konnte das Gesetz vom 2. 7. 1963, das die Möglichkeit von Steuerermäßigungen durch Agrément vorsieht, von der Nationalversammlung nur gegen den Widerstand ihres Finanzausschusses und des Senates verabschiedet werden, die für die Wahrung der steuerlichen Gleichheit und Neutralität eintraten[136].

Auch in der Literatur wurden Bedenken gegen die steuerliche Diskriminierung geäußert. Nach der Auffassung von Timsit verfehlen die sogenannten Steuerabkommen ihren Zweck, zu einer konzertierten Plandurchführung beizutragen, und erscheinen in Wirklichkeit als autoritäre Ermessensentscheidungen der Finanzbehörde[137]. Beltrame tritt dafür ein, auf die steuerliche Diskriminierung als Mittel der Raum- und Wirtschaftsplanung überhaupt zu verzichten. Als Ersatzlösung schlägt er eine Verstärkung der öffentlichen Investitionen vor[138]. Ob dies allerdings ausreicht, die Investitionstätigkeit der Privatwirtschaft

publique et pour les dépenses d'administration une contribution commune est indispensable: elle doit être également répartie entre tous les citoyens en raison de leurs facultés."

[134] Präambel der Verfassung von 1958, Fundstelle: Code Administratif, S. 217.

[135] *Chappert*, a.a.O., S. 303.

[136] Vgl. Rapport Vallon, J.O.Doc.Parl. A.N. vom 23. 5. 1963, Nr. 290; J.O.Déb.Parl. Sénat 7. 6. 1963, S. 1234.

[137] *Timsit*, a.a.O., 120.

[138] *Beltrame*, a.a.O., S. 348.

in wirksamer Weise auf die Planziele hin zu orientieren, muß bezweifelt werden. Ein völliger Verzicht auf eine selektive Besteuerung würde den Erfolg der Wirtschaftsplanung in Frage stellen. Durch die Gewährung individueller Steuervorteile kann mit relativ geringem Aufwand der Einfluß einer steuerlichen Maßnahme auf das wirtschaftliche Verhalten getestet werden[139]. In vielen Fällen waren daher steuerliche Begünstigungen durch Agrément die Vorstufe zu einer allgemeinen Steuererleichterung[140].

5. Thesen zur Wirtschaftslenkung durch selektive Besteuerung privater Unternehmen

a) Selektive Stimulierungsmaßnahmen sind im Bereich des Steuerrechts nur vertretbar, wenn sie auf Ausnahmefälle beschränkt bleiben. Sie dürfen lediglich dann angewendet werden, wenn andere Mittel versagen oder nicht genügend Aussicht auf Erfolg bieten.

b) Eine individuelle Zuteilung von Steuerprivilegien ist gerechtfertigt, wenn sie wie im Beispiel der Raumordnung zur Beseitigung faktischer Ungleichheiten und zur Herstellung einer wirtschaftlichen Chancengleichheit dient.

c) Infolge ihres Ausnahmecharakters müssen steuerliche Differenzierungen durch Agrément zeitlich begrenzt sein und nach Möglichkeit durch allgemeine Steuertatbestände abgelöst werden, die für jeden, der die gesetzlichen Voraussetzungen erfüllt, gelten.

d) Eine selektive Besteuerung ist ferner nur dann vertretbar, wenn sie rechtsstaatlichen Grundsätzen entspricht.

Das bedeutet, daß die gesetzliche Ermächtigung zur Gewährung eines Steuervorteiles inhaltlich so bestimmt sein muß, daß sich der Ermessensspielraum der Finanzbehörde abgrenzen läßt und eine gerichtliche Kontrolle möglich ist. Auf die Wahrung des Gleichheitsgrundsatzes zu achten, ist nicht zuletzt die Aufgabe des Gesetzgebers. Die repräsentative Demokratie wird unglaubwürdig, wenn das Parlament im wirtschaftlichen Bereich, der immer mehr an Bedeutung gewinnt, unter dem Vorwand mangelnder technischer Kompetenz auf eine wirksame Kontrolle der Exekutive verzichtet und dieser die ihm vorbehaltenen Gesetzgebungsbefugnisse durch Globalermächtigungen überträgt.

---

[139] *Ebrard* bezeichnet das steuerliche Agrément als „banc d'essai fiscal" und „antichambre de droit commun", a.a.O., S. 88.

[140] *Giscard d'Estaing* J.O.Déb.Parl. A.N. 13. 5. 1965, 1298.

III. Zusammenfassung des Kapitels IV

Die Stimulierungsmaßnahmen zur Plandurchführung sind ihrem Wesen nach einseitige begünstigende Verwaltungsakte. Sie sind jedoch eingebettet in vertragliche oder vertragsähnliche Vereinbarungen, die entweder zu ihrer Vorbereitung oder zu ihrer Verwirklichung dienen. Diese Absprachen sollen die Zielsetzung der staatlichen Förderung im Einzelfalle konkretisieren und ein bestimmtes wirtschaftliches Verhalten des begünstigten Unternehmens bewirken.

Sinn der einseitigen Stimulierungsmaßnahmen wie der gegenseitigen Vereinbarungen ist es, eine langfristige Zusammenarbeit von Staat und Unternehmen zur Plandurchführung zu begründen. Wenn auch die hoheitlichen Merkmale bei der Gestaltung der Subventionsbeziehungen und der Steuerverhältnisse eindeutig überwiegen, so stehen sie doch in untrennbarem Zusammenhang mit vertraglichen Elementen. Die Stimulierungsmaßnahmen entsprechen daher nicht mehr vollständig dem traditionellen Typus des Verwaltungsaktes. Sie stellen einen Übergang zu vertraglichen oder vertragsähnlichen Formen der Wirtschaftslenkung dar.

Fünftes Kapitel

§ 5 Vertragliche und vertragsähnliche Formen der Wirtschaftslenkung

Die französische Planifikation beruht auf dem Grundsatz der aktiven Mitarbeit der Wirtschaftsverbände an der Ausarbeitung und Durchführung des Plans. Die Planziele sollen nicht durch administrativen Zwang, sondern im einverständlichen Zusammenwirken der Beteiligten verwirklicht werden. Dies setzt allerdings eine gewisse Übereinstimmung von privatem und öffentlichem Interesse voraus. Ein Unternehmen ist nur dann in der Lage, bei seinen Dispositionen gesamtwirtschaftliche Zielsetzungen zu berücksichtigen, wenn dadurch seine eigene wirtschaftliche Situation nicht verschlechtert wird.

Es wird um so mehr zur Plandurchführung bereit sein, als dies auch mit eigenen wirtschaftlichen Vorteilen verbunden ist. Das geeignete Mittel zur Koordination von staatlicher Gesamtplanung und unternehmerischer Einzelplanung und zum Ausgleich divergierender Interessen ist der Vertrag. Während der Vertrag nach der liberalistischen Staatsauffassung, die eine strenge Trennung von privatem und staatlichem Bereich fordert, im wesentlichen der Regelung von Rechtsbeziehungen Privater vorbehalten war, ist er heute zum Instrument der Wirtschaftspolitik und Wirtschaftsverwaltung geworden. Anstelle des autoritären Dirigismus der Vichy-Regierung hat sich mit der konzertierten Planifikation der Übergang zu einem Wirtschaftssystem vollzogen, das allgemein als Vertragswirtschaft (économie contractuelle) bezeichnet wird[1]. Dieser Begriff bedarf einer kurzen Erläuterung:

I. Der Begriff der Vertragswirtschaft (économie contractuelle)

Die Vertragswirtschaft versteht sich als Mittelweg zwischen autoritärem Sozialismus und der Selbstregulierung der Wirtschaft nach dem Prinzip des laisser-faire[2]. Von dem traditionellen Wirtschaftsliberalismus unterscheidet sie sich dadurch, daß der Staat die Notwendigkeit von Planung und Steuerung der Wirtschaft erkennt. Im Gegensatz zur

---

[1] Vgl. *Vasseur*, Un Nouvel Essor du Concept Contractuel, RTDC 1964, S. 7.

[2] *A. Pierre*, in: Le Monde vom 15. und 16. 5. 1963.

sozialistischen Planwirtschaft bleibt das Privateigentum an Produktionsmitteln im wesentlichen gewahrt. Die Wirtschaftslenkung vollzieht sich nicht auf bürokratischem Wege durch einseitige verbindliche Anordnungen der Verwaltung sondern im Rahmen eines indikativen Plans mit Zustimmung der beteiligten Wirtschaftssubjekte, die ihre Autonomie behalten. Dies setzt ständigen Dialog und planerische Zusammenarbeit der privaten Unternehmen und Verbände untereinander und mit dem Staat voraus.

Im Rahmen der neuen kooperativen Wirtschaftsverfassung zeichnet sich eine Fortentwicklung des traditionellen Vertragsbegriffes ab. Konzertierte Aktion bedeutet zunächst Zusammenarbeit der Unternehmen in ihrem Wirtschaftsbereich. Hier ist der Vertrag zum Instrument der Selbstorganisation der Privatwirtschaft geworden[3]. Die Befugnisse der Berufs- und Wirtschaftsverbände, die dem Staat als Gesprächspartner gegenübertreten, beruhen auf vertraglicher Grundlage. Anstelle der unbeschränkten Konkurrenz sind in vielen Bereichen Abkommen zur Marktbeeinflussung und Steuerung der Produktion getreten.

In der Landwirtschaft dienen langfristige Rahmenvereinbarungen (accords interprofessionnels) zwischen den Berufsorganisationen der Erzeuger und Großabnehmer zur Schaffung von Marktordnungen für bestimmte Produkte. Diese Verträge werden auf mehrere Jahre abgeschlossen und haben zum Ziel, die Produktion den vorausgeschätzten Bedürfnissen anzupassen, die Preise zu regeln und das Gleichgewicht des Marktes zu sichern. Zur Ausführung dieser Rahmenabkommen schließen die Berufsverbände jährliche Verträge, die ein detailliertes Programm der zu treffenden Maßnahmen enthalten (conventions de campagne). Ebenfalls durch Kollektivvereinbarung wird ein Vertragstyp festgelegt, der als Muster für die individuellen Rechtsverhältnisse zwischen Erzeugern und Verbrauchern dienen soll. Die angeführten Kollektivvereinbarungen können nach dem Gesetz vom 5. 8. 1960 zur Orientierung der Landwirtschaft von dem Landwirtschaftsminister für allgemeinverbindlich erklärt werden[4].

Auch im Bereich der Industrie ist der Vertrag ein Mittel zur Rationalisierung und Strukturverbesserung.

Es ist Aufgabe der staatlichen Kartellaufsicht, darüber zu wachen, daß die Selbstplanung und Selbstkoordinierung der Unternehmen den Zielsetzungen der nationalen und regionalen Wirtschaftsplanung nicht

[3] *Vasseur*, RTDC 1964, 27.

[4] Auf die rechtliche Problematik der Kollektivvereinbarungen in der Landwirtschaft kann hier nicht näher eingegangen werden.
Vgl. hierzu *J. Mégret*, Système Contractuel et Intégration en Agriculture, D. 1966, 15 ff.

widerspricht. Darüber hinaus gilt es, private Initiative und staatliche Planung aufeinander abzustimmen. Mittel hierfür ist die der Planausarbeitung die Konzertierung, bei der Plandurchführung der Vertrag.

Im Rahmen einer vertraglichen Wirtschaftsordnung haben Vereinbarungen zwischen Staat und Privatunternehmen, die sich nicht nur auf die Lieferung von Wirtschaftsgütern beschränken, Planungsfunktion. Sie sollen in erster Linie die institutionellen Voraussetzungen einer langfristigen Zusammenarbeit im Sinne einer gemeinsamen wirtschaftlichen Finalität schaffen[5]. Nach Art und Umfang dieser Zusammenarbeit unterscheidet de Laubadère zwischen den „contrats de collaboration" und den „contrats d'administration"[6]. Unter „contrats de collaboration" sind Verträge zu verstehen, durch die der Staat privaten Unternehmen oder Organisationen Aufgaben der Wirtschaftslenkung zur selbständigen Wahrnehmung auch gegenüber Dritten überträgt. Bei den „contrats d'administration" dagegen sind die Vertragspartner lediglich Adressaten wirtschaftslenkender Verwaltungsmaßnahmen. Sie passen sich in ihrem Verhalten den gesamtwirtschaftlichen Zielsetzungen des Staates an, ohne aber über ihren eigenen Bereich hinaus Initiativen zur Plandurchführung zu entwickeln.

II. Rechtsformen der „économie contractuelle" als Mittel zur Plandurchführung

Die Abkommen zwischen Staat und Privatindustrie zum Zwecke der Plandurchführung werden im allgemeinen als „contrats" oder „conventions" bezeichnet. Das bedeutet aber nicht, daß sie auch den rechtlichen Kriterien eines Vertrages entsprechen. Nach der bisherigen Rechtsauffassung ist ein Vertrag sowohl im Bereich des Privatrechtes als auch des öffentlichen Rechtes die erklärte Willensübereinstimmung zweier oder mehrerer Personen, die auf einen bestimmten Rechtserfolg gerichtet ist[7]. Es erscheint aber zweifelhaft, ob die Abkommen mit Planungsfunktion unmittelbare Rechtsfolgen haben, insbesondere, ob sie zwischen den Parteien konkrete Rechte und Pflichten begründen. Damit stellt sich die Frage, ob der herkömmliche Vertragsbegriff für die

---

[5] *A. Piettre*, in: Le Monde vom 17. 5. 1963.

[6] *de Laubadère*, in: Mélanges Brethe de la Gressaye, 1967, S. 461.

[7] *de Laubadère*, Traité Théorique et Pratique des Contrats Administratifs I, S. 7: „Générateur d'obligations, le contrat se différencie en effet par là de tous les actes juridiques qui, même réalisés sous la forme d'accords bilatéraux de volontés, se bornent à attribuer par voie individuelle une situation légale ou réglementaire, un statut dont le contenu a été antérieurement déterminé par voie générale et qui pourra, de ce fait, se trouver automatiquement modifié par la suite entre les mains de son titulaire si les lois ou réglements viennent y apporter, par voie générale, des changements."

neuen Formen der Konzertierung von Staat und Privatwirtschaft noch paßt oder ob nicht neue rechtliche Kriterien gefunden werden müssen. Läßt sich die Rechtsnatur der Planungsvereinbarungen noch nach den bisherigen Abgrenzungsmerkmalen von Privatrecht und öffentlichem Recht, von Vertrag und Verwaltungsakt bestimmen? Kann sich der Staat einseitig von seinen Versprechen lossagen? Welche Folgen ergeben sich aus der Nichterfüllung eingegangener Verpflichtungen?

Alle diese Probleme sind in der französischen Literatur noch nicht befriedigend gelöst. Erst in den letzten Jahren haben die Gestaltungsformen der konzertierten Wirtschaftslenkung, die für die Fortbildung des Wirtschaftsverwaltungsrechts von entscheidender Bedeutung sind, besondere Beachtung gefunden[8]. Die bisher erschienenen Untersuchungen kommen teilweise zu unterschiedlichen Ergebnissen. Vasseur schlägt eine Neuinterpretation des Vertragsbegriffes vor[9]. Nach der Auffassung von Mazère lassen sich die Formen der „économie contractuelle“ in die Kategorie der mitwirkungsbedürftigen Verwaltungsakte einordnen[10]. Andere Autoren bestreiten sogar den Rechtscharakter dieser Vereinbarungen und sehen in ihnen nur moralische Verpflichtungen ohne jede rechtliche Verbindlichkeit[11].

Um diese gegensätzlichen Stellungnahmen zu verstehen und einen Ansatz für die Lösung der angeschnittenen Probleme zu entwickeln, bedarf es einer ausführlicheren Darstellung und rechtlichen Analyse der Vereinbarungen, die für die konzertierte Plandurchführung typisch sind.

1. Die Quasikontrakte (quasi-contrats pour l'exécution du Plan)

Der vorläufige Wirtschaftsplan von 1961 nimmt zum ersten Male ausdrücklich auf vertragliche Formen der Planausführung Bezug. Zur Förderung von Investitionen, die im gesamtwirtschaftlichen Interesse liegen, sieht er den Abschluß von Quasikontrakten zwischen Staat und Industrieunternehmen vor[12]. In diesen Vereinbarungen verpflichtet sich das Unternehmen, ein bestimmtes, im Einverständnis mit dem Staat

---

[8] *Vasseur*, Un Nouvel Essor du Concept Contractuel, in: RTDC 1964, 1 ff.; *Bonfils*, Les Principaux Aspects Administratifs de l'Economie Contractuelle, th. Bordeaux 1967; *H. Jacquot*, Les Interventions Economiques de l'Etat par Voie Contractuelle en France, August 1970 (noch nicht veröffentlicht).

[9] *Vasseur*, RTCD 1964, S. 46.

[10] *Mazères*, De Quelques Problèmes Dominants de la Planification Française, AJDA 1968, 218.

[11] *Quermonne*, in: Cah.Fond.Nat.Sc.Pol. Nr. 140, 95 ff.

[12] Le Plan Intérimaire, S. 16: „L'Etat est disposé à passer avec les constructeurs de biens d'équipement des quasi-contrats rassemblant pour le financement de programmes précis d'investissements et de productions jugés nécessaires les ressources et éventuellement les aides les plus appropriées.“

festgelegtes Investitionsprogramm zu verwirklichen, während der Staat seine Bereitschaft zur Förderung dieses Vorhabens erklärt.

Der Begriff „quasi-contrat" ist aus dem Zivilrecht übernommen. Er bezeichnet dort Schuldverhältnisse nichtdeliktischer Art, die sich aus dem einseitigen willkürlichen Verhalten eines Menschen ergeben[13]. Hierzu gehören vor allem die Verpflichtungen aus ungerechtfertigter Bereicherung und Geschäftsführung ohne Auftrag. Diesen „quasi-contrats" fehlt jedes vertragliche Element. Es handelt sich vielmehr um Rechtsfolgen, die unmittelbar auf Grund einer gesetzlichen Bestimmung ohne Rücksicht auf den Willen der Beteiligten eintreten[14]. Die Quasikontrakte der Wirtschaftsplanung setzen dagegen eine Willensübereinstimmung voraus. Sie enthalten gegenseitige Vereinbarungen von Staat und Industriellen zur Verwirklichung und Förderung eines bestimmten Investitionsprogramms. Mit den Quasikontrakten des bürgerlichen Rechts haben diese Abmachungen nur den Namen gemeinsam. Die Willensübereinstimmung zwischen den Beteiligten deutet vielmehr auf einen Vertrag hin. Wie bereits ausgeführt, können als Verträge aber nur solche Vereinbarungen angesehen werden, die auf eine Rechtsfolge gerichtet sind. Nach Inhalt und Funktion der Quasikontrakte erscheint jedoch zweifelhaft, ob sie zwischen den Parteien Rechte und Pflichten begründen.

a) Inhalt und Funktion der Quasikontrakte

Dieses Problem soll an Hand zweier Beispiele deutlich gemacht werden, die zugleich einen Eindruck über den Anwendungsbereich der Quasikontrakte vermitteln: dem Abkommen von Staat und Stahlindustrie von 1966 und dem Plan Calcul von 1967[15].

Im Jahre 1965 befand sich die französische Stahlindustrie in einer schweren Struktur- und Absatzkrise. Infolge der durch die veralteten Strukturen bedingten hohen Selbstkosten der Produktion war eine ausreichende Gewinnspanne nicht mehr gewährleistet. Damit ging der Anteil der Eigenfinanzierung der Unternehmen in einem nicht mehr vertretbaren Ausmaß zurück. Nach den Vorausberechnungen bei Vorbereitung des V. Plans bestand die Gefahr, daß die Verschuldung der Stahlindustrie im Jahre 1970 ihren gesamten Jahresumsatz übersteigen würde[16]. Durch den Produktionsrückgang waren zahlreiche Arbeits-

---

[13] Art. 1371 CC.

[14] *de la Morandère*, Droit Civil Bd. II, S. 357.

[15] Diese Beispiele wurden auch deshalb gewählt, weil über sie ihrer wirtschaftlichen Bedeutung wegen die meisten Informationen durch Presseberichte vorliegen. Im übrigen handelt es sich bei den Quasikontrakten um vertrauliche Vereinbarungen, die nicht veröffentlicht werden.

[16] Le Monde vom 24. 5. 1966.

plätze bedroht. Um soziale Spannungen in den dadurch betroffenen Gebieten zu vermeiden, sah sich die Regierung zu umfangreichen Hilfsmaßnahmen veranlaßt. Am 29. 7. 1966 schlossen der Staat und die Berufsvereinigung der stahlerzeugenden Industrie ein Abkommen für die Dauer des V. Plans[17]. Hierdurch erklärte sich der Staat bereit, der Stahlindustrie innerhalb von fünf Jahren langfristige Darlehen aus Mitteln des FDES in Höhe von insgesamt 2,7 Milliarden NF. zu Vorzugsbedingungen zu gewähren. Der Zinssatz dieser Darlehen sollte innerhalb der ersten fünf Jahre 3 % und für die weiteren 20 Jahre der Laufzeit 4 % betragen. Ferner versprach der Staat, die Ausgabe von Anleihen durch den Verband der Stahlindustrie zu begünstigen. Er übernahm außerdem die Verpflichtung, die Versorgung der Unternehmen mit Kohle und Koks zu den geltenden Marktpreisen sicherzustellen, was zusätzliche Subventionen für die verstaatlichte Bergbauindustrie bedeutete. Der Berufsverband verpflichtete sich seinerseits im Namen der beteiligten Unternehmen,

- eine optimale Ausnutzung der bestehenden und noch zu schaffenden Kapazitäten zu bewirken, d. h. die Produktionsprogramme auf den verschiedenen Stufen zu rationalisieren, die Produktion auf die modernsten Anlagen zu konzentrieren und unrentable Anlagen stillzulegen;
- Produktionsanlagen von optimaler Größenordnung zu errichten, unter Umständen mit finanzieller Beteiligung mehrerer Unternehmen;
- Strukturverbesserungen durch die Neugruppierung von Unternehmen in technischer, kaufmännischer und finanzieller Hinsicht zu bewirken.

Diese Maßnahmen der Produktivitätssteigerung haben eine Verringerung des personellen Bedarfs der Unternehmen zur Folge. Zur Vermeidung von Arbeitslosigkeit verpflichteten sich die Unternehmen zusätzlich, die Umschulung freigewordener Arbeitskräfte durch eine Übergangsbeihilfe zu ermöglichen, ferner durch Kapitalbeteiligung an anderen Unternehmen und durch Zeichnung von Aktien der SDR zur Schaffung neuer Arbeitsplätze beizutragen.

Ein beratender Ausschuß aus je zwei Vertretern des Staates und des Verbandes soll unter dem Vorsitz des Plankommissars die Durchführung dieses Abkommens verfolgen. Er erstattet der Regierung einen jährlichen Rechenschaftsbericht über die erzielten Ergebnisse. Der Verband und die einzelnen Unternehmen sind verpflichtet, dem Ausschuß ebenso wie den zuständigen Behörden auf Verlangen die erfor-

---

[17] Le Monde vom 29. 7. 1966.

derlichen Auskünfte wirtschaftlicher, sozialer und finanzieller Art zu erteilen.

Das Abkommen Staat — Stahlindustrie enthält Merkmale, die es von traditionellen Verträgen unterscheidet. Es hat planerische Funktion und bedarf demnach einer ständigen Anpassung an veränderte Voraussetzungen im Verlauf seiner Durchführung. Es setzt zwar bestimmte Zielsetzungen, wie Rationalisierung und Unternehmenskonzentration, fest, bleibt jedoch hinsichtlich der dazu erforderlichen Mittel im wesentlichen unbestimmt. Es handelt sich außerdem um ein Kollektivabkommen. Betroffen von der zwischen dem Industrieverband und dem Staat geschlossenen Vereinbarung sind nicht nur die einzelnen Unternehmer, sondern auch die Arbeitnehmer der Stahlindustrie. Schließlich ist das Abkommen von regionaler und nationaler wirtschaftlicher Bedeutung, da zahlreiche Wirtschaftszweige und damit letztlich auch die Durchführung des Wirtschaftsplans von der Entwicklung der Grundindustrien wie der Stahlerzeugung abhängig sind.

Für die zukünftige wirtschaftliche Entwicklung sind außerdem Spitzenindustrien, wie Elektronik und Datenverarbeitung, von entscheidender Bedeutung. Auf diesem Gebiet bedarf es besonderer Anstrengungen, um den technologischen Rückstand zu den USA aufzuholen. Im Jahre 1966 betrug der Anteil amerikanischer Unternehmen im Bereich der Datenverarbeitung 85 %. Die Firmen mit französischem Kapital, die nur einen Marktanteil von 7 % hatten, waren nicht wettbewerbsfähig und in Gefahr, von der übermächtigen Konkurrenz absorbiert zu werden[18]. Die französische Regierung entschloß sich daher zu Maßnahmen zur Förderung der französischen Computerindustrie im Rahmen eines mehrjährigen Gesamtplans.

Dieser Entwicklungsplan für die Datenverarbeitung (Plan Calcul) sieht bis 1971 Investitionen von insgesamt 1,3 Milliarden NF. vor, von denen 0,6 Millionen aus staatlichen Mitteln finanziert werden sollen. Die Verteilung der Subventionen an die betroffenen Unternehmen erfolgt auf der Grundlage gegenseitiger Vereinbarungen. Am 13. 4. 1967 schloß der Staat mit dem führenden Unternehmen der französischen Datenverarbeitung, der C.I.I., ein Abkommen. Hierin erklärt er sich bereit, innerhalb von fünf Jahren Subventionen von insgesamt 420 Millionen NF. zu gewähren[19]. Die Hälfte dieses Betrages ist zurückzuzahlen, aber erst dann, wenn die finanzielle Lage des Unternehmens dies gestattet. Ferner sagte der Staat eine indirekte Hilfe durch die Ver-

---

[18] Le Plan Calcul, Revue Administrative 1967, 209 ff.

[19] Die C.I.I. (Compagnie Internationale de l'Informatique) entstand 1966 durch Fusion zwischen der S.E.A. (Société Electronique et d'Automatique) und der C.A.E. (Compagnie Européenne d'Automation Electronique).

gabe öffentlicher Aufträge zu. Als Gegenleistung verpflichtete sich die C.I.I., ein im Einverständnis mit dem Staat festgesetztes Produktions- und Investitionsprogramm durchzuführen[20].

Ebenso wie bei dem Abkommen mit der Stahlindustrie handelt es sich auch hier um die Vereinbarung einer konzertierten Aktion zwischen Staat und Unternehmen zur Plandurchführung innerhalb eines Teilbereichs der Industrie.

Die hierzu erforderlichen Maßnahmen sind zwar programmatisch festgelegt, nicht aber in allen Einzelheiten bestimmt. Dem Unternehmen wie dem Staat verbleibt daher der notwendige Handlungsspielraum zur Anpassung ihres Verhaltens bei Konjunkturschwankungen und nicht vorhergesehenen wirtschaftlichen Entwicklungen.

Abkommen dieses Typs wurden auch in anderen Industriezweigen mit Verbänden und wichtigen Einzelunternehmen abgeschlossen. Kollektivvereinbarungen empfehlen sich vor allem dann, wenn in bestimmten Bereichen, wie der Textilindustrie, kleine und mittlere Unternehmen überwiegen. Hier ist es für den Staat schwierig, einen geeigneten Gesprächspartner für eine konzertierte Aktion zu finden. Da der Abschluß von Quasikontrakten Aussicht auf staatliche Hilfe bietet, besteht für die kleinen und mittleren Unternehmen der Anreiz, sich zu Berufsverbänden zusammenzuschließen, um ihre Interessen in den Verhandlungen mit dem Staat wirksam vertreten zu können. Der Staat wird nur solche Verbände als Gesprächspartner anerkennen, die für eine Branche repräsentativ sind und die nötige Autorität besitzen, um die Durchführung einer Kollektivvereinbarung durch ihre Mitglieder zu gewährleisten. Die Möglichkeit einer konzertierten Plandurchführung durch den Abschluß von Quasikontrakten trägt daher zur Selbstkoordination der Unternehmen und zur Bildung einer wirtschaftlichen Selbstverwaltung auf der Ebene von Berufsverbänden bei[21].

Aus den bisherigen Ausführungen ergeben sich folgende gemeinsame Merkmale der Quasikontrakte:

- Die Quasikontrakte dienen der Fortführung und Konkretisierung des Gesamtplans für wirtschaftliche Teilbereiche. Sie erstrecken sich daher auf einen Planungszeitraum von mehreren Jahren.

---

[20] Die C.I.I. beschäftigte 1967 ca. 2500 Personen und hatte einen Jahresumsatz von ca. 200 Millionen NF. (das entspricht 1 % des Umsatzes von IBM!); dieser Jahresumsatz soll innerhalb von 5 Jahren verdreifacht werden.

[21] Als Beispiel ist hier der Berufsverband der Baumwollindustrie zu nennen, der unter Beteiligung von Banken und SDR ein Forschungs- und Finanzierungsinstitut, die SERASCO, gründete; *Arrighi-Casanova*, Les Quasicontrats du Plan, D. Soc. 1965, 348.

Sie sind nur hinsichtlich des zu erreichenden Planziels, nicht aber der dazu erforderlichen Mittel bestimmt. Diese können den jeweiligen wirtschaftlichen Gegebenheiten angepaßt werden.

- Die Quasikontrakte enthalten keine festumrissenen Handlungspflichten der Beteiligten. Sie sollen vielmehr die institutionelle Basis für eine Zusammenarbeit von Staat und privaten Wirtschaftssubjekten zur Plandurchführung bilden. Dies wird bewirkt durch eine Koordinierung staatlicher Förderungsmaßnahmen mit dem plankonformen Verhalten der betroffenen Unternehmen in ihrem Bereich.

b) Frage der Rechtsverbindlichkeit der Quasikontrakte

Es ist nun zu untersuchen, ob die Zusicherung staatlicher Förderungsmaßnahmen im Rahmen eines Quasikontraktes rechtsverbindlich ist.

Einer mehrjährigen Ausgabenverpflichtung des Staates mit rechtlicher Wirkung stehen die Vorschriften des Haushaltsrechts entgegen. Danach werden öffentliche Ausgaben grundsätzlich nur für ein Jahr vom Parlament bewilligt. Das Prinzip der Jährlichkeit des Budgets ist nur schwer mit den Erfordernissen einer mehrjährigen Finanz- und Wirtschaftsplanung zu vereinbaren. 1955 versuchte man daher, den Plan in eine Reihe von sogenannten Programmgesetzen zu übertragen, die eine mehrjährige Ausgabenbewilligung enthielten. Dieses Verfahren ermöglichte eine genaue Ausführung des Plans im Bereich der öffentlichen Ausgaben und gestattete es dem Staat, bindende Vereinbarungen mit Unternehmen der Privatindustrie zur Koordinierung öffentlicher und privater Investitionen auf mehrere Jahre hinaus abzuschließen. Im Ergebnis erwiesen sich die Programmgesetze jedoch als Fehlschlag. Da sie ebensowenig wie der Plan Verfassungsrang besaßen, konnte das Parlament sie jederzeit ändern. Außerdem führten sie zu einer unnötigen Erstarrung des Budgets, da einige Ministerien bestrebt waren, sich möglichst für mehrere Jahre umfangreiche Haushaltskredite zu sichern, ohne den tatsächlichen Bedarf durch Vorausberechnungen zu ermitteln[22]. Als Reaktion auf diese Mißstände nahm die Ord. vom 2. Januar 1959 den Programmgesetzen jede rechtliche Verbindlichkeit. Nach Art. 2 kann der Staat Verpflichtungen gegenüber Dritten nur in den Grenzen der jährlichen Haushaltsbewilligung eingehen[23]. Die seither noch verabschiedeten Programmgesetze sind lediglich als feierlich bekräftigte Absichtserklärungen ohne rechtliche Wir-

[22] Vgl. *St. Geours*, L'Actualité du Plan en France, D.Soc. 1964, 603.

[23] Art. 2 der Ord. vom 2. 1. 1959: „Les lois de programme ne peuvent permettre d'engager l'Etat à l'égard des tiers que dans les limites des autorisations de programme contenues dans la loi des finances de l'année."

kung zu werten[24]. Der Staat kann sich daher im Rahmen eines Vertrages nur für das laufende Haushaltsjahr mit bindender Wirkung zur Gewährung von Subventionen verpflichten. Weitergehende Vereinbarungen sind zwar nicht unwirksam, da sie in Erwartung einer zukünftigen Haushaltsbewilligung geschlossen werden. Sie enthalten jedoch lediglich eine Absichtserklärung des Staates, aus der ein Erfüllungsanspruch nicht hergeleitet werden kann.

In der Regel sind die Versprechen des Staates auch zu unbestimmt, als daß man sie als bindende Zusicherungen ansehen könnte. Dem Planungscharakter der Quasikontrakte entsprechend stehen die gegenseitigen Vereinbarungen immer unter der Voraussetzung, daß die wirtschaftliche Entwicklung erwartungsgemäß verläuft. Der Staat muß bei Krisen und erheblichen Schwankungen der Konjunktur völlige Handlungsfreiheit haben, um die erforderlichen Maßnahmen treffen zu können. Ebenso wie der Plan bedürfen auch die Quasikontrakte einer periodischen Überprüfung. Es sind daher zwei Stufen der Quasikontrakte zu unterscheiden:

- Die erste Stufe enthält eine Regelung der Zusammenarbeit zwischen Staat und Unternehmen für die unmittelbare Zukunft. In diesem Stadium ist der Unsicherheitsfaktor der Vorausplanung gering. Die zur Erreichung eines bestimmten Nahziels erforderlichen Maßnahmen des Unternehmens lassen sich konkret festlegen. Der Staat seinerseits kann im Rahmen des Haushaltsplanes bindende Zusicherungen finanzieller Hilfe erteilen. Kurzfristige Vereinbarungen zwischen Staat und Unternehmer dienen oft der Überwindung einer konkreten wirtschaftlichen Schwierigkeit. Sie stellen daher eine Reaktion auf einen bereits feststehenden Sachverhalt dar und enthalten eine konkrete Regelung. Insoweit sind die gegenseitigen Vereinbarungen rechtsverbindlich[25].

- Soweit die Quasikontrakte jedoch eine mehrjährige Vorausplanung enthalten, dienen sie nicht mehr der Regelung eines bestimmten Sachverhaltes, sondern sind ausschließlich an einem projektierten zukünftigen Zustand orientiert. Sie sind nicht reaktiv, sondern prospektiv und daher notwendigerweise in ihrem Inhalt unbestimmt. Sie enthalten zwar konkrete Zielsetzungen und eine programmatische Festlegung der erforderlichen Mittel. Die im einzelnen zu treffenden Maßnahmen können jedoch nicht im voraus verbindlich vereinbart werden. Auch die Zielvorstellungen selbst bedürfen einer Revision, wenn unvorhergesehene wirtschaftliche Schwierig-

---

[24] *de Laubadère* III, S. 528.

[25] So auch *F. Batailler*, Une Nouvelle Technique de l'Economie Concertée: Les Quasi-contrats pour l'Exécution du Plan, RSF 1964, 505.

keiten in erheblichem Umfange auftreten. Der Quasikontrakt fordert von den Unternehmen daher nicht, daß die vereinbarten Planziele unter allen Umständen erreicht werden. Er gibt nur eine Richtlinie für zukünftiges Verhalten und begründet eine Pflicht zur Zusammenarbeit von Staat und Unternehmen[26]. Im übrigen lassen sich konkrete Leistungspflichten aus einem Quasikontrakt nicht herleiten. Das Unternehmen erhält von dem Staat keine konkreten und unwiderruflichen Zusicherungen. Der Staat sagt ihm lediglich durch eine Absichtserklärung seine künftige Unterstützung zur Verwirklichung des vereinbarten Investitionsprogrammes zu[27]. Dieses Programm ist bei Abschluß des Quasikontraktes nur für die unmittelbare Zukunft inhaltlich bestimmt, im übrigen aber nur in Umrissen festgelegt.

Bestandteil von Quasikontrakten können daher sowohl rechtliche Verpflichtungen als auch unverbindliche Absichtserklärungen zwischen den Beteiligten sein. Damit stellt sich die Frage nach der Rechtsnatur dieser Vereinbarungen. Die gleiche Problematik ergibt sich für die Abkommen zwischen Staat und Privatunternehmen zur Preisregulierung. Auch diese Vereinbarungen sind Mittel der Wirtschaftslenkung und haben Planungsfunktion. Die Frage der rechtlichen Einordnung der Quasikontrakte und der sogenannten Preisverträge kann daher einheitlich geprüft und entschieden werden.

2. Abkommen zwischen Staat und Privatunternehmen im Rahmen der Preisüberwachung (Preisvereinbarungen zwischen Unternehmer und Staat als Mittel der Plandurchführung)

Die staatliche Preisüberwachung diente ursprünglich als Notstandsmaßnahme zur Verhinderung von Spekulationen bei wirtschaftlichen Mangellagen und zur Sicherung der Versorgung mit lebensnotwendigen Gütern. Die Preisverordnungen sollten keine Veränderung der Wirtschaftsordnung bewirken und wurden daher in der Regel nach Beseitigung der Notlage wieder aufgehoben. In Frankreich hat die Preiskontrolle durch den Staat jedoch die Kriegs- und Nachkriegszeit überdauert. Sie ist zu einem Mittel der Wirtschaftslenkung geworden. Die im Plan vorgesehene kontinuierliche Steigerung des wirtschaftlichen Wachstums ist nur bei stabilen Preisen und einer ausgeglichenen Zahlungsbilanz möglich, von denen die Kaufkraft des Geldes im Innern und die Parität der Währung nach außen abhängen. Die Vorteile einer wirtschaftlichen Expansion können durch unverhältnismäßige Preis-

[26] *F. Batailler*, a.a.O., bezeichnet diese Verpflichtungen als „obligations de comportement".

[27] *Arrighi-Casanova*, a.a.O., S. 353.

steigerungen zunichte gemacht werden[28]. Grundlage der Preisregelung in der Industrie sind die Preisstoppverordnungen vom 12. 9. und 20. 11. 1963, von denen bereits die Rede war[29]. Die Preise für Industrieerzeugnisse wurden auf dem Stand vom August 1963 eingefroren. Um die wirtschaftliche Entwicklung nicht zu lähmen und den Unternehmen die Änderungen ihrer Preise zu ermöglichen, die zur Anpassung an die Entwicklung von Produktion und Verbrauch erforderlich sind, mußte dieses starre Preissystem in der Folgezeit gelockert werden. Zur schrittweisen Liberalisierung dienen die sogenannten Preisabkommen, in denen sich die Unternehmen dem Staat gegenüber als Gegenleistung für die völlige oder teilweise Freigabe der Preise zur Preisdisziplin verpflichten. Diese Vereinbarungen werden als Stabilitätsverträge bezeichnet. Sie geben der Verwaltung die Möglichkeit, die wirtschaftliche Aktivität der betroffenen Unternehmen zu beobachten und zu überwachen. Der Staat kann die Freigabe der Preise auch davon abhängig machen, daß sich die Unternehmen zur Durchführung eines plankonformen Produktions- und Investitionsprogrammes verpflichten. In diesem Falle spricht man von Programmverträgen[30]. Ob diese Preisvereinbarungen entsprechend ihrer Bezeichnung auch rechtlich als Verträge zu werten sind, erscheint jedoch zweifelhaft[31].

Bei der Prüfung ihrer rechtlichen Verbindlichkeit kommt es entscheidend auf den Inhalt und die Funktion der Preisabkommen an.

a) Die Stabilitätsverträge (contrats de stabilité)

Die Stabilitätsverträge werden in der Regel zwischen dem Finanzministerium und dem Arbeitgeberverband eines Industriezweiges für die Dauer eines Jahres geschlossen. Vor Ablauf dieser Zeit werden sie gegenstandslos entweder im Falle einer allgemeinen Preisfreigabe oder bei Abschluß eines Programmvertrages zwischen den Beteiligten. Gegenstand des Stabilitätsabkommens ist die Verpflichtung der Unternehmen, das durchschnittliche Preisniveau ihrer Produkte beizubehalten. Preiserhöhungen für bestimmte Artikel müssen daher im Rahmen des Fabrikationsprogrammes durch entsprechende Preissenkungen bei anderen Produkten ausgeglichen werden. Im übrigen ist eine Preissteigerung nur bei einer Verteuerung importierter Rohstoffe oder einer erheblichen Erhöhung der Kostenfaktoren des Unternehmens zuläs-

[28] Vgl. die Motive des Erlasses vom 9. 3. 1966, AJDA 1966, 258.

[29] Vgl. hierzu die Ausführungen zu § 2 III.

[30] Bis zum 30. 6. 1970 wurden 49 Stabilitätsabkommen und 110 Programmverträge abgeschlossen, die die Preise in allen wichtigen Bereichen der Industrie betreffen.

[31] Vgl. hierzu den Artikel von *J. Dutheil de la Rochère*, Le Régime Conventionnel des Prix: Engagements de Stabilité et Contrats de Programme, AJDA 1967, 579 ff.

sig[32]. Zur Kontrolle der Ausführung dieser Vereinbarung sind periodische Kontakte zwischen dem Unternehmerverband und der Preisbehörde vorgesehen. Die Preisbehörde kann von den einzelnen Unternehmen auch jederzeit Auskunft über ihre Preisgestaltung verlangen. Auf Grund des Stabilitätsabkommens stellt der Staat die beteiligten Unternehmen von der Preisbindung für ihre Produkte frei. Die Preisfreigabe erfolgt durch ministeriellen Erlaß, der im Amtsanzeiger der Preisbehörde (Bulletin Officiel du Service des Prix — BOSP) veröffentlicht wird. Dieser Erlaß nimmt auf die in dem Stabilitätsvertrag vereinbarten Bedingungen ausdrücklich Bezug. Die Unternehmen müssen daher bei der Festsetzung ihrer Preise darauf achten, daß ihr mittleres Preisniveau nach dem Stand von 1963 unverändert bleibt.

b) Die Programmverträge (contrats de programme)

Im Gegensatz zu den Stabilitätsabkommen sehen die Programmverträge (contrats de programme) eine Preisfreigabe ohne Einschränkung vor[33]. Dafür müssen die Unternehmen aber auch weitreichendere Verpflichtungen gegenüber dem Staat auf sich nehmen. Die Programmverträge werden zwischen dem Finanzministerium und den Unternehmerverbänden eines bestimmten Industriebereiches für die Dauer von mehreren Jahren abgeschlossen. Die dem Verband angehörenden Unternehmen verpflichten sich, ihr wirtschaftliches Verhalten mit den Zielsetzungen des Planes abzustimmen. In allen Programmverträgen ist festgelegt, daß sich die Lohn- und Preisgestaltung der Unternehmen innerhalb der im Plan vorgesehenen Grenzen halten muß. Im übrigen richten sich die Vereinbarungen nach der besonderen wirtschaftlichen Lage in dem betroffenen Sektor der Industrie. So kann zum Beispiel besonderes Gewicht auf Maßnahmen zur Rationalisierung, Spezialisierung oder Konzentration der Unternehmen gelegt werden. Die Programmverträge sollen daher nicht nur der Wahrung von Preisstabilität und Geldwert dienen. Ihre Aufgabe besteht vor allem darin, die allgemeinen Bestimmungen des Plans für die einzelnen Bereiche der Industrie zu konkretisieren und, wenn notwendig, zu berichtigen.

Ähnlich wie die Quasikontrakte sollen die Programmverträge die Grundlage einer langfristigen wirtschaftlichen Zusammenarbeit von Staat und Unternehmen bilden. Sie sehen daher regelmäßige Kontakte zwischen dem Verband und der Preisbehörde vor, die einzelnen Unternehmen sind darüber hinaus verpflichtet, der Preisbehörde jedes halbe

---

[32] Lohnerhöhungen werden nicht als ausreichender Grund für Preissteigerungen anerkannt.

[33] Die Programmverträge sind in allgemeiner Form durch den Rahmenerlaß des Finanzministeriums vom 9. 3. 1966 geregelt: Arrêté 25.135 du 9 mars 1966 instituant la liberté contractuelle des prix, AJDA 1966, 258.

Jahr über ihre wirtschaftliche und finanzielle Lage zu berichten. Diese Informationsrechte sollen der Verwaltung gestatten, ihre Kenntnisse über die Industriebereiche, die Programmverträge geschlossen haben, zu verbessern und ihr dadurch ermöglichen, bei den periodischen Begegnungen mit den Industriellen eine wirksame Kontrolle über die Verwirklichung des Abkommens und der in ihm enthaltenen Planziele auszuüben.

Die Preisfreigabe selbst erfolgt ebenso wie bei den Stabilisationsverträgen durch ministeriellen Erlaß, der auf die in dem Programmvertrag vereinbarten Bedingungen verweist. Es stellt sich nun die Frage nach der rechtlichen Bedeutung dieses Zusammenwirkens vertraglicher Elemente und einseitiger hoheitlicher Maßnahmen bei der Preisfreigabe. Die Preisabkommen sind zwar Ausdruck einer Willensübereinstimmung zwischen Staat und Unternehmen. Sie können jedoch nur dann als Verträge angesehen werden, wenn sie zwischen den Parteien Rechte und Pflichten begründen.

c) Das Problem der Rechtsverbindlichkeit der Preisvereinbarungen

In den Stabilitäts- und Programmverträgen gibt der Staat den beteiligten Unternehmen die Zusicherung, ihnen für ihre Produkte Befreiung von der allgemeinen Preisregelung zu erteilen. An der rechtlichen Verbindlichkeit dieser Zusage bestehen jedoch Zweifel.

Nach einem im französischen wie im deutschen Verwaltungsrecht geltenden Grundsatz können polizeiliche Befugnisse nicht Gegenstand einer vertraglichen Regelung mit Privaten sein. Die Verwaltung kann nicht durch Vertrag auf die Ausübung öffentlicher Gewalt verzichten. Sie ist auch an eine vertragliche Verpflichtung, von ihren polizeilichen Befugnissen nur in einem bestimmten Sinne Gebrauch zu machen, nicht gebunden. Auf dem Gebiet des Polizei- und Ordnungsrechts können die Behörden gegenüber Privaten nur durch einseitige hoheitliche Maßnahmen tätig werden; die Rechtsform des Vertrages ist ihnen versagt[34]. Betrachtet man daher die staatliche Preiskontrolle als Maßnahme zur Aufrechterhaltung der öffentlichen Ordnung im wirtschaftlichen Bereich, so kann sich die Behörde gegenüber Privaten nicht mit bindender Wirkung zur Preisfreigabe verpflichten.

Die Befugnisse der Behörde, einseitige Maßnahmen zur Preisüberwachung und Preisfestsetzung zu treffen, beruhen auf der Ord. vom 30. 6. 1945. Die Preiskontrolle wurde also bereits vor Ausarbeitung des I. Wirtschaftsplans begründet. Sie hatte ursprünglich keine planerische Funktion, sondern diente der Verhinderung von Preisspekulationen

[34] Vgl. hierzu den Artikel von *Moreau*, De l'Interdiction Faite à l'Autorité de Police d'Utiliser une Technique d'Ordre Contractuel, in: AJDA 1965, 3 ff.

und ungerechtfertigten Preissteigerungen bei der damals herrschenden Knappheit der Wirtschaftsgüter. Nach Überwindung der wirtschaftlichen Schwierigkeiten der Nachkriegszeit machte die Verwaltung von ihren Befugnissen zur Preisfestsetzung nur noch selten Gebrauch. Die Preispolitik der Regierung wurde nunmehr zu einem Mittel der Wirtschaftslenkung. Das änderte jedoch nichts an dem repressiven Charakter der Preiskontrolle. Diese Ordnungsfunktion wird besonders bei den Erlassen von 1963 deutlich, die noch heute in Kraft sind. Der Preisstopp für alle Industrieerzeugnisse sollte inflationären Tendenzen entgegenwirken, welche die wirtschaftliche Stabilität und damit auch die Durchführung des IV. Plans gefährdeten. Die Programmverträge erstreben allerdings darüber hinaus eine aktive Mitarbeit der Unternehmen bei der Plandurchführung.

Die Freigabe der Preise soll ebenso wie Subventionen oder Steuerbegünstigungen einen Anreiz zu plankonformem Verhalten bewirken. Durch die Stabilitäts- und Programmverträge werden jedoch die Befugnisse der Preisbehörde zu einseitiger Preisfestsetzung auf Grund der Ord. vom 30. 6. 1945 nicht berührt. Diese Befugnisse dienen der Abwendung von Gefahren für die wirtschaftliche Ordnung und haben polizeiliche Funktion[35]. Sie können daher nicht Gegenstand einer vertraglichen Vereinbarung sein. Die Preisbehörde kann im Rahmen der gesetzlichen Ermächtigung jederzeit ohne Rücksicht auf bestehende Abkommen einseitige Anordnungen zur Preisfestsetzung treffen[36]. So wurde als Begleitmaßnahme der Franc-Abwertung durch ministeriellen Erlaß vom 9. August 1969 ein allgemeiner Preisstopp für zwei Monate verordnet, um ein sprunghaftes Ansteigen der Preise zu verhindern. Bei der Preisfreigabe im Rahmen der Stabilitäts- und Programmverträge handelt der Staat nicht auf Grund einer vertraglichen Verpflichtung, sondern macht lediglich von seinen Befugnissen zu einseitiger Preisregelung nach der Ord. vom 30. 6. 1945 Gebrauch. Die Erlasse zur Preisfreigabe sind nicht Bestandteil der Preisabkommen mit den Unternehmen und können von der Behörde jederzeit geändert oder aufgehoben werden. Durch die Zusicherung eines solchen Erlasses wird daher für die Behörde keine Verpflichtung, für die interessierten Unternehmer kein subjektives Recht begründet[37]. Die Verpflichtung der Unternehmen zu plankonformem Verhalten ist, wie bereits im Zusammenhang mit den Quasikontrakten ausgeführt wurde, inhaltlich unbestimmt und auch bei Abschluß der Vereinbarung nicht bestimmbar. Welche Maßnahmen im einzelnen zur Plandurchführung erforderlich sind, läßt sich für einen Zeitraum von mehreren Jahren allenfalls programmatisch festlegen.

---

[35] *Farjat*, L'Ordre Public Economique, S. 32 ff.

[36] *Dutheil de la Rochère*, Le Régime Conventionnel des Prix, S. 587.

[37] *Dutheil de la Rochère*, a.a.O., S. 588.

Die Verwirklichung der Planziele ist von wirtschaftlichen Faktoren wie dem Konjunkturverlauf abhängig, die nicht im Herrschaftsbereich des Unternehmens liegen. Selbst wenn in den Programmverträgen die Planziele für einen bestimmten Industriebereich konkretisiert sind, bedeutet das nicht, daß das angestrebte Ergebnis unter allen Umständen erreicht werden muß[38]. Das Versprechen des Unternehmens, zur Planerfüllung beizutragen, ist daher mangels inhaltlicher Bestimmtheit und mit Rücksicht auf seine besondere wirtschaftliche Finalität als unverbindliche Absichtserklärung zu betrachten[39].

Durch die Preisabkommen sollen ebensowenig wie bei den Quasikontrakten konkrete Leistungspflichten der Beteiligten begründet werden. Es geht vielmehr darum, auf dem Gebiet der Preisfestsetzung wie der Plandurchführung die institutionellen Voraussetzungen einer Zusammenarbeit zwischen Staat und Unternehmen zu schaffen. In dieser Hinsicht sind die Stabilitäts- und Programmverträge inhaltlich bestimmt. Sie enthalten genaue Vorschriften über den Austausch von Informationen, über die Kontrolle der Ausführung der Vereinbarungen und über regelmäßige zweiseitige Konsultationen. Durch diese Vereinbarungen werden zwischen den Beteiligten konkrete Rechte und Pflichten begründet.

3. Die Rechtsnatur der Quasikontrakte und Preisvereinbarungen

Die Preisabkommen und die Quasikontrakte sind ihrem Wesen nach unverbindliche Rahmenvereinbarungen. Sie können nicht als Verträge betrachtet werden, da sie zwischen den Parteien keine unmittelbaren Rechte und Pflichten begründen, sei es wegen ihrer inhaltlichen Unbestimmtheit, sei es, daß einer bindenden Vereinbarung zwingende Grundsätze des geltenden Rechts entgegenstehen. Sie sind, soweit sie auf eine langfristige Regelung der wirtschaftlichen Zusammenarbeit zwischen Staat und Unternehmen angelegt sind, als Absichtserklärungen zu werten, die rechtliche Gestalt erst im Verlauf ihrer Verwirklichung annehmen[40]. Als Rahmenvereinbarungen machen sie den wirtschaftlichen Bezug der staatlichen Maßnahmen deutlich. Sie stellen das Versprechen von Preisfreigabe, Subventionen, Steuervorteilen oder öffentlichen Investitionen in Zusammenhang mit einem Verhalten Privater, das im gesamtwirtschaftlichen Interesse liegt.

---

[38] Vgl. hierzu Rev.Adm. 1967, 437.

[39] Vgl. den bei *Dutheil de la Rochère*, a.a.O., S. 587 zitierten Text dieser Vereinbarungen: „La profession s'engage pour la durée du Ve Plan mais sous réserve de l'incidence des facteurs économiques échappant à son contrôle, à orienter son action en vue de la réalisation des objectifs généraux économiques et financiers définis par le Plan."

[40] So auch *de Laubadère* III Nr. 897 (S. 534); *Mazéres*, AJDA 1968, 217.

Die Unternehmen erlangen aus den oben angeführten Gründen keinen Rechtsanspruch gegen den Staat auf Erfüllung seiner Zusagen, ebensowenig, wie sie selbst an ihr Versprechen zu plankonformem Verhalten rechtlich gebunden sind. Der Staat prüft vielmehr während der Ausführung der Vereinbarung in jedem Einzelfall, ob die gesetzlichen Voraussetzungen für die Gewährung einer Hilfe aus öffentlichen Mitteln unter Berücksichtigung des konkreten Vorhabens des Unternehmens noch vorliegen, oder — wenn gesetzliche Vorschriften fehlen — ob dieses Vorhaben noch förderungswürdig erscheint. Bei positivem Ergebnis der Prüfung erläßt die Behörde einen Bewilligungsbescheid, der alle Voraussetzungen eines begünstigenden Verwaltungsaktes erfüllt. Die Gewährung von Subventionen erfolgt durch Entscheidung des Finanzministeriums oder der von ihm ermächtigten Behörden; zur Freigabe der Preise ist ein ministerieller Erlaß erforderlich, der amtlich veröffentlicht werden muß. Diese Entscheidungen, nicht aber die vorausgegangenen Abkommen, bilden die Rechtsgrundlage für die staatlichen Förderungsmaßnahmen.

Die Quasikontrakte und die Preisverträge sind wirtschaftliche Vereinbarungen zwischen Staat und Privatunternehmen mit Planungsfunktion. Sie sollen daher im folgenden kurz als Planungsabkommen bezeichnet werden. Als Gestaltungsformen der konzertierten Wirtschaftslenkung sind sie Rechtsinstitute eigener Art. Sie lassen sich nicht in die üblichen Begriffsbestimmungen von Vertrag und Verwaltungsakt einordnen. Die Planungsabkommen sind vielmehr Akte gegenseitiger Willensübereinstimmung zur Vorbereitung einseitiger hoheitlicher Entscheidungen des Staates[41]. Sie begründen zwar keinen Rechtsanspruch der Unternehmen auf staatliche Leistungen, wohl aber einen Vertrauenstatbestand, der zu einer außervertraglichen Haftung des Staates für seine Zusagen führen kann.

4. Vertragliche Vereinbarungen zum Zweck der Plandurchführung

Die Planungsabkommen können, wie wir gesehen haben, aber auch Bestimmungen enthalten, die unmittelbar Rechte und Pflichten zwischen den Parteien begründen. Insoweit handelt es sich um echte vertragliche Vereinbarungen. Vertragliche Regelungen der Zusammenarbeit zwischen Staat und Privatunternehmen zum Zwecke der Plandurchführung finden sich auch außerhalb der Planungsabkommen. Als Beispiel seien hierzu die Verträge des Staates mit den „sociétés conventionnées“ und den SDR genannt, die inhaltlich bestimmt und damit

---

[41] So auch hinsichtlich der Quasikontrakte *Arrighi-Casanova*, a.a.O., S. 352, und *F. Batailler*, a.a.O., S. 506; hinsichtlich der Preisabkommen: *Dutheil de la Rochère*, a.a.O., S. 588.

für die Beteiligten verbindlich sind[42]. Verträge werden im Rahmen der Wirtschaftslenkung ferner zur Überwindung einer konkreten wirtschaftlichen Schwierigkeit in einem überschaubaren Zeitraum geschlossen; sie enthalten insoweit rechtlich verbindliche Verhaltenspflichten der Parteien.

III. Anwendbarkeit des Verwaltungsrechts auf die vertraglichen und vertragsähnlichen Formen der Wirtschaftslenkung

Es ist nun zu prüfen, ob die vertraglichen und vertragsähnlichen Formen der Wirtschaftslenkung nach den Grundsätzen des öffentlichen Rechts oder des Privatrechts zu beurteilen sind. Nach dem Ergebnis dieser Prüfung bestimmt sich nicht nur der zulässige Rechtsweg bei Streitigkeiten zwischen den Parteien, sondern auch der Umfang ihrer Rechte und Pflichten. Bei der Unterscheidung von privatrechtlichen und öffentlich-rechtlichen Verträgen ist von den beiden Begriffsmerkmalen des öffentlichen Rechts, service public und gestion publique, auszugehen[43]. Öffentlich-rechtlich sind diejenigen Verträge einer juristischen Person des öffentlichen Rechts, die eine unmittelbare Beteiligung des Vertragspartners an einer im öffentlichen Interesse liegenden Verwaltungstätigkeit (service public) bewirken oder vom allgemeinen Recht abweichende Bestimmungen (clauses exorbitantes) enthalten[44]. Der öffentlich-rechtliche Charakter eines Vertrages kann sich daher aus seinem Gegenstand und seinen Gestaltungsformen ergeben.

1. Unmittelbare Beteiligung privater Unternehmen an der Plandurchführung

Sieht ein Vertrag die unmittelbare Mitwirkung eines Privaten an der Ausführung eines service public vor, so ist er von Natur aus öffentlich-rechtlich, ohne daß es auf die Art seiner Gestaltung ankommt[45]. Durch die staatliche Wirtschaftsplanung sollen die Voraussetzungen für eine gleichgewichtige Wirtschaftsexpansion und eine bessere Raumordnung geschaffen werden. Die Durchführung des Plans liegt im gesamtwirtschaftlichen Interesse. Wirtschaftslenkende Maßnahmen, die hierzu beitragen, sind daher als service public zu betrachten. Nach dem Grundsatz der konzertierten Aktion sollen die Planziele nicht durch administrativen Zwang, sondern in Zusammenarbeit der am Wirtschaftsleben Beteiligten verwirklicht werden. Die Unternehmen, die zu diesem

---

[42] Zu den sociétés conventionnées vgl. die Ausführungen zu § 3 I, 2; zu den SDR s. o. § 3 III, 7.

[43] s. o. zu § 4 I.

[44] *de Laubadère* I, S. 296 (Nr. 523).

[45] C.E. 20. 4. 1956 Epoux Bertin GA 102.

Zweck mit dem Staat Verträge oder vertragsähnliche Vereinbarungen schließen, nehmen daher an der Ausführung eines service public teil.

Um die Verträge als öffentlich-rechtlich zu qualifizieren, muß die Zusammenarbeit zwischen Unternehmen und Staat jedoch von einer gewissen Intensität und Dauer sein[46]. Von einer unmittelbaren Beteiligung Privater an einem service public wird man nur dann sprechen können, wenn diese auf Grund vertraglicher Ermächtigung Aufgaben der öffentlichen Verwaltung selbständig wahrnehmen. Schließt die Verwaltung im öffentlichen Interesse Verträge mit Privaten, so kann sie grundsätzlich zwischen privatrechtlichen und öffentlich-rechtlichen Gestaltungsformen wählen. Nur solche Verträge sind von Natur aus öffentlich-rechtlich, in denen sie ihre Befugnisse in einem bestimmten Bereich Privaten zur Ausübung überträgt. Insoweit ist keine Gleichheit zwischen den Vertragspartnern gegeben, da die Verwaltung durch eine solche Übertragung weder auf ihre im öffentlichen Recht begründeten Vorrechte verzichten noch sich ihrer besonderen rechtlichen Bindungen entledigen kann[47].

Private Unternehmer oder Organisationen wirken im Rahmen der Wirtschaftsplanung nur dann unmittelbar bei der Wahrnehmung allgemeiner Interessen mit, wenn sie aktive Träger der Plandurchführung in ihrem Wirtschaftsbereich sind. Demnach sind Verträge, in denen der Staat privaten Wirtschaftssubjekten die Verwirklichung der Planziele als eine Art Selbstverwaltungsaufgabe überträgt (contrats de collaboration), schon ihrem Gegenstand nach öffentlich-rechtlich. Dies soll an Hand eines Beispiels verdeutlicht werden: dem Vertrag zwischen dem Staat und den Eisengießereien an der Loire[48]. Durch diesen Vertrag wurde eine industrielle Konversionsmaßnahme von regionaler Bedeutung geregelt. Das Unternehmen wollte einen Teilbetrieb stillegen, der mit Verlust arbeitete. Dadurch hätten zahlreiche Arbeiter ihre Arbeitsplätze verloren, ohne die Aussicht, in absehbarer Zeit wieder eine neue Beschäftigung zu finden. Das Unternehmen verpflichtete sich daher, gegen Gewährung von Subventionen seinen Betrieb noch für eine bestimmte Zeit weiterzuführen und sich gleichzeitig um die Ansiedlung neuer Unternehmen zu bemühen, die die freiwerdenden Arbeitskräfte aufnehmen konnten. Der Staat verpflichtete sich seinerseits, Unternehmen, die Arbeitnehmer des stillgelegten Betriebs einstellten, Darlehen und Prämien zu gewähren. Das Gießereiunternehmen wurde mit der Weiterleitung der Finanzhilfen an die Empfänger beauftragt. Durch

---

[46] C.E. 8. 1. 1950 Sté Anonyme des procédés Fouque, Rec. 35.

[47] Diese Erwägungen liegen auch der bereits zitierten Entscheidung des C.E. vom 20. 4. 1956 zugrunde.

[48] Vgl. hierzu *Mercadal*, Le IVe Plan et le Droit Commercial, RTDCom. 1964, 506.

diese Vereinbarung, die inhaltlich bestimmt und deren Geltungsdauer begrenzt ist, wurden nicht nur Rechte und Pflichten der Vertragspartner, sondern auch Rechte dritter Unternehmen begründet. Es handelt sich daher um einen echten Vertrag zugunsten Dritter[49]. Das an dem Vertrag beteiligte Unternehmen hatte die Aufgabe, eine industrielle Strukturmaßnahme von regionaler Bedeutung selbständig durchzuführen. Das bedeutet eine unmittelbare Beteiligung an einem service public. Der Vertrag ist daher öffentlich-rechtlich.

Nach den Grundsätzen des öffentlichen Rechts sind auch diejenigen Vereinbarungen zu beurteilen, durch die Zusammenarbeit des Staates mit Wirtschafts- oder Berufsverbänden zum Zwecke der Plandurchführung in einem bestimmten Industriezweig geregelt sind[50]. Eine unmittelbare Beteiligung an einem service public ist jedoch nicht gegeben, wenn die Unternehmen lediglich Adressaten staatlicher Stimulierungsmaßnahmen sind. Zwar tragen sie auch in diesem Fall durch ihr Verhalten zur Verwirklichung der Planziele bei. Das bedeutet jedoch nicht, daß sie über ihren eigenen Bereich hinaus Initiativen zur Plandurchführung entwickeln. Durch den Anreiz staatlicher Hilfe veranlaßt, passen sie sich vielmehr den Maßnahmen der staatlichen Wirtschaftslenkung an, ohne diese aktiv mitzugestalten.

2. Hoheitliche Gestaltung der Planungsverträge und Planungsabkommen

Soweit eine unmittelbare Mitwirkung an einem service public nicht vorliegt, sind Verträge zwischen Staat und Privatunternehmen nur dann öffentlich-rechtlich, wenn sie vom allgemeinen Recht abweichende Regelungen enthalten. Darunter sind zunächst solche Bestimmungen zu verstehen, die im Rahmen privatrechtlicher Verträge nicht wirksam vereinbart werden könnten[51]. Öffentlich-rechtlich sind daher Verträge, die hoheitlichen Charakter haben, sei es, daß sich die Behörde gegenüber den Vertragspartnern Hoheitsrechte vorbehält oder daß sie diesen die Befugnis zu hoheitlichen Maßnahmen gegenüber Dritten überträgt[52]. Eine öffentlich-rechtliche Regelung der gegenseitigen Rechtsbeziehungen ist insbesondere dann anzunehmen, wenn die Behörde das Recht hat, Verwaltungsakte zur Durchführung des Vertrages zu erlas-

---

[49] *Arrighi-Casanova*, a.a.O., S. 348.

[50] z. B. das Abkommen Staat — Stahlindustrie von 1966, s. o. § 5 II, 1.

[51] „clauses ayant pour effet de conférer aux partis de droits ou de mettre à leur charge des obligations étrangères à ceux qui sont susceptibles d'être librement consentis par quiconque dans le cadre des liens civil et commercial" C.E. 12. 2. 1935 Société Française de Construction Mécanique, Rec. 201.

[52] *de Laubadère*, Traité Théorique et Pratique des Contrats Administratifs, I S. 92 (Nr. 71).

sen[53]. Dies muß erst recht für Vereinbarungen gelten, die keinen Vertragscharakter haben, sondern die Vorstufe zu einseitigen Verwaltungsmaßnahmen bilden. Wie wir gesehen haben, begründen die Planungsabkommen keinen Erfüllungsanspruch gegen den Staat, sondern dienen zur Vorbereitung begünstigender Verwaltungsakte wie Preisfreigabe oder Steuerermäßigung. Infolge dieses unmittelbaren Zusammenhangs mit einer einseitigen hoheitlichen Regelung sind auch die vorbereitenden Akte nach den Grundsätzen des öffentlichen Rechts zu beurteilen.

Ein Vertrag ist auch dann öffentlich-rechtlich, wenn die Verwaltung die Möglichkeit hat, die Rechtsstellung ihres Vertragspartners durch einseitige Maßnahmen zu verändern. Dies gilt allerdings nur mit Einschränkungen. Die Befugnis zur einseitigen Auflösung des Vertrages ist keine besondere Gestaltungsform des öffentlichen Rechts, da Kündigungs- und Rücktrittsrechte auch in privatrechtlichen Verträgen vereinbart werden können[54]. Kontrollbefugnisse der Verwaltung gegenüber Privaten bei Ausführung eines Vertrages deuten nur dann auf eine öffentlich-rechtliche Regelung hin, wenn sie zur Sicherung allgemeiner Interessen dienen sollen und sich in Art und Ausmaß von den in privatrechtlichen Verträgen üblichen Kontrollbestimmungen unterscheiden.

Als Beispiel ist die Kontrolle von Einzelunternehmen oder Gesellschaften durch Regierungskommissare zu nennen. Diese Kommissare werden unabhängig von dem Vertrag durch Verwaltungsakt bestellt und abberufen. Sie können an allen Beratungen der geschäftsführenden Organe des Unternehmens teilnehmen mit dem Recht, ihr Veto gegen die Entscheidungen dieser Organe einzulegen. Derartige Kontrollbefugnisse können nicht privatrechtlich geregelt werden. Vereinbarungen, die wie zum Beispiel der Vertrag des Staates mit den SDR eine Kontrolle der Geschäftsführung des Unternehmens durch Regierungsbeauftragte vorsehen, sind öffentlich-rechtlich[55].

3. Öffentlich-rechtliche Beurteilung nach dem Zweck der Vereinbarungen

Die Abgrenzung von öffentlich-rechtlichen und privatrechtlichen Verträgen ist vor allem dann problematisch, wenn sich der hoheitliche Charakter einer Vereinbarung nicht eindeutig bestimmen läßt. Aus einer ungleichen Stellung der Vertragspartner zueinander kann nicht generell auf eine öffentlich-rechtliche Regelung geschlossen werden. Zwar

---

[53] C.E. 27. 7. 1950 Peulabeuf Rec. 668.

[54] Nach deutschem Recht können Dauerschuldverhältnisse auch ohne besondere Vereinbarung jederzeit aus wichtigem Grund gekündigt werden.

[55] s. o. zu § 3 IV, 6.

ist die Ungleichheit zwischen Verwaltung und Bürger ein wichtiges Merkmal des öffentlichen Rechts. Jedoch ist es auch bei Verträgen zwischen Privaten im wirtschaftlichen Bereich fast zur Regel geworden, daß der wirtschaftlich stärkere Teil seine Machtstellung ausnutzt und Vertragsbedingungen diktiert, die der schwächere Teil annehmen muß, wenn der Abschluß nicht scheitern soll. Die allgemeinen Geschäftsbedingungen der Wirtschaftsverbände und Einzelunternehmen stellen einseitige typisierte Regelungen eines gegenseitigen Rechtsverhältnisses dar, denen sich der Vertragspartner ausdrücklich oder stillschweigend unterwirft[56]. Von öffentlich-rechtlichen Verträgen unterscheiden sich diese Vereinbarungen weniger durch ihre Gestaltung als durch ihr Ziel[57].

Im Gegensatz zu privatrechtlichen dienen öffentlich-rechtliche Verträge primär der Wahrnehmung eines allgemeinen Interesses. Die Rechtsprechung sieht daher als abweichend vom allgemeinen Recht (exorbitant) nicht nur Vertragsbestimmungen hoheitlicher Art, sondern auch solche an, die im allgemeinen nur im öffentlichen Interesse vereinbart werden[58]. Demnach wären alle Verträge und vertragsähnlichen Abkommen, die der Staat mit privaten Wirtschaftssubjekten zum Zwecke der Plandurchführung schließt, öffentlich-rechtlich. Diese Rechtsprechung kann sich auf die Vermutung stützen, daß sich die Verwaltung zur Erfüllung ihrer Aufgaben im Interesse der Allgemeinheit der Gestaltungsformen des öffentlichen Rechts bedient. In vielen Fällen läßt sich jedoch bei der Bestimmung des Vertragszweckes eine scharfe Trennung von öffentlichem und privatem Interesse nicht durchführen. Auch privatrechtliche Vereinbarungen können primär im öffentlichen Interesse geschlossen werden, so zum Beispiel Verträge zwischen Privaten zum Zwecke der Plandurchführung. Die wirtschaftliche Tätigkeit der öffentlichen Unternehmen (z. B. Energieversorgung und verstaatlichte Industrie) dient unmittelbar dem öffentlichen Interesse, vollzieht sich aber ausnahmslos in den Rechtsformen des Privatrechts[59].

Angesichts der unmittelbaren Beteiligung des Staates am Wirtschaftsleben einerseits und der Mitarbeit privater Unternehmen bei der Erfüllung öffentlicher Aufgaben andererseits wird die Fragwürdigkeit der Trennung von öffentlichem Recht und Privatrecht im Bereich der Wirtschaftsverwaltung deutlich. Solange jedoch noch keine gesicherten Maßstäbe für ein eigenständiges Wirtschaftsverwaltungsrecht gefunden

[56] Aus diesem Grund werden die nach allgemeinen Geschäftsbedingungen abgeschlossenen Verträge im französischen Recht als „contrats d'adhésion" bezeichnet.

[57] Vgl. *Long - Weil - Braibant* zu C.E. 20. 4. 1956, GA Nr. 102, S. 437.

[58] C.E. 18. 1. 1924 Ville de Paris, Rec. 58; 23. 12. 1953, Dame Vve Lillo, Rec. 573, concl. *Tricot*.

[59] T.C. 17. 12. 1962 Dame Bertrand AJDA 1963, 105.

sind, ist weiterhin von den bisher üblichen Abgrenzungskriterien auszugehen. Läßt die betreffende Vereinbarung keine hoheitlichen Merkmale erkennen, kommt es entscheidend auf ihre Zielsetzung an[60]. Die Verträge und vertragsähnlichen Abkommen, die zwischen Staat und privaten Wirtschaftssubjekten zum Zwecke der Plandurchführung geschlossen werden, sind daher grundsätzlich nach den Normen des öffentlichen Rechts zu beurteilen[61]. Für Rechtsstreitigkeiten auf Grund dieser Vereinbarungen sind daher die Verwaltungsgerichte zuständig.

IV. Rechtsfolgen der Nichterfüllung von Vereinbarungen zur Plandurchführung

Es stellt sich nun die Frage, welche Rechtsfolgen sich ergeben, wenn eine Partei die von ihr eingegangenen Verpflichtungen nicht erfüllt. Wie wir sehen werden, sind die für die Verletzung öffentlich-rechtlicher Verträge vorgesehenen Sanktionen bei Vereinbarungen mit Planungsfunktion nicht ohne weiteres anwendbar.

1. Rechte des Staates gegenüber den Unternehmen

Kommt das Unternehmen seinen vereinbarten Verpflichtungen nicht nach, so kann der Staat in jedem Fall seine Zusage finanzieller Hilfe oder anderer Vorteile rückgängig machen. Er kann dann durch Verwaltungsakt bereits gezahlte Subventionen zurückverlangen, erlassene Steuern nachfordern oder die auf Grund von Preisabkommen aufgehobene Preisfestsetzung wiederherstellen. Den Ansprüchen des Unternehmens kann er die Einrede des nicht erfüllten Vertrages entgegensetzen. Vertragsverletzungen seines Partners berechtigen den Staat zur einseitigen Auflösung des Vertrages. Zweifelhaft erscheint jedoch, ob der Staat auch einen Schadenersatzanspruch geltend machen kann. Ein Schaden kann dadurch entstehen, daß sich öffentliche Investitionen infolge eines vertragswidrigen Verhaltens des Unternehmens als nutzlos erweisen. Bei den Planungsabkommen ohne Vertragscharakter scheidet eine vertragliche oder vorvertragliche Haftung des Unternehmens in der Regel schon wegen der mangelnden Bestimmtheit und Verbindlichkeit seiner Verpflichtungen aus[62]. Ein Schadenersatzanspruch des Staates könnte nur gegeben sein, wenn das Unternehmen konkrete Verhal-

---

[60] *Delmas-Marsallet*, EDCE 1969, S. 140.

[61] Ebenso: *Mercadal*, a.a.O., S. 507; *Bonfils*, a.a.O., S. 142—145; *Delmas-Marsallet*, a.a.O., S. 145; a.A. jedoch ohne nähere Begründung *Khalil*, Le Dirigisme Economique et les Contrats, S. 91.

[62] So auch hinsichtlich der Quasikontrakte: *Arrighi-Casanova*, a.a.O., S. 352; hinsichtlich der „Steuerabkommen": *Beltrame*, a.a.O., S. 333, und für die Programmverträge: *Dutheil de la Rochère*, a.a.O., S. 589.

tenspflichten schuldhaft verletzt. Nach den für öffentlich-rechtliche Verträge geltenden Grundsätzen kann die Verwaltung im allgemeinen die Schadenersatzpflicht ihres Vertragspartners einseitig festsetzen und den entsprechenden Betrag durch vollstreckbaren Leistungsbescheid geltend machen[63]. Eine schematische Anwendung des allgemeinen Schadensersatzrechts würde aber infolge der wirtschaftlichen Finalität der hier in Rede stehenden Verträge zu der Interessenlage der Beteiligten in unerträglichem Widerspruch stehen. Das Unternehmen, das seine Vertragspflichten nicht erfüllt, ist in der Regel in einer schwierigen finanziellen Lage, die sich durch eine Schadenersatzforderung des Staates nur noch verschlimmern würde. Dadurch würde zu dem Problem, das durch den Vertrag gelöst werden sollte, noch eine weitere wirtschaftliche Schwierigkeit hinzutreten (z. B. Konkurs des Unternehmens, dadurch bedingt Arbeitslosigkeit seines Personals). Eine Schadenersatzforderung des Staates ist dann illusorisch, wenn sie zu einer Verschlechterung der wirtschaftlichen und sozialen Lage in einem bestimmten Industriezweig führen würde.

Die wirksamste Sanktion liegt in dem Sachzwang, der von staatlichen Stimulierungsmaßnahmen ausgeht. Unternehmen, die auf öffentliche Hilfe angewiesen sind, können es sich nicht leisten, durch vertragswidriges Verhalten ihre Beziehungen zu dem Staat und damit auch ihre Aussichten auf zukünftige finanzielle Förderung zu verschlechtern.

2. Rechte des Unternehmens gegenüber dem Staat

Grundsätzlich haftet der Staat im Rahmen eines öffentlich-rechtlichen Vertrags auf Erfüllung seiner Verpflichtungen; bei schuldhaften Vertragsverletzungen ist er zum Schadenersatz verpflichtet.

Die Grundsätze der vertraglichen Haftung des Staates lassen sich nicht auf die Planungsabkommen übertragen, die keinen Vertragscharakter besitzen. Auf Grund dieser Abkommen ist der Staat nämlich nicht verpflichtet, dem Unternehmen die versprochenen Vorteile auch tatsächlich zu gewähren, sondern behält seine volle Handlungsfreiheit. Die Nichteinhaltung von Versprechen wirtschaftlicher Art kann jedoch die Grundlage für eine außervertragliche Haftung bilden. Maßgebend hierfür ist nicht, ob das Versprechen bindend war, sondern, ob dadurch ein Vertrauenstatbestand zugunsten des Unternehmens geschaffen wurde. Die rechtliche Bedeutung der Planungsabkommen liegt gerade darin, daß sie trotz der Abwesenheit rechtlicher Verpflichtungen ein Vertrauensverhältnis zwischen den Beteiligten begründen. Aus der Recht-

---

[63] *de Laubadère* I, S. 314 (Nr. 558).

sprechung des C.E. lassen sich folgende Grundsätze für die außervertragliche Haftung des Staates bei Nichterfüllung von Versprechen im wirtschaftlichen Bereich entwickeln[64]:

- Der Staat haftet vollständig für förmliche Zusagen, die inhaltlich bestimmt und allem Anschein nach rechtmäßig sind.
- Die Haftung des Staates ist eingeschränkt, wenn sich das geschädigte Unternehmen aus Unvorsichtigkeit auf unbestimmte oder erkennbar rechtswidrige Zusicherungen eingelassen hat.
- Der Staat haftet nicht, wenn er lediglich eine Absicht allgemeiner Art bekundet oder auf eine allgemeine begünstigende Regelung hingewiesen hat.

Entscheidend ist danach der Grad der Bestimmtheit der staatlichen Zusagen. Eine außervertragliche Haftung ist zu verneinen, wenn die Behörde dem Unternehmen im Rahmen eines Planungsabkommens in allgemeiner Form ihre Hilfe in Aussicht gestellt hat, ohne sich auf eine bestimmte Förderungsmaßnahme festzulegen. Inhaltlich unbestimmte Zusicherungen, denen ein Wille zu rechtlicher Bindung fehlt, können eine Entschädigungspflicht des Staates nur unter den besonderen Voraussetzungen der Risikohaftung für wirtschaftslenkende Maßnahmen begründen[65].

---

[64] Vgl. hierzu den Schlußvortrag des Regierungskommissars *Braibant* zu der Entscheidung des C.E. vom 24. 4. 1964, Sté. des Huileries de Chauny, Rec. 245; weitere grundlegende Entscheidungen zu der Haftung des Staates für seine Zusagen: C.E. 1. 6. 1949, Mialet, Rec. 257, 11. 5. 1956 Sté. Lesieur d'Afrique, AJDA 1956, 291; 7. 4. 1965, Sté. Air Couzinet Transocéanic, Rec. 229, concl. *Chardeau*.

[65] Hierzu wird auf die Darstellung der Risikohaftung im folgenden Kapitel (§ 6 IV) verwiesen.

Sechstes Kapitel

§ 6 Grenzen und richterliche Kontrolle wirtschaftslenkender Maßnahmen zur Plandurchführung

Staatliche Wirtschaftsplanung und Wirtschaftslenkung ist ohne eine Einschränkung der wirtschaftlichen Freiheit privater Unternehmen nicht denkbar. Zwar bedient sich der Staat, wie wir gesehen haben, zur Durchführung des Plans im Bereich der Industrie nur noch in seltenen Ausnahmefällen autoritärer Maßnahmen; er versucht vielmehr, die aktive Mitarbeit der privaten Unternehmen durch finanzielle und steuerliche Anreize sowie durch vertragliche oder vertragsähnliche Vereinbarungen zu gewinnen. Bei oberflächlicher Betrachtung könnte man daher zu der Auffassung kommen, die Mitwirkung Privater sei völlig freiwillig und eine Abkehr von den Prinzipien des wirtschaftlichen Liberalismus sei in Wirklichkeit nicht erfolgt[1]. Diese Meinung wird vor allem von Autoren vertreten, die der Regierung nahestehen oder selbst mit Planungsaufgaben betraut sind. In dem Bestreben, die Planifikation gegenüber den Anhängern des freien Unternehmertums im Lager der Regierungsparteien ideologisch abzusichern, verschleiert diese Argumentation die bei der Plandurchführung bestehenden Machtverhältnisse[2]. Die konzertierte Aktion trägt zwar wesentlich zu der Wirksamkeit des Plans bei, bedeutet jedoch keine Gleichstellung von Staat und Unternehmen. Der Staat, der Schlüsselstellungen im wirtschaftlichen Bereich innehat, der Währung und Kredit beherrscht und nach seinem Ermessen Steuerprivilegien, Subventionen und andere Vorteile gewährt, hat im allgemeinen keine Schwierigkeit, seine Gesprächspartner zu dem von ihm gewünschten wirtschaftlichen Verhalten zu veranlassen. Die finanziellen und steuerlichen Anreize bewirken einen Sachzwang zu plankonformem Verhalten, dem sich die Unternehmer im eigenen wirtschaftlichen Interesse kaum entziehen können. Auch als Vertragspartner wahrt der Staat seine bevorrechtigte Stellung: Er kann, wenn ihm dies auf Grund einer Veränderung der wirtschaftlichen Verhältnisse als notwendig erscheint, den Vertrag einseitig ändern oder

---

[1] *Ripert*, Aspects Juridiques du Capitalisme Moderne, S. 219: „On ne se dit pas dirigé quand on s'impose à soi-même une règle de conduite. On n'est pas dirigé par le contrat."

[2] Zur Ideologie des Plans vgl. *Shonfield*, a.a.O., S. 169.

auflösen[3]. Die Quasikontrakte und sonstigen vertragsähnlichen Vereinbarungen binden den Staat nicht und sind nur Vorstufe zu einseitigen hoheitlichen Entscheidungen[4]. Durch die individuelle Förderung bestimmter Unternehmen bewirkt der Staat außerdem eine Veränderung der Wettbewerbsbedingungen zu Lasten konkurrierender Unternehmen, die von dieser Förderung ausgeschlossen sind. Es besteht daher die Gefahr, daß die Verwaltung ihre wirtschaftliche Machtstellung mißbraucht und dadurch subjektive Rechte Privater verletzt. Damit stellt sich die Frage nach den Grenzen und der Kontrolle wirtschaftslenkender Maßnahmen.

I. Der Grundsatz der Gesetzmäßigkeit der Verwaltung

In dem Prinzip der Gesetzmäßigkeit der Verwaltung kann eine wirksame Garantie individueller Rechte gegen willkürliche staatliche Eingriffe nicht mehr gesehen werden.

Nach Art. 37 der Verfassung von 1958 ist die Exekutive zur autonomen Rechtsetzung durch Dekret in all den Bereichen befugt, die nicht ausdrücklich einer Regelung durch formelles Gesetz vorbehalten sind. In Art. 34 sind die gesetzgeberischen Befugnisse des Parlamentes enumerativ festgelegt: Sie beschränken sich auf einige besonders wichtige Kernbereiche der Gesetzgebung[5]. Das Parlament kann jedoch auch für diese Sachgebiete die Regierung zum Erlaß von Rechtsnormen (ordonnances) ermächtigen (Art. 38). Diese treten sofort mit ihrer Verkündigung in Kraft, stehen aber erst nach ihrer Ratifizierung durch das Parlament, die innerhalb einer bestimmten Frist erfolgen muß, formellen Gesetzen gleich. Fast alle wichtigen Rechtsnormen auf dem Gebiet der Wirtschaftsplanung und Wirtschaftslenkung wurden von der Exekutive entweder auf Grund ihrer autonomen Rechtssetzungsbefugnis oder auf Grund einer Ermächtigung des Gesetzgebers nach Art. 38 erlassen. Die Verwaltung ist daher bei der Gestaltung ihrer Aktionsmöglichkeiten kaum noch an übergeordnete Normen des positiven Rechtes gebunden und damit weitgehend von einer parlamentarischen Kontrolle freigestellt.

Die Exekutive unterliegt jedoch im Gegensatz zur Legislative einer gerichtlichen Kontrolle, die durch die Verwaltungsgerichte, in erster Linie den C.E., ausgeübt wird[6]. Im Wege der Anfechtungsklage (recours

---

[3] Dies ergibt sich aus den für den öffentlich-rechtlichen Vertrag geltenden Grundsätzen, s. o. § 5 IV.

[4] s. o. § 5 II.

[5] z. B. Eingriffe in Grundrechte, Personenstandsrecht, Strafrecht, Steuerrecht, Wahlrecht, Beamtenrecht und Verstaatlichungen.

[6] Der C.E. entscheidet im allgemeinen als Berufungsinstanz, erstinstanzlich nur, wenn dies gesetzlich besonders bestimmt ist, z. B. bei Anfechtung von

pour excés de pouvoir) können sowohl Einzelmaßnahmen als auch Rechtssetzungsakte der Verwaltung auf ihre Rechtmäßigkeit überprüft werden. Als Prüfungsmaßstab dienen neben formellen Gesetzen vor allem die Bestimmungen der Verfassung und Normen überpositiven Rechts.

Um die Grenzen wirtschaftslenkender Maßnahmen zu ermitteln, ist zunächst das Gesamtbild der französischen Wirtschaftsverfassung in seinen wesentlichen Umrissen zu bestimmen.

II. Die Planifikation im Rahmen der geltenden Wirtschaftsverfassung

1. Die Entscheidung der Verfassung für eine staatliche Gesamtplanung der Wirtschaft

Die Planifikation selbst ist in dem Verfassungstext nur beiläufig im Zusammenhang mit den Kompetenzen des Wirtschafts- und Sozialrates erwähnt. Nach Art. 70 ist dieses Verfassungsorgan bei Plänen und Programmgesetzen mit wirtschaftlichem Inhalt zu konsultieren. Nach Art. 25 der Verfassung von 1946 war die Regierung verpflichtet, mehrjährige globale Wirtschaftspläne aufzustellen und dem Wirtschafts- und Sozialrat zur Stellungnahme vorzulegen[7]. Diese Verpflichtung wurde nicht in die geltende Verfassung übernommen, so daß es der Regierung nunmehr freisteht, auf Maßnahmen der Wirtschaftsplanung zu verzichten.

Aus dem Wegfall des ausdrücklichen Verfassungsauftrages kann jedoch nicht auf eine bewußte Abkehr von der Planifikation geschlossen werden. Diese war vielmehr bei Erlaß der Verfassung von 1958 bereits zu einem selbstverständlichen Bestandteil der Wirtschaftsordnung geworden, so daß eine dem Art. 25 entsprechende ausdrückliche Regelung überflüssig erschien.

Bestimmend für jede Wirtschaftsverfassung ist das Verhältnis individueller Freiheitsrechte im wirtschaftlichen Bereich einerseits und sozialer Grundrechte und kollektiver Bindungen andererseits. Die geltende Verfassung von 1958 enthält keinen Grundrechtskatalog. Sie verweist hierzu auf die Präambel der Verfassung von 1946 und die Erklä-

---

Rechtssetzungsakten der Regierung; vgl. Art. 1 und 2 Nr. 3 des D. 53—1169 vom 28. 11. 1953.

[7] Art. 25 Abs. 2 der Verfassung von 1946 (Fundstelle: *Duverger*, Constitutions et Documents Politiques): „Le Conseil Economique peut en outre être consulté par le Conseil des Ministres. Il l'est obligatoirement sur l'établissement d'un Plan économique national ayant pour objet le plein emploi des hommes et l'utilisation rationelle des ressources matérielles."

rung der Menschenrechte von 1789. Die Erklärung von 1789 ist eine feierliche Bekräftigung der Grund- und Menschenrechte, die der liberalen Gesellschafts- und Staatsauffassung des französischen Bürgertums zu Beginn der Revolution entsprachen. Sie weist zwar auf die Gemeinschaftsbindungen der Grundrechte hin, die durch Gesetz konkretisiert werden können. Sie bezieht sich jedoch im übrigen ausschließlich auf Freiheitsrechte, die aus der abstrakten menschlichen Natur hergeleitet werden, und enthält keine Aussage über die Rechte und Pflichten des Bürgers in einer bestimmten wirtschaftlichen und sozialen Situation[8]. Der Bereich der Wirtschaft blieb der freien Initiative des einzelnen überlassen und wurde gegen staatliche Eingriffe durch die prinzipielle Unverletzlichkeit des Eigentums abgesichert[9]. Wie sich jedoch im Laufe der politischen und wirtschaftlichen Entwicklung erwies, bleiben individuelle Persönlichkeitsrechte formal und inhaltslos, wenn die wirtschaftliche und soziale Abhängigkeit des Menschen in seiner konkreten Situation ihre Ausübung nicht gestattet. Dieser Einsicht folgend, enthält die Präambel von 1946 zur Ergänzung der traditionellen Freiheitsrechte soziale Grundrechte, die sich auf die Arbeits- und Lebensbedingungen des Menschen beziehen. Während die Menschenrechte als Abwehrrechte gegen staatliche Eingriffe verstanden wurden, begründen bestimmte soziale Grundrechte die Forderung gegen den Staat, die tatsächlichen Voraussetzungen sozialer Gerechtigkeit zu schaffen[10]. Das Recht auf Arbeit läßt sich zum Beispiel nur verwirklichen, wenn der Staat durch wirtschaftslenkende Maßnahmen die Bedingungen für die Vollbeschäftigung der Bevölkerung sicherstellt. Das bedeutet Steuerung des Konjunkturablaufes, Förderung von Industrialisierungsmaßnahmen und Strukturreformen. Die soziale Sicherheit der Arbeitnehmer setzt eine Beschränkung der Freiheit der Unternehmensleitung voraus, der durch staatliche Vorschriften soziale Verpflichtungen auferlegt werden. An die Stelle der individuellen Vertragsfreiheit ist im Arbeitsrecht die kollektive Bestimmung der Arbeits- und Lohnbedingungen getreten. Das Eigentumsrecht im industriellen Bereich ist durch die Möglichkeit der Verstaatlichung bedroht und durch die in der Präambel vorgesehene betriebliche Mitbestimmung der Arbeitnehmer eingeschränkt, die allerdings nach dem bestehenden Rechtszustand nur schwach ausgeprägt ist. Gleichheit im Bereich der Wirtschaft bedeutet nicht mehr abstrakte Gleichheit aller vor dem Gesetz, sondern die Herstellung gleicher Lebenschancen und die Beseitigung tatsächlicher Unterschiede durch gezielte Maßnahmen.

---

[8] *Burdeau,* a.a.O., S. 13 ff., unterscheidet zwischen „droits de la nature humaine“ und „droits de l'homme situé“.

[9] Art. 17 der Menschenrechtserklärung.

[10] *Burdeau,* a.a.O., S. 19.

Die sozialen Grundrechte der Präambel von 1946 stehen in vielen Punkten in Widerspruch zu den individuellen Freiheitsrechten der Menschenrechtserklärung. Dieses Spannungsverhältnis kennzeichnet die gegenwärtige Wirtschaftsverfassung. Die in der Erklärung von 1789 genannten Rechte gelten zwar fort, aber nicht in ihrem ursprünglichen Sinn, sondern im Rahmen der durch die sozialen Grundrechte aufgezeigten kollektiven Bindungen. Diese Bindungen dürfen jedoch nicht zur Aufhebung der Freiheit führen. Aus der Präambel von 1946 ergibt sich daher das System einer gelenkten Wirtschaft, die zwar noch auf privatem Eigentum und privater Initiative beruht, deren Ablauf jedoch im allgemeinen Interesse durch staatliche Eingriffe gesteuert wird.

2. Die verfassungsrechtliche Bedeutung der Grundrechte

Im Rahmen der geltenden Wirtschaftsverfassung ist nunmehr der Gehalt der Grundrechte zu bestimmen, die sich als Schranken für wirtschaftslenkende Maßnahmen des Staates erweisen können: die Freiheit von Handel und Gewerbe, die Garantie des Eigentums und der Gleichheitsgrundsatz. Die Eigentumsgarantie und der Gleichheitsgrundsatz sind Bestandteil der Menschenrechtserklärung von 1789 und somit auch der Präambel von 1946. Der Grundsatz der Gewerbefreiheit beruht ebenfalls auf den Prinzipien der französischen Revolution. Er ist zwar nicht ausdrücklich in der Erklärung von 1789, sondern nur in einer gesetzlichen Bestimmung von 1791 erwähnt, ist jedoch Ausdruck der allgemeinen Handlungsfreiheit und der Eigentumsgarantie (Art. 3 und 17 der Menschenrechtserklärung).

Der C.E. sieht die in der Präambel der Verfassung von 1946 enthaltenen Grundrechte als überpositive Rechtsgrundsätze an (principes généraux du droit)[11]. Die Exekutive ist an diese Grundsätze gebunden, und zwar auch dann, wenn sie von ihren Rechtssetzungsbefugnissen nach Art. 37 oder 38 der geltenden Verfassung Gebrauch macht[12]. Die von ihr erlassenen Rechtsnormen unterliegen daher ebenso wie Einzelakte einer gerichtlichen Kontrolle und können bei Verstoß gegen die Grundrechte aufgehoben werden[13].

Die Frage, ob die Grundrechte auch für den Gesetzgeber verbindlich sind, ist in der französischen Literatur umstritten. Die überwiegende

[11] C.E. 26. 6. 1959 Syndicat Général des Ingénieurs-Conseils, GA 107.

[12] C.E. 12. 2. 1960, Sté. Eky D. 1960, 263; 24. 11. 1961 Fédération nationale des syndicats de police, D. 1962, 424 mit Anm. von *Fromont*.

[13] Für die nach Art. 38 getroffenen Bestimmungen gilt dies allerdings nur bis zu ihrer Bestätigung durch den Gesetzgeber. Nach ihrer Ratifizierung durch das Parlament stehen die Ordonnances formellen Gesetzen gleich und sind damit der gerichtlichen Kontrolle entzogen; *Rivero*, DA Nr. 62.

Meinung verneint entsprechend der französischen Verfassungstradition eine Beschränkung der Souveränität des Parlaments innerhalb des ihm zugewiesenen Bereiches.

Eine Kontrolle durch den Verfassungsrat (Conseil Constitutionnel) ist nach Art. 61 der Verfassung nur in der Zeit vor der Verkündung des betreffenden Gesetzes möglich. Der Verfassungsrat kann überdies nur auf Antrag der Regierung oder des Präsidenten einer der beiden Kammern des Parlaments tätig werden; er kann ferner die ihm vorgelegten Gesetze nur auf Verstöße gegen formelles Verfassungsrecht, nicht aber auf Grundrechtsverletzungen überprüfen[14]. Nach der von dem C.E. entwickelten Theorie sind die Grundrechte als principes généraux du droit jedoch verbindlicher Maßstab für die Auslegung formeller Gesetze. Der C.E. interpretiert daher die Gesetze im Zweifel im Sinne der principes généraux du droit. Wenn das Gesetz nicht ausdrücklich etwas anderes bestimmt, ist davon auszugehen, daß der Gesetzgeber nicht von den allgemeinen Rechtsgrundsätzen abweichen wollte[15]. Enthält das Gesetz jedoch eine ausdrückliche Abweichung von diesen Grundsätzen, so ist es als Ausnahmeregelung zu betrachten und demgemäß restriktiv auszulegen. Auf diese Weise können Grundrechtsverletzungen abgeschwächt werden. Der C.E. ging in einigen Fällen soweit, gegen den klaren Wortlaut und Sinn der gesetzlichen Bestimmung zu entscheiden, und bewirkte so im Wege der Auslegung eine Korrektur des Gesetzes, ohne dessen formelle Geltung in Frage zu stellen[16].

Der Conseil d'Etat hat sich insbesondere in Zeiten politischer und wirtschaftlicher Krisen als Garant der Grundrechte erwiesen. Durch restriktive Auslegung der während der Vichy-Regierung und unmittelbar nach Kriegsende erlassenen Gesetze, die der Verwaltung unbe-

---

[14] *Braibant*, L'Arrêt Syndicat Général des Ingénieurs-Conseils, EDCE 1962, 69; a.A. *Colliard*, Libertés Publiques, S. 147, der eine Überprüfung eines formellen Gesetzes auf seine Vereinbarkeit mit der Präambel der Verfassung und den darin enthaltenen Grundrechten für zulässig hält.

[15] *Letourneur*, Les Principes Généraux du Droit dans la Jurisprudence du Conseil d'Etat, in: EDCE 1951, 31, bezeichnet diese Auslegungsmethode als „interprétation raisonnée de la volonté du législateur".

[16] Ein anschauliches Beispiel für eine solche Gesetzeskorrektur ist die Entscheidung des C.E. vom 17. 2. 1950, *Dame Lamotte*, in: GA Nr. 84 mit Kommentierung von *Long - Weil - Braibant*. — Nach dem Wortlaut des Gesetzes vom 23. 5. 1943 waren bestimmte Maßnahmen der Verwaltung jeder gerichtlichen Kontrolle entzogen („ne sont susceptibles d'aucun recours"). Dennoch hielt der C.E. die Anfechtungsklage für zulässig und hob die angegriffene Entscheidung der Behörde auf. Er setzte sich damit klar über den Wortlaut und den Sinn der gesetzlichen Regelung sowie den offenbaren Willen des Gesetzgebers hinweg, um dem allgemeinen Rechtsgrundsatz der Anfechtbarkeit von Verwaltungsakten Geltung zu verschaffen; vgl. hierzu auch *Rivero*, Le Juge Administratif — un Juge qui Gouverne? D. 1951, 21.

grenzte Vollmachten erteilten, versuchte der C.E., einen Kernbereich individueller Freiheit auch in wirtschaftlicher Hinsicht zu erhalten[17].

Die Entmachtung des Parlaments durch die Verfassung und Verfassungspraxis der V. Republik hatte eine Ausdehnung der gerichtlichen Kontrolle von Rechtsnormen zur Folge. Der Verlust gesetzlicher Garantien durch die Übertragung legislativer Befugnisse auf die Exekutive wird für den Bürger dadurch ausgeglichen, daß nunmehr alle von der Regierung erlassenen Rechtsnormen, die als formelle Gesetze unangreifbar gewesen wären, auf ihre Vereinbarkeit mit den Grundrechten überprüft werden können.

Die Grundlagen der Rechtsordnung sind jedoch nicht unwandelbar, sondern bilden sich mit der Entwicklung der politischen und wirtschaftlichen Verfassung, wie sie sich auch in der Gesetzgebung widerspiegelt, fort[18]. Dies gilt in besonderem Maße für die Grundrechte, die den Menschen in seinem wirtschaftlichen und sozialen Bereich betreffen. Von allen traditionellen Grundrechten wurde die Wirtschaftsfreiheit in den letzten Jahren am meisten eingeschränkt und sogar grundsätzlich in Frage gestellt.

III. Wirtschaftslenkung und Gewerbefreiheit

1. Geltungsbereich des Grundsatzes der Gewerbefreiheit

Mit der Abkehr von den Prinzipien des wirtschaftlichen Liberalismus hat der Grundsatz der Freiheit von Handel und Gewerbe (liberté du commerce et de l'industrie) seine ursprüngliche Bedeutung verloren, die darin bestand, den Bereich der Privatwirtschaft gegen staatliche Eingriffe abzusichern.

Das System der Planifikation beruht gerade auf der Einsicht, daß die wirtschaftliche Entwicklung nicht mehr allein privater Initiative überlassen werden kann, sondern im allgemeinen Interesse vorausgeplant und durch gezielte Maßnahmen gesteuert werden muß.

Nach der Rechtsprechung des C.E. zählt die Gewerbefreiheit jedoch weiterhin zu den Grundlagen der Wirtschaftsordnung und des geltenden Rechts[19]. Sie steht damit, obwohl sie ausdrücklich nur in einer steu-

---

[17] Vgl. *Jeannau*, Le Principes Généraux du Droit dans la Jurisprudence du Conseil d'Etat, S. 3 und 154.

[18] *Letourneur*, a.a.O., S. 130; *Braibant*, a.a.O., S. 67.

[19] Vgl. C.E. 22. 6. 1951, *Daudignac*, GA 88; 2. 2. 1962, Syndicat Agricole de Pierrelaye, AJDA 1962, 499.

erlichen Vorschrift von begrenzter Tragweite erwähnt ist[20], den in der Präambel von 1946 genannten und bestätigten Grundrechten gleich.

Die Gewerbefreiheit kann jedoch im öffentlichen Interesse eingeschränkt und sogar, soweit sie sich als schädlich erweist, ganz beseitigt werden. Dies zu bestimmen, ist nach Art. 34 der Verfassung Sache des Gesetzgebers. Ist die Ausübung einer bestimmten wirtschaftlichen Betätigung kraft gesetzlicher Vorschrift von einer Kontrolle abhängig, so kann für diese Tätigkeit der Grundsatz der Gewerbefreiheit nicht mehr in Anspruch genommen werden. Die Verwaltung kann daher dem betroffenen Unternehmen weitere Beschränkungen auferlegen[21]. Sieht das Gesetz die Kontrolle einer gewerblichen Tätigkeit vor, so kann die Verwaltung alle Maßnahmen ergreifen, die mit dieser Kontrolle in innerem Zusammenhang stehen[22].

2. Einschränkungen der Gewerbefreiheit

a) Beschränkung durch polizeiliche Maßnahmen

Gemäß Art. 7 des Gesetzes vom 2.—17. 3. 1791 kann die Gewerbefreiheit durch polizeiliche Maßnahmen beschränkt werden. Der C.E. geht hierbei von dem Grundsatz aus, daß die Freiheit die Regel, ihre Beschränkung daher nur in Ausnahmefällen zulässig ist. Ist eine polizeiliche Maßnahme im öffentlichen Interesse geboten, so ist auf die Verhältnismäßigkeit der angewandten Mittel zu achten[23]. Die polizeilichen Befugnisse der Verwaltung erstrecken sich auch auf den wirtschaftlichen Bereich[24].

Die Preisfestsetzung durch staatliche Behörden, die auf der Ord. vom 30. 6. 1945 beruht, ist ein Beispiel hierfür. Sie soll der Verhinderung von Preisspekulationen und inflationären Preissteigerungen dienen und hat daher neben ihrer wirtschaftslenkenden Zielsetzung auch polizeiliche Funktion[25]. Im Wege der Preisüberwachung kann die Gewerbefreiheit durch behördliche Maßnahmen in wesentlichen Punkten beschränkt werden[26].

---

[20] Art. 7 des Gesetzes vom 2./17. März 1791: „Il sera libre à toute personne de faire tel négoce ou d'exercer telle profession qu'elle trouvera bon; mais elle sera tenue de se pourvoir d'une patente, d'en acquitter le prix ci-après déterminé et de se conformer aux réglements de police qui sont ou qui pourront être faits."

[21] C.E. 12. 12. 1953, Transporteurs Aériens, Rec. 547.

[22] C.E. 19. 6. 1964, Sté. des Pétroles Shell-Berre et autres, AJDA 1964, 438, mit Anm. von *de Laubadère*.

[23] C.E. 29. 7. 1953, Société générale des travaux cinématographiques, Rec. 430.

[24] *Burdeau*, a.a.O., S. 394.

[25] *Farjat*, L'Ordre Public Economique, S. 32 ff.

[26] Vgl. hierzu *Teitgen*, Réglementation des Prix et Liberté du Commerce, D.Soc. 1961, 20 ff.

b) Beschränkung der Gewerbefreiheit durch interventionistische Maßnahmen des Staates

Die Verwaltung bedarf für wirtschaftslenkende Maßnahmen, die über ihre Polizeibefugnisse hinausgehen und eine Veränderung der Wettbewerbsbedingungen bewirken, grundsätzlich einer Ermächtigung durch formelles Gesetz[27].

Die Wettbewerbssituation und damit die wirtschaftliche Handlungsfreiheit von Unternehmen kann sowohl durch die staatliche Subventionierung konkurrierender Unternehmen als auch durch die wirtschaftliche Betätigung des Staates beeinträchtigt werden. Wie bereits ausgeführt, kann der Staat auf diskriminierende Förderungsmaßnahmen, die eine Einschränkung der Wettbewerbsfreiheit und eine Abweichung von dem Gleichheitsgrundsatz bedeuten, im Interesse einer wirksamen Plandurchführung nicht verzichten. Die Entscheidung hierüber ist dem Gesetzgeber vorbehalten, der sie bisher jedoch in der Regel durch Globalermächtigungen auf die Verwaltung übertrug. Will die Verwaltung ein wirtschaftliches Unternehmen im öffentlichen Interesse selbst durchführen und als service public gestalten, so bedarf sie dazu ebenfalls einer gesetzlichen Ermächtigung. Das gleiche gilt, wenn sie einem service public, der eine gewerbliche Tätigkeit ausübt, eine Monopolstellung verleihen will[28]. Der Staat kann daher durch eine gesetzliche Bestimmung nach seinem Ermessen von dem Grundsatz der Gewerbefreiheit abweichen und sich im Bereich der Privatwirtschaft den Handlungsspielraum schaffen, der ihm zur Plandurchführung notwendig erscheint.

Dagegen sind wirtschaftliche Maßnahmen der Gemeinden und Departements an strengere Voraussetzungen gebunden. Nach ständiger Rechtsprechung des C.E. können sie eine gewerbliche Tätigkeit nur dann selbst ausüben, wenn dies infolge mangelnder oder unzureichender Privatinitiative erforderlich oder durch ein besonders wichtiges Interesse der Allgemeinheit gerechtfertigt ist[29]. Allerdings neigt der C.E. in den letzten Jahren dazu, durch eine großzügige Auslegung dieser Voraussetzungen die kommunale Wirtschaftstätigkeit in immer stärkerem Umfange zuzulassen[30].

---

[27] Das Parlament kann jedoch nach Art. 38 seine Befugnisse auf die Exekutive übertragen.

[28] C.E. 13. 11. 1953, Chambre syndicale de l'industrie et du commerce des armes, munitions et articles de chasse, D. 1954, 553, mit Anm. von *Reuter*.

[29] C.E. vom 30. 5. 1930, Chambre syndicale du commerce en détail *de Nevers*, GA 52, und die dort zitierte Rechtsprechung.

[30] C.E. 18. 12. 1959, Delansorme, AJDA 1960, 213, concl. Mayras; 17. 4. 1964 Commune de Merville-Francheville, Rec. 231.

c) Beschränkung der Gewerbefreiheit durch die staatliche Wirtschaftsaufsicht

Die Planifikation führt zu einer Erweiterung der Wirtschaftsaufsicht des Staates. Die staatliche Kontrolle beschränkt sich nicht mehr darauf, einen äußeren Rahmen für eine gewerbliche Tätigkeit zu bestimmen, sondern erstrebt eine unmittelbare Beeinflussung des gesamten wirtschaftlichen Verhaltens der Unternehmen im Sinne der Planziele[31]. Die Kontrolle ist besonders ausgeprägt bei Unternehmen, die staatliche Hilfe in Anspruch nehmen. Sie ist permanent bei den privaten Verbänden, die im Zusammenwirken mit dem Staat wirtschaftslenkende Aufgaben wahrnehmen. Die staatliche Kontrolle privater Unternehmen bedeutet einen Eingriff in die Gewerbefreiheit, da sie entweder den freien Zugang zu einem Gewerbe oder die freie Ausübung einer wirtschaftlichen Tätigkeit beschränkt. Sie ist daher nur auf Grund einer besonderen gesetzlichen Bestimmung zulässig. Dieser Grundsatz hat allerdings nur formale Bedeutung für die Unternehmen, denen der Staat finanzielle Hilfe gewährt. Das Gesetz gibt hier der Verwaltung eine Globalermächtigung: Diese Unternehmen unterliegen bereits auf Grund der finanziellen Förderung der Kontrolle des Staates, ohne daß es hierzu noch einer ausdrücklichen gesetzlichen Ermächtigung bedarf[32]. Die Kontrolle eines solchen Unternehmens gründet sich damit nicht mehr unmittelbar auf das Gesetz, sondern auf seine finanziellen Beziehungen zu dem Staat. Die Verwaltung kann daher durch Gewährung von Subventionen ihre Kontrollbefugnisse nach Belieben ausweiten. Die Ausgestaltung der Kontrolle ist ebenfalls in ihr Ermessen gestellt. Die Verwaltung kann sich auch außerhalb einer gesetzlichen Ermächtigung im Rahmen vertraglicher Vereinbarungen bestimmte Kontrollbefugnisse sichern. Diese Befugnisse finden allerdings ihre Grenze in der Natur des abgeschlossenen Vertrages; sie dürfen nicht so weit gehen, daß jede Selbständigkeit des Vertragspartners ausgeschaltet und der Vertrag damit in seinem Wesen entstellt wird[33]. Auch ohne eine ausdrückliche Vereinbarung können sich aus einem öffentlich-rechtlichen Vertrag besondere Kontrollbefugnisse der Verwaltung ergeben. Dies gilt besonders dann, wenn der Vertrag die unmittelbare Beteiligung eines Unternehmens oder Unternehmensverbandes an einer wirtschaftslenkenden Tätigkeit des Staates zum Gegenstand hat. Überträgt der Staat im Rahmen eines Vertrages einem Privaten die Ausübung eines service public, so wird er dadurch nicht von seiner Verantwortung frei. Er behält da-

---

[31] Vgl. *Demichel* I, S. 5.

[32] Ord. 23. 11. 1944; D. 26. 5. 1955.

[33] *Demichel* II, 435; C.E. 18. 7. 1930, S. 1932 III 26.

her auch die Möglichkeit, durch geeignete Kontrollmaßnahmen die ordnungsgemäße Durchführung dieser Tätigkeit sicherzustellen[34].

3. Bedeutung der Gewerbefreiheit im gegenwärtigen Wirtschaftssystem

Die Einschränkungen der Gewerbefreiheit im allgemeinen Interesse entsprechen der politischen und sozialen Entwicklung. Die Gewerbefreiheit war ursprünglich mit dem Prinzip der Nichteinmischung des Staates im wirtschaftlichen Bereich gleichzusetzen. Sie beruhte auf einer klaren Abgrenzung von privater Wirtschaftstätigkeit und staatlichen Aufgaben, die heute nicht mehr gegeben ist. An die Stelle einer liberalen Marktwirtschaft ist das System einer gelenkten Wirtschaft getreten, in dem sich wirtschaftliche Aktionen des Staates mit der Tätigkeit privater Unternehmen überschneiden. Die Gewerbefreiheit schützt die Unternehmen daher nicht mehr gegen wirtschaftslenkende Maßnahmen des Staates. Sie sind in ein System der Wirtschaftsplanung integriert und nehmen durch ihre Mitwirkung bei der Durchführung des Plans Aufgaben wahr, die im öffentlichen Interesse liegen. Eine gewisse Garantie gegen willkürliche Eingriffe kann allenfalls in dem aus der Gewerbefreiheit abgeleiteten Grundsatz der Gesetzmäßigkeit wirtschaftslenkender Maßnahmen gesehen werden. Dieser Grundsatz ist jedoch, wie bereits dargelegt wurde, nach der gegenwärtigen Verfassungspraxis ohne große Bedeutung. Der Schutzbereich der Gewerbefreiheit beschränkt sich damit im wesentlichen auf gewerbliche Tätigkeiten, die das gesamtwirtschaftliche Interesse nicht unmittelbar berühren. Die Ausübung eines Gewerbes in diesem Bereich ist Ausdruck der persönlichen Freiheit, die geschützt werden muß, soweit sie nicht die Rechte anderer und die Belange der Allgemeinheit in Frage stellt. Dementsprechend sind die polizeilichen Befugnisse der Verwaltung und die wirtschaftliche Tätigkeit kommunaler Körperschaften durch den Grundsatz der Gewerbefreiheit beschränkt[35]. Ist die Ausübung eines Gewerbes jedoch mit einer wirtschaftlichen Machtstellung verbunden, so ist sie nur im Rahmen der in der Präambel von 1946 genannten sozialen Bindungen und der sich aus der staatlichen Wirtschaftsplanung ergebenden Beschränkungen zulässig. Die Anerkennung der Gewerbefreiheit bedeutet daher heute nichts anderes mehr als den Schutz einer Sphäre persönlicher Freiheit in einer geplanten und gelenkten Wirtschaftsordnung[36].

---

[34] *Demichel* II, 434.

[35] Vgl. die bereits zitierten Entscheidungen des C.E. vom 22. 6. 1951 (Daudignac) und vom 30. 5. 1930 (Chambre du commerce en détail de Nevers).

[36] Im übrigen kann hierzu auf die Ausführungen von *Burdeau*, a.a.O., S. 397 ff., über die Integration der privaten Unternehmen in das System der Planifikation verwiesen werden.

IV. Wirtschaftslenkung und Eigentumsgarantie

Ähnlich wie die Gewerbefreiheit ist auch das Eigentum, das eine wirtschaftliche Machtstellung verleiht, kollektiven Bindungen unterworfen[37]. Durch wirtschaftslenkende Maßnahmen kann sowohl die Handlungsfreiheit eines Unternehmens als auch die freie Verfügbarkeit über sein Eigentum beschränkt werden. Nach Art. 544 CC sind Eigentumsbeschränkungen nicht nur auf Grund eines formellen Gesetzes, sondern auch auf Grund einer Rechtsverordnung zulässig.

Unter Enteignung ist nach französischem Recht nur der völlige Entzug des Eigentums zu verstehen[38]. Alle anderen Eingriffe sind Eigentumsbeschränkungen, die keine Entschädigungspflicht des Staates begründen. Die Planifikation erstrebt keine Veränderung der bestehenden Eigentumsverhältnisse. Die Maßnahmen des Staates zur Plandurchführung können zwar das Eigentum in seinem Wirkungsbereich beschränken, lassen es jedoch in seinem Kernbestand unangetastet. Die Garantie des Eigentums gewährt den Unternehmen daher weder Schutz gegen wirtschaftslenkende Eingriffe noch ein Recht auf Entschädigung bei rechtmäßigem Handeln der Verwaltung. Eine Entschädigungspflicht des Staates kann sich mangels Verschuldens nur auf Grund der Risikohaftung bei Verletzung des Gleichheitsgrundsatzes ergeben.

V. Wirtschaftslenkung und Gleichheitssatz

Die Planifikation erstrebt eine Veränderung des wirtschaftlichen Status quo durch gezielte Maßnahmen. Sie differenziert zwischen den einzelnen Wirtschaftszweigen durch Festsetzung von Prioritäten zwischen Unternehmenstypen zum Zwecke der Strukturverbesserung und zwischen den Regionen entsprechend den Bedürfnissen der Raumordnung und industriellen Dezentralisierung[39]. Eine aktive Wirtschaftsplanung ist mit der Wahrung formaler Gleichheit unvereinbar. Sie setzt vielmehr voraus, daß im allgemeinen Interesse Eingriffe vorgenommen werden, die sich als differenzierende Begünstigungen oder Benachteiligungen erweisen[40]. Die selektive Förderung privater Unternehmen bewirkt nicht nur eine Veränderung der Wettbewerbsbedingungen und eine Beschränkung der Gewerbefreiheit, sondern kann auch eine Verletzung des Gleichheitssatzes bedeuten.

---

[37] Über die sozialen Bindungen des Eigentums im industriellen Bereich vgl. *Burdeau*, a.a.O., S. 375—380.

[38] s. hierzu *Colliard*, a.a.O., S. 639.

[39] Vgl. hierzu vor allem *Rivero*, Rapport sur les Notions d'Egalité et de Discrimination en Droit Public Français, Travaux de l'Association Henri Capitant 1961, 343 ff.

[40] So auch *Huber*, Wirtschaftsverwaltungsrecht II, 216.

1. Die Bedeutung des Gleichheitssatzes in der gegenwärtigen Wirtschaftsverfassung

Der Gleichheitssatz beruht auf der Menschenrechtserklärung von 1789, zählt zu den principes généraux du droit und ist daher für die Verwaltung unmittelbar verbindlich. Er kann nur durch eine ausdrückliche gesetzliche Bestimmung durchbrochen werden. Erteilt das Gesetz der Verwaltung eine Globalermächtigung zu wirtschaftslenkenden Maßnahmen, so ist es im Zweifel im Sinne des Gleichheitssatzes auszulegen.

Auf Grund des Plans allein ist die Verwaltung nicht zu gleichheitswidrigen Maßnahmen berechtigt. Der Plan kann, auch wenn er vom Parlament in Gesetzesform angenommen wurde, einem formellen Gesetz nicht gleichgestellt werden. Die Regierung kann auch nach Zustimmung des Parlaments den Plan inhaltlich ändern. Seine Bestimmungen haben daher nicht die Stabilität und die Bindungswirkung einer gesetzlichen Vorschrift[41]. In einem Wirtschaftssystem, das auf der Verfassungsentscheidung für eine globale Planung und Steuerung der Wirtschaft beruht, hat sich die Bedeutung des Gleichheitssatzes gewandelt[42]. Bei seiner Auslegung sind die Erfordernisse der staatlichen Wirtschaftsplanung zu berücksichtigen.

Der Gleichheitssatz hat zwei verschiedene Aspekte, die sich gegenseitig ergänzen[43]: In den Bereichen der Politik (status activus) und der Eingriffsverwaltung (status negativus), die noch von den Grundsätzen des Liberalismus geprägt sind, bedeutet er abstrakte Gleichheit als Ausdruck der personalen Rechte des Menschen[44]. Voraussetzung für die freie Entfaltung der Persönlichkeit ist jedoch Chancengleichheit in wirtschaftlicher und sozialer Hinsicht, die eine Beseitigung tatsächlicher Unterschiede durch differenzierende Maßnahmen voraussetzt.

Nach der Rechtsprechung erfordert der Gleichheitssatz im wirtschaftlichen Bereich Gleichheit der Benutzer eines service public, Gleichheit hinsichtlich öffentlicher Lasten sowie Gleichbehandlung von Unternehmen derselben Kategorie.

---

[41] Auch wenn man eine rechtliche Bindung der Regierung an den Plan grundsätzlich bejaht, so gilt diese Bindung nur bei gleichbleibenden wirtschaftlichen Verhältnissen. Es steht daher im Ermessen der Regierung, zu bestimmen, wann auf Grund der wirtschaftlichen Lage eine Planänderung erforderlich ist. Dieses Ermessen unterliegt keiner rechtlichen Nachprüfung, sondern allenfalls der politischen Kontrolle durch das Parlament im Wege des Mißtrauensvotums.

[42] Vgl. die Ausführungen unter II dieses Kapitels.

[43] *Rivero*, a.a.O., S. 359.

[44] z. B.: Gleichheit vor dem Gesetz, gleiches Wahlrecht, gleicher Zugang zu öffentlichen Ämtern.

2. Ausprägungen des Gleichheitssatzes im wirtschaftlichen Bereich

a) Gleichheit gegenüber einem service public

Der Staat ist an den Gleichheitssatz gebunden, wenn er eine wirtschaftliche Tätigkeit als Verwaltungsaufgabe (service public) betreibt. Dies gilt sowohl für die traditionelle Leistungsverwaltung (z. B. Post, Bahn) als auch für öffentliche Unternehmen, die sich in Organisation und Geschäftsführung nicht von privaten Unternehmen unterscheiden (services publics industriels et commerciaux)[45].

Die Verwaltung ist daher verpflichtet, die Benutzer eines service public und alle Personen und Unternehmen, die zu seiner Durchführung beitragen, gleichzubehandeln, wenn sie sich in einer gleichartigen Lage befinden[46]. Ungleiche Bedingungen verbieten dagegen eine Gleichbehandlung[47]. Sonderregelungen, sei es durch Einzelakte, sei es durch vertragliche Vereinbarungen, sind daher zulässig, wenn sie mit den Interessen des service public vereinbar und durch die besondere Situation der Betroffenen gerechtfertigt sind[48]. Neben Verwaltungsbehörden und öffentlichen Unternehmen sind auch private Organisationen, soweit sie im Auftrag des Staates wirtschaftslenkende Funktionen ausüben, an den Gleichheitssatz gebunden.

b) Der Grundsatz der Lastengleichheit (égalité devant les charges publiques)

Der Grundsatz der Gleichheit gegenüber öffentlichen Lasten verbietet, daß Unternehmen, die sich in einer vergleichbaren Lage befinden, durch öffentliche Abgaben und Gebühren unterschiedlich belastet werden. Auf dem Gebiet des Steuerrechts bedeutet dies die Anwendung des gleichen Steuertarifs auf alle Steuerpflichtigen, welche die gesetzlichen Voraussetzungen erfüllen. Wie wir gesehen haben, räumen die Steuergesetze der Verwaltung jedoch einen weiten Ermessensspielraum ein[49].

Im Interesse der Plandurchführung sind viele Steuererleichterungen selektiv und von einem Agrément der Finanzbehörde abhängig. Dieses agrément wird auf Grund wirtschaftlicher Überlegungen gewährt, die einer rechtlichen Nachprüfung kaum zugänglich sind. In Wirklichkeit entscheidet daher nicht der Gesetzgeber, sondern die Verwaltung über

[45] *de Laubadère* I, Nr. 1065.

[46] C.E. 9. 3. 1951, Sté. des concerts du conservatoire, GA Nr. 87.

[47] C.E. 30. 11. 1959, Chambre syndicale nationale des entreprises industrielles de boulangerie, Rec. 561.

[48] C.E. 24. 4. 1964, Société anon. de livraisons industrielles et commerciales, AJDA 1964, 308, concl. *Combarnous*.

[49] Vgl. hierzu die Ausführungen zu § 4 II und *Moreau*, Le Principe de l'Egalité devant l'Impôt, D. 1951, 103.

die Höhe der Steuerpflicht eines Unternehmens. Zwar ist der Gleichheitssatz formal gewahrt, da sich die begünstigten Unternehmen zur Planerfüllung verpflichten und sich daher nicht in derselben Lage befinden wie andere, die eine solche Verpflichtung nicht eingehen. Die meisten Gesetze geben aber keine Auskunft über objektive Kriterien für die Gewährung eines Steuervorteils. Die Verwaltung entscheidet daher nach ihrem Ermessen, ob das Verhalten eines Unternehmens den Zielsetzungen des Plans in ausreichendem Maße entspricht und ob die Erteilung eines Agréments wirtschaftlich zweckmäßig ist. Diese Entscheidung ist, da sie sich auf der Ebene der Opportunität bewegt, nicht voraussehbar und kann nur schwer auf das Vorliegen sachfremder Erwägungen überprüft werden. Damit sind die Grundsätze der Gesetzmäßigkeit und Gleichheit der Steuer in Frage gestellt.

Eine wichtige Bedeutung kommt dem Prinzip der Lastengleichheit als Grundlage für die Entschädigungspflicht des Staates bei ungleicher Belastung einzelner zu. Davon wird im Zusammenhang mit der Haftung des Staates für wirtschaftslenkende Maßnahmen noch die Rede sein.

c) Gleichbehandlung von Unternehmen derselben Kategorie

Der Staat muß bei wirtschaftslenkenden Eingriffen Unternehmen, die sich in einer gleichen Wettbewerbssituation befinden, grundsätzlich gleichbehandeln (égalité devant la réglementation économique)[50]. Aus dem Gleichheitssatz ergibt sich ein Diskriminierungsverbot. Um die Tragweite dieses Verbotes deutlich zu machen, ist der Begriff der Diskriminierung von den zulässigen differenzierenden Maßnahmen abzugrenzen[51].

Die Verwaltung ist nicht verpflichtet, alle tatsächlichen Verschiedenheiten zwischen Unternehmen derselben Art zu berücksichtigen. Sie kann vielmehr Maßnahmen treffen, die diese Unternehmen auf Grund äußerer Umstände, auf die sie keinen Einfluß hat, ungleich belasten oder begünstigen. Demgemäß sah der C.E. in seiner Entscheidung vom 22. 3. 1950 die Festsetzung eines einheitlichen Preises für ein bestimmtes Produkt als zulässig an, obwohl die Herstellungsbedingungen bei

---

[50] Der Grundsatz der Gleichbehandlung von Unternehmen derselben Art findet sich vor allem in folgenden Entscheidungen des C.E.: 15. 2. 1946, les savonneries de Bourgogne, Rec. 49, 13. 6. 1947, Cie navale de pétroles, Rec. 265, 30. 1. 1948, Syndicat départemental des industriels de lentilles de la Haute-Loire, Rec. 43.

[51] Vgl. hierzu den Schlußvortrag des avocat général *Lagrange* vor dem Gerichtshof der Europäischen Gemeinschaft für Kohle und Stahl in der Sache Nr. 13—57, Rec. de la jurisprudence de la Cour de la CECA 1957, IV, 346—348.

den einzelnen Unternehmen verschieden waren[52]. Eine Diskriminierung kommt daher nur in Betracht, wenn die Ungleichheit unmittelbar durch das Handeln der Verwaltung, nicht aber durch Umstände bedingt ist, die nicht in ihrem Einflußbereich liegen.

Wie bereits dargelegt wurde kann die Verwaltung zwischen verschiedenartigen Unternehmen und wirtschaftlichen Tätigkeiten differenzieren. Differenzierende Regelungen können aber auch für solche Unternehmen getroffen werden, die auf dem gleichen Sektor miteinander konkurrieren, im übrigen aber wesentliche tatsächliche Unterschiede aufweisen. Da sich Unternehmen nur selten in einer gleichen Situation befinden, kann sich die Verwaltung zur Rechtfertigung einer ungleichen Behandlung leicht auf tatsächliche Verschiedenheiten berufen. Die Rechtsprechung neigt außerdem dazu, der Verwaltung hier einen gewissen Beurteilungsspielraum zuzuerkennen[53].

Nach der ständigen Rechtsprechung des C.E. sind differenzierende Maßnahmen ferner dann zulässig, wenn sie im Interesse der Allgemeinheit geboten sind[54]. Eine unzulässige Diskriminierung liegt daher nur bei willkürlichen Maßnahmen vor, für die kein sachlicher, im öffentlichen Interesse liegender Grund ersichtlich ist[55]. Der C.E. behält sich zwar die Prüfung vor, ob im Einzelfall eine differenzierende Regelung sachlich gerechtfertigt ist, räumt der Verwaltung jedoch einen weiten Beurteilungsspielraum ein. Er geht außerdem bis zu dem Beweis des Gegenteils von der Vermutung aus, daß die Verwaltung im öffentlichen Interesse handelte und sich von sachlichen Erwägungen leiten ließ[56]. Von einer wirksamen richterlichen Kontrolle kann nur noch in den seltenen Fällen offensichtlicher Willkürentscheidungen oder grober Ermessensfehler gesprochen werden[57]; im übrigen entscheidet die Verwaltung souverän. Dem Gleichheitssatz kommt daher im Bereich der Wirtschaftslenkung kaum noch eine Schutzfunktion gegen Eingriffe der Verwaltung zu. Seine Bedeutung liegt jedoch darin, daß er als Grundlage einer Entschädigungspflicht des Staates bei einer ungleichen Belastung einzelner durch wirtschaftslenkende Maßnahmen dient.

---

[52] C.E. 22. 3. 1950, Sté. des ciments français, Rec. 175.

[53] Anm. von *Touscoz* zu C.E. 10. 1. 1964 Simonnet, D. 1964, S. 418.

[54] C.E. 29. 6. 1951, Syndicat de la raffinerie du soufre français, D. 1951, 664, mit Anm. von *Waline;* 3. 7. 1953, Sté. Cenpa, Rec. 342; 8. 11. 1958, Sté. Cérifa, Rec. 472.

[55] *Rivero,* a.a.O., 357.

[56] *Touscoz,* a.a.O., 418/419; *Fromont,* Le Contrôle de l'Appreciation des Faits Economiques dans la Jurisprudence du Conseil d'Etat, AJDA 1966, 592.

[57] C.E. 6. 3. 1959, Sté. Totaliment, Rec. 158.

3. Der Gleichheitssatz als Grundlage für eine Entschädigungspflicht des Staates

a) Grundsatz der Staatshaftung bei rechtmäßiger Durchbrechung des Gleichheitssatzes

Aus dem Gleichheitssatz ergibt sich das Prinzip der gerechten Verteilung öffentlicher Lasten und des sozialen Risikos[58]. Verlangt der Staat daher von einem einzelnen oder mehreren Personen innerhalb einer bestimmten Gruppe ein Sonderopfer im Interesse der Allgemeinheit, so ist er grundsätzlich zur Entschädigung verpflichtet[59].

Im deutschen Recht wird die Entschädigungspflicht bei Eingriffen in Vermögensrechte Privater aus dem Gesichtspunkt der Enteignung hergeleitet, unabhängig davon, ob die Verwaltung rechtmäßig, rechtswidrig oder sogar schuldhaft gehandelt hat[60]. Im französischen Recht wird die Haftung des Staates unmittelbar mit der Durchbrechung des Gleichheitssatzes begründet. Es handelt sich um eine Gefährdungshaftung (responsabilité pour risque), die nur bei rechtmäßigen Eingriffen der Verwaltung gegeben ist. Bei rechtswidriger Verletzung des Gleichheitssatzes haftet der Staat nach den allgemeinen Grundsätzen für fehlerhaftes Verwaltungshandeln (faute du service public)[61].

b) Haftung des Staates für Verwaltungsmaßnahmen zur Planung und Plandurchführung

Die Grundsätze der staatlichen Haftung sind auch auf wirtschaftslenkende Maßnahmen zur Plandurchführung anzuwenden. Von der Schadensersatzpflicht des Staates bei Nichterfüllung von Zusicherungen war im vorhergehenden Kapitel bereits die Rede. Danach ist eine vertragliche oder vertragsähnliche Haftung nur dann gegeben, wenn sich der Staat durch inhaltlich bestimmte und rechtmäßige Versprechen gebunden hat. Bei rechtswidrigen Zusagen kommt eine quasideliktische Haftung des Staates in Betracht, die durch ein Mitverschulden des betroffenen Unternehmens gemindert oder ausgeschlossen werden kann. Wie wir gesehen haben, enthalten Planungsabkommen unbestimmte Zusagen des Staates, die mangels eines rechtlichen Bindungswillens weder eine vertragliche noch eine quasideliktische Haftung begründen können.

---

[58] s. hierzu den Artikel von *Puisoye*, in: AJDA 1964, 140.

[59] Vgl. hierzu die grundlegende Entscheidung des C.E. vom 30. 11. 1923 Couitéas und die Kommentierung von *Long - Weil - Braibant* in GA Nr. 47.

[60] Vgl. hierzu die grundlegenden Entscheidungen des BGH in BGH (GS) 6, 270/290 ff.; BGH 7, 296.

[61] Vgl. *de Laubadère* I, Nr. 1168—1176.

Durch den Plan und die zu seiner Durchführung vorgesehenen finanziellen und steuerlichen Anreize wird für die betroffenen Unternehmen auch bei Fehlen vertraglicher Beziehungen mit dem Staat ein gewisser Vertrauenstatbestand geschaffen. Sie haben zwar keinen Rechtsanspruch auf Aufrechterhaltung des gegenwärtigen Planungsstandes und der ihnen günstigen Rechtslage, auf die sie sich in ihrem wirtschaftlichen Verhalten eingestellt haben. Es fragt sich jedoch, ob sie allein das Planungsrisiko zu tragen haben oder ob ihnen bei einseitigen Änderungen des Plans im Verlauf seiner Durchführung nicht ein gewisser Schadensausgleich auf der Grundlage des Vertrauensschutzes zuzubilligen ist[62].

Zu dieser Frage hat in der französischen Literatur bisher nur Delmas-Marsallet ausdrücklich Stellung genommen[63]. Nach seiner Meinung können die Grundsätze der Gefährdungshaftung im Bereich der Wirtschaftslenkung nur ausnahmsweise angewendet werden, wenn das Verhalten der Behörde, ohne im eigentlichen Sinne rechtswidrig zu sein, in seinen Auswirkungen einer Rechtsverletzung nahekommt. Dem kann jedoch nicht gefolgt werden. Der Begriff des „fast rechtswidrigen Verhaltens" läßt sich nicht klar bestimmen und ist daher als Kriterium für haftungsrechtliche Folgen staatlicher Maßnahmen völlig ungeeignet. Es ist auch kein zwingender Grund ersichtlich, der auf dem Gebiet der Wirtschaftslenkung eine völlige Freistellung des Staates von der sonst allgemein anerkannten Gefährdungshaftung rechtfertigen könnte.

Um die Voraussetzungen und die Grenzen dieser Haftung zu bestimmen, bedarf es allerdings einer besonderen Güter- und Interessenabwägung. Dabei ist zu berücksichtigen, daß der Staat nach dem gegenwärtigen Wirtschaftssystem zur Verwirklichung der Planziele auf die aktive Mitarbeit der Privatwirtschaft angewiesen ist. Er ermutigt daher die Unternehmen durch verschiedene Anreize zu plankonformem Verhalten und mißt ihnen in vielen Fällen die Erfüllung bestimmter Teilaufgaben innerhalb des Planes zu. Diese Mitwirkung Privater bei der Plandurchführung kann sich im Rahmen vertraglicher oder vertragsähnlicher Vereinbarungen, aber auch dadurch vollziehen, daß sich Unternehmen bei ihrem wirtschaftlichen Verhalten an veröffentlichten Planvorhaben orientieren, ohne mit dem Staat in besondere Beziehungen zu treten. Eine aktive Beteiligung privater Unternehmen, die auf die Erhaltung ihrer Rentabilität angewiesen sind, ist aber nur dann zumutbar, wenn diese in gewissem Umfange gegen die nachteiligen Auswirkungen einseitiger Planänderungen geschützt werden[64].

---

[62] Zu diesem Problem vgl. *Ipsen*, in: Planung I, 35 ff., Rn. 104.

[63] *Delmas-Marsallet*, in: EDCE 1969, 159.

[64] So auch *v. Simson*, Planänderung als Rechtsproblem, in: Planung I, S. 416.

Andererseits ist jedoch auch dem Interesse der Allgemeinheit Rechnung zu tragen, das eine Anpassung des Plans und der zu seiner Ausführung dienenden Rechtsformen an die wirtschaftliche Entwicklung erfordert.

Jede vernünftige Wirtschaftsplanung setzt als praktische Bedingung ihres Erfolges die Veränderlichkeit des Plans voraus. Ein allgemeiner Plangewährleistungsanspruch würde die Planifikation als solche in Frage stellen und kann daher nicht anerkannt werden. Auch die zwischen Unternehmen und dem Staat geschlossenen Planungsabkommen, wie zum Beispiel die Quasikontrakte und Preisverträge, können einen solchen Anspruch nicht begründen. Sie sind, wie wir gesehen haben, als elastische Rahmenvereinbarungen ohne zwingenden Charakter gestaltet. Die Unternehmen erlangen durch ihre Partnerschaft mit dem Staat und ihre Orientierung an den Planvorhaben eine gewisse Sicherheit für ihre eigenen wirtschaftlichen Dispositionen. Sie müssen andererseits aber in einem gewissen Umfang auch die Risiken in Kauf nehmen, die in der Natur der Planung begründet sind.

Es erscheint daher sachgerecht, die Voraussetzungen und den Umfang der Entschädigungspflicht des Staates für rechtmäßige Maßnahmen der Wirtschaftslenkung nach den Grundsätzen der Risikohaftung zu bestimmen. Der Staat haftet nur dann, wenn ein Unternehmen oder mehrere Unternehmen in einem bestimmten Wirtschaftsbereich durch die Planänderung besonders betroffen (préjudice spécial) und mit schwerwiegenden wirtschaftlichen Nachteilen belastet werden (préjudice anormal). Der C.E. legt diese Voraussetzungen streng aus, um eine wirtschaftlich unerwünschte Ausweitung der Gefährdungshaftung zu vermeiden. Er sieht das entscheidende Kriterium für die Entschädigungspflicht des Staates in einer Durchbrechung des Gleichheitssatzes, durch die einem Unternehmen ein Sonderopfer auferlegt wird. Wird dagegen eine ganze Kategorie von Unternehmen betroffen, so ist ein Sonderopfer und damit ein Entschädigungsanspruch eines bestimmten Unternehmens aus dieser Kategorie auch dann zu verneinen, wenn dieses im Vergleich zu den anderen einen besonders hohen Schaden erleidet[65].

Für die Bemessung der Entschädigung kommt es vor allem darauf an, ob die Planänderung voraussehbar war. In diesem Zusammenhang ist zu prüfen, ob die Voraussetzungen für Planänderungen bereits im Plan so klar definiert wurden, daß sich das Unternehmen rechtzeitig darauf einstellen konnte[66]. Aufschluß über den Umfang des Vertrauensschutzes und eine angemessene Risikoverteilung können auch die Rechtsbeziehungen zwischen Staat und Unternehmen, insbesondere

[65] C.E. 24. 5. 1967, Cie Aérienne de publicité internationale et d'affrètements, AJDA 1968, 45, mit Anm. von *Moreau*.

[66] So auch *v. Simson*, a.a.O., 420.

Subventionsverhältnisse und Planungsabkommen, geben. Bei der Höhe der Entschädigung sind daher auch die finanziellen Vorteile zu berücksichtigen, die das Unternehmen durch sein plankonformes Verhalten erlangte. Der Unternehmer kann nicht die wirtschaftlichen Vorteile der Plandurchführung in Anspruch nehmen und gleichzeitig das mit einer Planänderung verbundene Risiko in voller Höhe auf die Allgemeinheit abwälzen.

c) Haftung des Staates für wirtschaftslenkende Eingriffe durch Gesetz

Eine Sonderbelastung bestimmter Unternehmen kann nicht nur durch Maßnahmen der Verwaltung, sondern auch unmittelbar durch Gesetz bewirkt werden. Es stellt sich daher die Frage, ob aus dem Grundsatz der Lastengleichheit eine Haftung des Staates auch für gesetzgeberische Eingriffe hergeleitet werden kann. Der C.E. hat dies in zwei grundlegenden Entscheidungen bejaht: In beiden Fällen handelte es sich um wirtschaftslenkende Gesetze, die im Interesse eines Wirtschaftszweiges bestimmte Herstellungsarten untersagten, die für die Allgemeinheit weder schädlich noch gefährlich waren[67].

Die Entschädigungspflicht des Staates für gesetzgeberische Maßnahmen ist jedoch nach der Rechtsprechung des C.E. an strenge Voraussetzungen gebunden und blieb bisher auf seltene Ausnahmefälle beschränkt:

- Der Staat haftet nur dann für gesetzliche Bestimmungen, wenn sich weder aus diesen selbst noch aus den Gesetzesmaterialien noch aus anderen Umständen auf einen gegenteiligen Willen des Gesetzgebers schließen läßt.
- Eine Entschädigung ist bei Gesetzen, die in einem überragenden öffentlichen Interesse erlassen wurden, grundsätzlich ausgeschlossen[68]. Dies gilt auch für gesetzliche Bestimmungen, die einem offenbaren wirtschaftlichen und sozialen Interesse der Allgemeinheit entsprechen[69]. Im Bereich der Wirtschaftslenkung ist damit die Entschädigungspflicht des Staates auf Gesetze beschränkt, die primär sozialen oder wirtschaftlichen Gruppeninteressen dienen[70].
- Voraussetzung ist ferner, daß die gesetzliche Bestimmung den Betroffenen unter Durchbrechung des Gleichheitssatzes ein Sonderopfer

[67] C.E. 14. 1. 1938, Sté. anonyme des produits laitiers „La Fleurette", GA 64; 21. 1. 1944, Caucheteux et Desmonts, Rec. 22.

[68] C.E. 6. 1. 1956, Manufacture française d'armes et de cycles, Rec. 3.

[69] C.E. 31. 5. 1961, Cie française de cuirs, AJDA 1962, 64.

[70] *Puisoye*, Le Principe d'Egalité devant les Charges Publiques comme Fondement Direct de la Responsabilité Publique, in: AJDA 1964, 143.

und einen schwerwiegenden Vermögensnachteil auferlegt[71]. Eine Sonderbelastung liegt nicht vor, wenn alle Unternehmen eines Wirtschaftsbereiches, wenn auch in unterschiedlicher Weise, betroffen werden.

Wie wir gesehen haben, unterliegen die Grundrechte im wirtschaftlichen Bereich in besonderem Maße kollektiven Bindungen. Die Bedürfnisse einer am allgemeinen Interesse orientierten Wirtschaftsplanung haben den Vorrang gegenüber den Sonderinteressen privater Unternehmen und Verbände. Die Grundrechte stehen daher wirtschaftslenkenden Maßnahmen nicht generell entgegen. Sie garantieren aber einen Kernbereich wirtschaftlicher und beruflicher Freiheit gegen willkürliche Eingriffe des Staates und ermöglichen insoweit eine gerichtliche Kontrolle der Wirtschaftsverwaltung. Es stellt sich nun die Frage, wie diese Kontrolle im einzelnen ausgestaltet ist.

VI. Rechtsschutz privater Unternehmen gegen wirtschaftslenkende Maßnahmen

1. Grundsatz des Rechtsschutzes gegen hoheitliche Maßnahmen der Verwaltung

Nach der Rechtsprechung des C.E. gehört der Rechtsschutz gegen Maßnahmen der öffentlichen Gewalt zu den Grundsätzen der Rechtsordnung (principes généraux du droit)[72]. Dem Bürger, der sich durch eine Entscheidung der Verwaltung in seinen Rechten verletzt fühlt, steht daher der Rechtsweg zu den Verwaltungsgerichten offen. Die Anfechtungsklage (recours pour excés de pouvoir) ist gegen Verwaltungsakte auch dann zulässig, wenn sie nicht im Gesetz vorgesehen ist. Sie kann nur durch eine ausdrückliche gesetzliche Bestimmung für bestimmte Arten behördlicher Maßnahmen ausgeschlossen werden. Ein Rechtsmittelausschluß in allgemeiner Form bezieht sich nicht auf die Anfechtungsklage[73]. Der C.E. sieht als Verwaltungsakte alle Maßnahmen der Exekutive mit Außenwirkung an, ohne Rücksicht darauf, ob es sich um Einzelregelungen oder Rechtsnormen handelt[74]. Daher können auch Dekrete nach Art. 37 und Ordonnanzen bis zu ihrer Ratifizierung nach Art. 38 im Wege der Anfechtungsklage auf ihre Rechtmäßigkeit überprüft werden[75].

[71] C.E. 10. 2. 1961, Consorts Chauche, Rec. 108.
[72] C.E. 17. 2. 1950, Dame Lamotte, GA Nr. 84.
[73] So die bereits zitierte grundlegende Entscheidung des C.E. 17. 2. 1950 (Dame Lamotte).
[74] Vgl. *de Laubadère* I, Nr. 846.
[75] Unanfechtbar sind aber Regierungsakte (actes de gouvernment) und gesetzgeberische Notstandsmaßnahmen des Staatspräsidenten nach Art. 16 der Verfassung.

2. Ausdehnung des Rechtsschutzes auf neue Formen der Wirtschaftslenkung

a) Zulässigkeit der Anfechtungsklage gegen hoheitliche Maßnahmen Privater

Die Eingriffe des Staates in die Wirtschaft vollziehen sich in vielen Fällen nicht mehr in den traditionellen Formen des Verwaltungshandelns. Es ist keine Seltenheit, daß wirtschaftslenkende Funktionen von privaten Organisationen im Auftrag des Staates selbständig wahrgenommen werden. Überträgt ihnen der Staat zu diesem Zwecke die Ausübung hoheitlicher Befugnisse, so können sie gegenüber Dritten einseitige verbindliche Anordnungen treffen.

Für diese besteht daher ein Bedürfnis nach Rechtsschutz, der von den Zivilgerichten gegen hoheitliche Maßnahmen nicht in ausreichendem Maße gewährt werden kann. Der C.E. dehnt daher den Begriff des Verwaltungsaktes auf einseitige Entscheidungen privater Organisationen aus, die mit der Ausübung eines service public betraut und zu diesem Zweck mit hoheitlichen Befugnissen ausgestattet sind[76]. Gegen diese Entscheidungen ist daher die Anfechtungsklage zulässig. Die Zuständigkeit der Verwaltungsgerichte beschränkt sich jedoch nach herrschender Meinung auf einseitige hoheitliche Maßnahmen privater Organisationen. Sie erstreckt sich weder auf ihre laufende Geschäftsführung noch auf Verträge, die sie mit Dritten abschließen[77]. Dies gilt nach einer neueren Entscheidung des T.C. auch dann, wenn diese Verträge in unmittelbarem Zusammenhang mit der Ausübung eines service public stehen und Bestimmungen enthalten, die für privatrechtliche Vereinbarungen untypisch sind[78]. Danach sind Verträge, die zwischen Privaten zum Zwecke der Plandurchführung geschlossen werden, immer nach privatrechtlichen Grundsätzen zu beurteilen. Diese Rechtsprechung ist zu Recht kritisiert worden[79]. Sie verkennt, daß der privatrechtliche Status von Organisationen mit wirtschaftslenkenden Funktionen zumeist nur fiktiv ist und diese in Wirklichkeit Werkzeuge des Staates zur Durchsetzung seiner wirtschaftlichen Entscheidungen sind. Wenn man bedenkt, daß die Abgrenzung zwischen einseitigen und vertraglichen Regelungen im Bereich der Wirtschaftslenkung immer

---

[76] C.E. 31. 7. 1942, Monpeurt, GA 68; 13. 1. 1961, Magnier, RDP 1961, 155 concl. *Fournier*.

[77] Vgl. C.E. 13. 12. 1963, Syndicat des practiciens de l'art dentaire, D. 1964, 55, concl. *Braibant*, sowie *Long - Weil - Braibant* zu GA 68, 265.

[78] T.C. 3. 3. 1969, Sté. interprofessionnelle du lait, AJDA 1969, 307, concl. *Kahn*.

[79] Vgl. den Schlußvortrag des Regierungskommissars *Kahn* zu der vorgenannten Entscheidung und die Anm. von *de Laubadère*, AJDA 1969, 307 und 311.

unsicherer wird, ist nicht einzusehen, weshalb zwar einseitige hoheitliche Maßnahmen, nicht aber Verträge Privater mit hoheitlichem Charakter als öffentlich-rechtlich beurteilt werden.

Es entspricht den Prinzipien der konzertierten Aktion, daß Regelungen zur Plandurchführung nicht durch einseitige Anordnungen individueller oder genereller Art, sondern durch Vereinbarungen zwischen Staat und Unternehmen getroffen werden. Vielfach beschränken sich diese Vereinbarungen in ihren Auswirkungen nicht auf die Vertragspartner, sondern haben kollektiven Charakter. Damit stellt sich das Problem des Rechtsschutzes unbeteiligter Dritter, die durch einen solchen Vertrag unmittelbar in ihren Rechten berührt werden.

b) *Anfechtbarkeit vertraglicher Formen der Wirtschaftslenkung*

Grundsätzlich ist es unmöglich, einen gesetzeswidrigen Vertrag mit der Anfechtungsklage anzugreifen, ebensowenig, wie die Anfechtungsklage auf eine Vertragsverletzung gestützt werden kann[80]. Enthält ein Vertrag jedoch eine generelle Regelung der Rechtsstellung Dritter, so hat er, materiell gesehen, den Charakter einer Rechtsnorm. Durch eine Umgehung der für Rechtsverordnungen vorgesehenen Formvorschriften darf der Rechtsschutz der Betroffenen nicht verschlechtert werden.

Die Problematik soll an Hand eines vom C.E. entschiedenen Falles deutlich gemacht werden[81]: Das Transportministerium schloß 1962 mit der staatlichen Gesellschaft Air France einen Vertrag über die Übernahme des Personals von Air Algérie, das infolge der Unabhängigkeit von Algerien entlassen wurde. In diesem Vertrag waren die Voraussetzungen für die Übernahme im einzelnen geregelt. Der Kläger, der diese Bedingungen erfüllte, beantragte beim zuständigen Transportminister seine Einstellung in den Dienst von Air France, was der Minister ablehnte. Der C.E. sah die Klage als zulässig an und hob die Entscheidung des Ministers wegen Verletzung des mit Air France geschlossenen Vertrages auf. Der Vertrag hatte, da er die objektiven Bedingungen für die Übernahme des Personals von Air Algérie festsetzte, den Charakter einer Rechtsnorm.

Der C.E. sieht allerdings Verträge nur dann als Rechtsnormen an, auf die sich Dritte berufen können, wenn der Gesetzgeber wie im vorliegenden Fall die Verwendung vertraglicher Formen zur Regelung

---

[80] Die Theorie der „actes détachables" ermöglicht allerdings in beschränktem Umfange eine Anfechtung rechtswidriger Maßnahmen der Verwaltung bei Abschluß und Durchführung des Vertrages; vgl. hierzu den Schlußvortrag des Regierungskommissars *Combarnous* zu C.E. 24. 4. 1964, Sté. anon. de livraisons industrielles et commerciales, AJDA 1964, 308.

[81] C.E. 23. 2. 1968, Picard, AJDA 1968, 461, mit Kommentar von Massot und *Dewost*, S. 457.

bestimmter Sachverhalte vorgesehen hat. Diese Einschränkung ist im Bereich der Wirtschaftslenkung nicht vertretbar, da hier die Angleichung und Vermengung von vertraglichen Vereinbarungen und Rechtsnormen besonders stark ist. Es würde sonst die Gefahr bestehen, daß der Bürger durch die zunehmende Anwendung vertraglicher Techniken der Plandurchführung die rechtlichen Garantien verliert, die mit den traditionellen Formen des Verwaltungshandelns verbunden sind. Dazu gehört in erster Linie der Schutz des einzelnen gegen rechtswidrige Maßnahmen der Verwaltung. Aus diesem Grund ist allein auf den Inhalt der öffentlich-rechtlichen Verträge zwischen Staat und Privaten abzustellen. Enthalten sie eine Regelung der Rechtsstellung Dritter, so sind sie als Rechtsnormen im materiellen Sinne zu werten und können von den Betroffenen im Verwaltungsrechtswege angefochten werden. Dritte, die am Vertragsschluß nicht beteiligt sind, können sich zur Begründung einer Anfechtungsklage auf Vertragsbestimmungen berufen, durch die sie objektiv begünstigt werden.

c) Die Anfechtbarkeit wirtschaftslenkender Verwaltungsverordnungen

Die Verwaltung hat außerdem die Tendenz, bestimmte Fragen der Plandurchführung nicht durch Rechtsnormen, sondern durch Runderlasse und Verwaltungsverordnungen zu regeln. Jedes Ministerium kann ohne Bindung an die Formvorschriften, die für Rechtsverordnungen gelten, in seinem Zuständigkeitsbereich Verwaltungsanweisungen an die ihm untergeordneten Behörden erlassen. Damit ist jedoch keine Befugnis zu autonomer Rechtssetzung mit Außenwirkung verbunden. Diese Verwaltungsvorschriften können, da sie nur für den Dienstgebrauch bestimmt sind, grundsätzlich nicht angefochten oder zur Begründung für eine Anfechtungsklage herangezogen werden. Dies gilt allerdings nur für solche Anordnungen, die sich ihrem Zweck entsprechend auf Dienstvorschriften und die Interpretation bestehender Rechtsnormen beschränken (circulaires interprétatives)[82]. Enthalten sie jedoch selbständige Regelungen, welche die Rechtsstellung der Bürger unmittelbar betreffen, so haben sie insoweit den Charakter einer Rechtsnorm (circulaires réglementaires)[83]. Derartige Bestimmungen können angefochten und wegen Verstoßes gegen die für Rechtsverordnungen geltenden Formvorschriften aufgehoben werden. Solange sie in Kraft sind, binden sie die Verwaltung auch gegenüber Privaten; diese können sich daher auf die Verletzung normativer Verwaltungsanordnungen zur Begründung einer Anfechtungsklage berufen.

---

[82] C.E. 29. 7. 1953, Dame Sémichon, Rec. 418.

[83] C.E. 29. 1. 1954, Notre Dame du Kreisker, GA 96.

VII. Umfang der gerichtlichen Kontrolle wirtschaftslenkender Maßnahmen

1. Schwierigkeit der richterlichen Kontrolle

Die verwaltungsgerichtliche Kontrolle umfaßt zwar alle wesentlichen Formen der Wirtschaftslenkung. Sie ist jedoch nur wirksam, soweit die Verwaltung an übergeordnete Rechtsnormen gebunden ist.

a) Mangelnde Stabilität der gesetzlichen Vorschriften

Wie bereits ausgeführt wurde, hat das Prinzip der Gesetzmäßigkeit der Verwaltung in der Verfassungswirklichkeit der IV. und V. Republik seine ursprüngliche Bedeutung verloren. Von einer Unterordnung der Verwaltung unter das Gesetz kann im Bereich der Wirtschaftslenkung kaum noch gesprochen werden. Die Regierung ist hier vielmehr nach Art. 37 und 38 der Verfassung zur autonomen Rechtssetzung und Abänderung bestehender gesetzlicher Bestimmungen befugt. Dieses Rechtssetzungsverfahren eignet sich infolge seiner Leichtigkeit und Schnelligkeit in besonderem Maße zu einer Regelung wirtschaftlicher Tatbestände, die einem ständigen Wandel unterliegen. Es führt jedoch auch zu einer Unbeständigkeit von Rechtsnormen, die eine wirksame Kontrolle der Rechtmäßigkeit von Verwaltungsmaßnahmen erschwert.

Die Schwerfälligkeit des parlamentarischen Gesetzgebungsverfahrens ermöglichte es dem C.E., den Willen des Gesetzgebers souverän zu interpretieren und sich dadurch oft an dessen Stelle zu setzen. Dies ist bei der Auslegung von Rechtsnormen, die im Verordnungswege erlassen werden, nicht in gleichem Maße möglich, da die Verwaltung durch eine schnelle Änderung der Norm die Ansicht des Richters korrigieren kann.

Nach der Verfassung der V. Republik sind politische Funktionen und reine Verwaltungsaufgaben nicht mehr getrennt[84]. Die Gerichte sehen sich daher bei der Kontrolle von Verwaltungsmaßnahmen häufig mit politischen Organen konfrontiert, was ihre Aufgabe nicht gerade erleichtert[85].

Die Entmachtung des Parlaments wird zwar zu einem gewissen Grade durch die Ausdehnung des richterlichen Prüfungsrechtes von Rechtsnormen auf Grund der principes généraux du droit ausgeglichen. Wie wir gesehen haben, werden diese Grundsätze jedoch entsprechend

---

[84] *Debbasch* spricht in diesem Zusammenhang von einer Regierung der Technokraten und einer Bürokratisierung der Politik, in: Le Déclin du Contentieux Administratif, D. 1967, 97.

[85] Der Staatspräsident hat nach der geltenden Verfassung wichtige Befugnisse im Bereich von Verwaltung und Gesetzgebung.

den Bedürfnissen der Wirtschaftsplanung ausgelegt und erweisen sich daher nur noch in seltenen Fällen als Grenze wirtschaftslenkender Maßnahmen.

b) *Ermessensfreiheit der Verwaltung*

Ist die Verwaltung an eine gesetzliche Ermächtigung gebunden, so wird ihr in der Regel ein weiter Ermessensspielraum eingeräumt. Viele Texte beschränken sich darauf, das Ziel des Verwaltungshandelns zu bestimmen, ohne die dazu erforderlichen Mittel vorzuschreiben. Oft werden auch die Ziele wirtschaftlicher Eingriffe nur in allgemeiner Form festgelegt, was eine Ermessenskontrolle erschwert. Schließlich wird in einigen Gesetzen der Verwaltung die Ermächtigung erteilt, nach ihrem Ermessen im Einzelfall von der allgemeinen verbindlichen Regelung abzuweichen. Damit ist ihre Bindung an generelle Normen in Frage gestellt[86]. Das Verwaltungsstreitverfahren setzt eine ausreichend definierte und relativ beständige Regelung der Verwaltungsbefugnisse voraus. Zweck der Wirtschaftsverwaltung ist aber nicht die Regelung bestehender Zustände, sondern ihre geplante Veränderung. An die Stelle statischer Rechtsvorschriften tritt daher das Programm, das eine ständige Anpassung an die wirtschaftliche Entwicklung ermöglicht.

Die Bedürfnisse der Wirtschaftsplanung rechtfertigen jedoch nicht eine völlige Freistellung der Verwaltung von rechtlichen Bindungen. Ihr Ermessensspielraum muß auch in einer gelenkten Wirtschaftsordnung im Interesse der Rechtssicherheit und der Wahrung individueller Rechte begrenzt werden. Wenn ausdrückliche gesetzliche Bindungen fehlen, dienen hierzu neben den Grundrechten die allgemeinen Grundsätze des Verwaltungsrechts, die als richterliches Gewohnheitsrecht für die Verwaltung verbindlich sind. Es liegt nicht im Rahmen dieser Arbeit, diese Grundsätze im einzelnen darzulegen. Sie sollen daher nur insoweit erwähnt werden, als sie für die Kontrolle wirtschaftslenkender Maßnahmen von besonderer Bedeutung sind[87].

2. Kontrolle von Form und Verfahren wirtschaftslenkender Maßnahmen

Voraussetzung für die Rechtmäßigkeit von Verwaltungsakten ist die Beachtung zwingender Formvorschriften und Verfahrensgrundsätze.

Hierzu gehört das Gebot der individuellen Prüfung der einzelnen Sachverhalte[88]. Dieser Grundsatz soll bewirken, daß sich die Verwal-

---

[86] Vgl. *Debbasch*, a.a.O., S. 98/99.

[87] Vgl. hierzu vor allem: *de Soto*, Recours pour Excès de Pouvoir et Interventionnisme Economique, EDCE 1952, S. 64 ff.

[88] C.E. 13. 1. 1950, Rauré, D. 1951, 549; vgl. auch *Mégret*, in: EDCE 1952, 78.

tung bei ihren Entscheidungen der besonderen Rechts- und Interessenlage der Betroffenen bewußt wird. Er gibt Unternehmen, welche die Gewährung von Subventionen oder Steuervorteilen beantragen, die Möglichkeit, die Verwaltung von dem gesamtwirtschaftlichen Nutzen ihrer Vorhaben zu überzeugen, und bietet so eine Garantie gegen eine schematische Gleichbehandlung ungleicher Sachverhalte.

Haben wirtschaftslenkende Maßnahmen den Charakter einer Sanktion oder greifen sie auf andere Weise schwerwiegend in die Rechte eines Unternehmens ein, so ist diesem zuvor rechtliches Gehör zu gewähren[89].

Das französische Verwaltungsrecht kennt keinen allgemeinen Grundsatz, nach dem die Verwaltung zur Begründung ihrer Entscheidungen verpflichtet ist. Die Nichtangabe von Gründen bei Erlaß eines Verwaltungsaktes ist daher nur dann als Verfahrensfehler anzusehen, wenn eine Begründung im Einzelfall gesetzlich vorgeschrieben ist. Eine Begründung ist jedoch bei Ermessensentscheidungen, die gerade im Bereich der Wirtschaftsverwaltung die Regel sind, unerläßliche Voraussetzung einer gerichtlichen Kontrolle. Das Gericht kann daher der Behörde im Verwaltungsprozeß die Auflage erteilen, die Gründe der angegriffenen Entscheidung mitzuteilen. An den Inhalt einer solchen Begründung sind nach einer neueren Entscheidung des C.E. strenge Anforderungen zu stellen. Die Behörde darf sich nicht auf allgemeine phrasenhafte Formulierungen beschränken, sondern muß genaue Auskunft über die tatsächlichen und rechtlichen Erwägungen geben, die für ihre Entscheidung bestimmend waren[90]. Kommt die Behörde der Auflage des Gerichtes nicht nach, so ist ein Ermessensmißbrauch zu unterstellen, der zur Aufhebung des angefochtenen Verwaltungsaktes führt[91]. Erweist sich einer von mehreren Gründen, auf denen eine Ermessensentscheidung beruht, als unzutreffend, so ist diese rechtswidrig, wenn nicht feststeht, daß die Verwaltung dieselbe Entscheidung auch aus den übrigen Gründen getroffen hätte[92].

3. Überprüfung der Feststellung und rechtlichen Wertung wirtschaftlicher Tatbestände

Die gerichtliche Kontrolle erstreckt sich ferner auf das Vorhandensein und die rechtliche Wertung der entscheidungserheblichen Tatsachen. Dieser Kontrolle sind bei wirtschaftslenkenden Maßnahmen

---

[89] Das Recht auf rechtliches Gehör (droit de la défense) zählt nach der Rechtsprechung zu den „principes généraux du droit"; vgl. C.E. 5.5.1944, Dame Trompier-Gravier, GA 71.

[90] C.E. 26.1.1968, Sté. „Maison Génestal", AJDA 1968, 122.

[91] C.E. 28.5.1954, Barel, GA Nr. 98.

[92] C.E. 12.1.1968, Dame Perrot, AJDA 1968, 179, concl. *Kahn*.

jedoch Grenzen gesetzt. Die Ermittlung wirtschaftlicher Tatsachen setzt oft eine umfangreiche Dokumentation und ein Sachwissen voraus, über das zwar eine Fachbehörde, nicht aber das Gericht verfügt[93]. Der C.E. räumt daher der Verwaltung bei der Feststellung wirtschaftlicher Tatbestände, die gesetzlich nicht genau definiert sind, einen Beurteilungsspielraum ein: In diesen Fällen beschränkt sich die richterliche Kontrolle auf die Sanktion offenbarer Irrtümer in tatsächlicher Hinsicht[94].

4. Die Motivationskontrolle des Verwaltungsermessens („détournement de pouvoir")

Noch schwieriger als die Überprüfung wirtschaftslenkender Maßnahmen auf falsche Tatsachenfeststellungen oder fehlerhafte Rechtsanwendung erweist sich die Kontrolle der Motivation dieser Entscheidungen. Ermessensakte, die auf zutreffender tatsächlicher Grundlage beruhen und keinen Rechtsirrtum erkennen lassen, sind rechtswidrig, wenn sie einen unerlaubten Zweck verfolgen (détournement du pouvoir)[95]. Ein Ermessensmißbrauch liegt zweifellos dann vor, wenn eine an sich zulässige Maßnahme nicht im öffentlichen Interesse, sondern ausschließlich zur Förderung privater Interessen getroffen wurde. Die Ermessensausübung ist aber auch dann fehlerhaft, wenn die Verwaltung zwar im öffentlichen Interesse handelt, aber einen anderen als den ihr vorgeschriebenen Zweck verfolgt.

Im allgemeinen werden der Verwaltung Handlungsbefugnisse zur Erreichung eines bestimmten Zweckes übertragen, der sich aus dem Wortlaut oder dem Sinn der gesetzlichen Vorschrift entnehmen läßt. Die Verwaltung ist dann nicht nur an die Bestimmungen der Rechtsnorm, sondern auch an die dieser zugrunde liegenden Zielsetzung gebunden. Sie darf sich daher bei ihren Maßnahmen nicht von Erwägungen leiten lassen, die dem Sinn der gesetzlichen Ermächtigung nicht entsprechen. Bei wirtschaftslenkenden Maßnahmen läßt sich zwar mit einiger Sicherheit ermitteln, ob sie im Interesse der Allgemeinheit oder

---

[93] Vgl. hierzu *Fromont*, Le Contrôle de l'Appréciation des Faits Economiques dans la Jurisprudence Administrative, AJDA 1966, 588.

[94] *Fromont*, a.a.O., S. 591; C.E. 6. 11. 1963, Sté. Iranex, AJDA 1964, 187.

[95] Nach herrschender Lehre besteht im Falle des „détournement de pouvoir" der Grund für die Rechtswidrigkeit des Verwaltungsaktes in der Fehlerhaftigkeit des von der Verwaltung verfolgten Zieles, der rechtswidrigen Willensrichtung.

„Le détournement de pouvoir consiste dans le fait, pour une autorité administrative, d'user de ces pouvoirs en vue d'un but autre que celui pour lequel ils lui ont été conféré", vgl. *Long - Weil - Braibant* zu C.E. vom 26. 11. 1875, Pariset, in GA 4, *de Laubadère* I, Nr. 893—907, *Clever*, Ermessensmißbrauch und détournement de pouvoir nach dem Recht der europäischen Gemeinschaften, 1967.

eines Privaten getroffen wurden. Im Zweifel spricht die Vermutung dafür, daß die Verwaltung im öffentlichen Interesse gehandelt hat; der Kläger, der dies bestreitet, trägt daher die Beweislast[96]. Soweit die Befugnisse der Verwaltung gesetzlich geregelt sind, läßt sich diesen Bestimmungen oft eine konkrete Zielsetzung und damit eine Motivationsbindung nicht entnehmen. Dies liegt zunächst an der bereits erwähnten Unbestimmtheit der gesetzlichen Vorschriften, ergibt sich aber auch aus dem Wesen der Wirtschaftslenkung. Ein Eingriff des Staates in einen Teilbereich der Wirtschaft hat in der Regel auch Auswirkungen auf andere Bereiche. Die Verwaltung muß daher bei ihren Maßnahmen die Gesetzmäßigkeiten des Wirtschaftsablaufes und die wirtschaftlichen Zusammenhänge berücksichtigen, die für den Richter nur schwer erkennbar sind. Dies bedingt einen weiten Motivationsspielraum der Verwaltung[97]. Der C.E. verzichtet daher im Bereich der Wirtschaftsverwaltung abweichend von seiner sonstigen Rechtsprechung darauf, eine bestimmte Zielsetzung gesetzlicher Vorschriften zu ermitteln, aus der sich eine Motivationsbildung ergeben könnte. Damit beschränkt sich die Ermessenskontrolle auf die Prüfung, ob die angegriffene Entscheidung im öffentlichen Interesse getroffen wurde[98].

Durch den unbestimmten Begriff des allgemeinen Interesses werden fast alle Eingriffe des Staates in die Wirtschaft gedeckt. Die Literatur hat sich daher überwiegend gegen diese Rückbildung der Ermessenskontrolle im Bereich der Wirtschaftsverwaltung ausgesprochen. Waline wirft dem C.E. sogar vor, der Verwaltung eine Blankovollmacht zu systematischer Verletzung des Gleichheitssatzes und einer faktischen Sozialisierung privatwirtschaftlicher Unternehmen erteilt zu haben[99]. Diese Kritik geht jedoch zu weit. Der C.E. hat durchaus nicht auf jede Kontrolle wirtschaftslenkender Maßnahmen verzichtet. Die Kontrolle hat sich oft nur von subjektiven auf objektive Kriterien verlagert. Anstatt auf die Zielsetzungen der Verwaltung abzustellen, die im wirtschaftlichen Bereich einer richterlichen Nachprüfung ohnehin kaum zugänglich sind, achtet der C.E. darauf, daß die objektiven Voraussetzungen einer Ermessensentscheidung in tatsächlicher und rechtlicher Hinsicht gegeben sind. Ermessensakte können nicht nur wegen Ermessensmißbrauch, sondern auch wegen Verfahrensfehlern, unrichtiger Tatsachenfeststellungen und Rechtsverletzungen aufgehoben werden. Die verwaltungsgerichtliche Kontrolle beschränkt sich allerdings auf die

---

[96] *Touscoz*, in: D. 1964, 419.

[97] Vgl. hierzu den Schlußvortrag des Regierungskommissars *Fournier* zu der Entscheidung des C.E. vom 12. 11. 1958, Syndicat de la raffinerie du Soufre Français, AJDA 1959, 13/16.

[98] *de Soto*, a.a.O., S. 77; C.E. 3. 7. 1953, Sté. Cenpa, Rec. 342.

[99] Anmerkung von *Waline* zu der Entscheidung des C.E. vom 29. 6. 1951, Syndicat de la Raffinerie du Soufre Français, D. 1951, 661.

äußere Legalität von Ermessensakten, sie greift aber im übrigen nicht in die Entscheidungsfreiheit der Verwaltung ein[100]. Die Verwaltung kann, solange sie sich innerhalb des gesetzlich festgelegten Aktionsrahmens bewegt, die Ziele ihres Handelns autonom bestimmen und auch frei über die wirtschaftliche Zweckmäßigkeit ihrer Maßnahmen entscheiden. Der Plan, zu dessen Durchführung sie verpflichtet ist, kann seinem Wesen nach keine Ermessensbindung im Sinne einer gesetzlichen Vorschrift bewirken, da er einer ständigen Anpassung an die wirtschaftliche Entwicklung bedarf und sich erst im Verlaufe seines Vollzuges konkretisiert. Seine Bestimmungen können daher nicht als Maßstab für eine richterliche Kontrolle wirtschaftslenkender Maßnahmen dienen. Die Handlungsfreiheit der Verwaltung findet ihre Grenze lediglich an dem aus dem Gleichheitssatz abgeleiteten Willkürverbot. Ermessensfehlerhaft sind demnach nur solche Entscheidungen, die mit den Zielsetzungen der Wirtschaftsplanung offensichtlich in keinem sachlichen Zusammenhang stehen.

5. Zusammenfassung: Unzulänglichkeit des Rechtsschutzes gegen wirtschaftslenkende Maßnahmen

Die Schwäche des Rechtsschutzes gegen wirtschaftslenkende Maßnahmen beruht weniger auf der Zurückhaltung des C.E. bei der Überprüfung von Ermessensakten als auf der Fortbildung des Rechts im Bereich der Wirtschaftsverwaltung. Das Verwaltungsstreitverfahren in seiner bisherigen Gestaltung ist geprägt von den Grundsätzen des Liberalismus, der im wirtschaftlichen Bereich nur noch sehr eingeschränkt gilt. Es ist zugeschnitten auf die traditionellen Formen der Eingriffs- und Leistungsverwaltung, wird jedoch den Besonderheiten der staatlichen Wirtschaftsplanung und Wirtschaftslenkung nicht gerecht.

[100] *de Soto*, a.a.O., S. 76.

Siebentes Kapitel

§ 7 Zusammenfassung: Beitrag von Wirtschaftsplanung und Wirtschaftslenkung zur Entwicklung des Wirtschaftsverwaltungsrechts

Wie wir gesehen haben, verfügt die Verwaltung über ein ausreichendes Instrumentarium, um den Zielsetzungen des Plans, der seinem Wesen nach indikativ ist, auch im Bereich der Privatwirtschaft Geltung zu verschaffen. Einige der Mittel zur Plandurchführung, wie Subventionen und Steuervorteile, sind allerdings nicht neu. Der Staat bediente sich ihrer bereits vor Entwicklung der Wirtschaftsplanung zur Erreichung wirtschaftspolitischer Ziele. Dabei handelte es sich jedoch um konkrete und zeitlich begrenzte Einzelmaßnahmen, die in der Regel zur Beseitigung wirtschaftlicher Mißstände getroffen wurden. Die Planifikation erstrebt jedoch im Gegensatz zu einem unkoordinierten punktuellen Interventionismus eine Globalsteuerung der gesamten Wirtschaft im Sinne langfristiger Planziele. Der Plan, der vorwiegend globale Richtlinien und Zielprojektionen enthält, bedarf zu seiner Wirksamkeit einer Konkretisierung durch die Einzelplanung der betroffenen Unternehmen. Im Mittelpunkt der Plangestaltung und Plandurchführung steht daher der Gedanke der konzertierten Aktion von Staat und Privatunternehmen. Soweit der Staat einseitige Interventionsmaßnahmen ergreift, geschieht dies eher, um dadurch, wie zum Beispiel bei den Subventionsverhältnissen, die Grundlage einer langfristigen Zusammenarbeit mit den Betroffenen zu schaffen, als um einen begrenzten wirtschaftlichen Einzelerfolg zu erzielen. Damit tritt das vertragliche Element der Plandurchführung in den Vordergrund. Es entwickeln sich neue Formen wirtschaftlicher Zusammenarbeit, wie die Planungsabkommen, die sich oft nur mit Hilfe wirklichkeitsfremder Fiktionen in die traditionellen Kategorien des Verwaltungsrechts und des Privatrechts einordnen lassen.

Die Planifikation stellt Rechtsbegriffe in Frage, die bisher als allgemeingültig anerkannt wurden. Sie führte nicht nur zu der Entstehung neuer Verwaltungsstrukturen, sondern auch zu einer Erneuerung der Rechtsformen des Verwaltungshandelns[1]. Eine rechtliche Analyse der staatlichen Wirtschaftsplanung und Wirtschaftslenkung kann sich daher nicht auf die Probleme beschränken, die sich aus den einzelnen Maßnahmen ergeben. Um Kriterien für eine Integration dieser Maßnahmen in die Rechtsordnung zu entwickeln, bedarf es einer systematischen Gesamtbetrachtung der bisher gewonnenen Einzelergebnisse. Zuvor sollen jedoch die in der französischen Rechtslehre hierzu geäußerten Meinungen in einer kurzen Zusammenfassung dargestellt werden.

I. Die rechtliche Integration der Wirtschaftsplanung Stand der Meinungen in der französischen Literatur

Die rechtliche Einordnung der Phänomene der Wirtschaftsplanung ist in der Rechtslehre äußerst umstritten. Im wesentlichen zeichnen sich unter den bisher vorliegenden Stellungnahmen drei Tendenzen in einer für die wissenschaftliche Forschung geradezu klassischen Folge ab: die Negation des Problems, der Versuch, die als neu erkannte Problematik mit Hilfe herkömmlicher Rechtsbegriffe zu lösen, und schließlich das Bemühen, einen spezifischen rechtlichen Rahmen für die neuen Gestaltungsformen der Wirtschaftslenkung zu finden.

1. Die Negation des Problems

Nach der Auffassung von Quermonne haben die Akte der Planung und Wirtschaftslenkung, die nicht zwangsweise durchgesetzt werden können, keine rechtliche Bedeutung[2]. Der Plan und die Planungsabkommen wären demnach nichts anderes als feierlich bekräftigte Absichtserklärungen ohne jede Rechtsfolge. Sie könnten keine Ermessensbindung der Verwaltung bewirken und wären einer gerichtlichen Kontrolle entzogen. In der französischen Verwaltungsrechtslehre konnte sich diese Auffassung nicht durchsetzen. Wie Rivero in seiner Stellungnahme zu dem Beitrag von Quermonne darlegt, beruht gerade im Bereich der Wirtschaftsplanung die normative Geltung eines Aktes nicht ausschließlich auf Sanktionen, sondern in erster Linie auf Stimulierungswirkungen[3].

2. Lösungsversuche auf der Grundlage des klassischen Verwaltungsrechts

Unter den Versuchen, die Planung und den Planvollzug in die herkömmlichen Begriffe des Verwaltungsrechts einzuordnen, verdient vor

---

[1] s. hierzu *Rivero,* Action Economique de l'Etat et Evolution Administrative, Rev.Econ. 1962, 886 ff.

[2] *Quermonne,* Les Effets de la Planification au Niveau de l'Appareil Politique et de l'Ordonnancement Juridique, in Cah.Fond.Nat.Sc.Pol. Nr. 140, 99.

[3] *Rivero,* Le Plan et le Droit, in Cah.Fond.Nat.Sc.Pol. Nr. 140, 125.

allem der Beitrag von de Laubadère besondere Beachtung[4]. De Laubadère räumt zwar ein, daß im Bereich des Wirtschaftsverwaltungsrechts zahlreiche rechtliche Besonderheiten bestehen. Diese seien jedoch heterogen und daher nicht auf ein einheitliches Kriterium zurückzuführen[5]. Bestimmte Formen des staatlichen Interventionismus hielten sich durchaus im Rahmen des klassischen Verwaltungsrechts. Das Verwaltungshandeln auf dem Gebiet der öffentlichen Unternehmen und der verstaatlichten Industrie sei dagegen weitgehend nach privatrechtlichen Grundsätzen zu beurteilen. Die Formen der Wirtschaftsplanung schließlich ließen eine gewisse Abkehr von den traditionellen Begriffen sowohl des Privatrechts als auch des öffentlichen Rechts erkennen. Da es infolge dieser Heterogenität nicht möglich sei, ein eigenständiges Wirtschaftsverwaltungsrecht zu entwickeln, könnten die spezifischen Probleme der Planung und des Planvollzugs nur auf der Grundlage der Rechtsinstitute des allgemeinen Verwaltungsrechts gelöst werden. De Laubadère sieht den Plan als Rechtsnorm, die zu seiner Durchführung dienenden Maßnahmen als Verwaltungsakte oder vertragliche Vereinbarungen an[6]. Seine Ausführungen lassen zwar Ansätze für eine Neuinterpretation dieser Begriffe erkennen, gehen aber über das bestehende System des Verwaltungsrechts nicht hinaus. Demgegenüber treten einige Autoren für die Entwicklung neuer rechtlicher Maßstäbe und für eine systematische Neuordnung des Rechts im Bereich der Wirtschaftsplanung und Wirtschaftslenkung ein.

3. Die Entwicklung eines spezifischen rechtlichen Rahmens für die neuen Gestaltungsformen der Wirtschaftslenkung

Unter dem Titel „Le Droit Administratif de l'Aléatoire" versucht A. Hauriou, die Grundlinien eines eigenständigen Planungsrechtes zu bestimmen[7]. Im Bereich der Zukunftsstrategie habe das Recht die Aufgabe, den Zufall berechenbar zu machen. Hierzu sei ein enges Zusammenwirken der Beteiligten erforderlich. Die Planungsbeziehungen seien daher gekennzeichnet durch das Fehlen von Sanktionen und durch Rahmenvereinbarungen und Verhaltenspflichten allgemeiner Art (obligations de comportement), die sich erst im Verlauf des Planvollzugs konkretisieren ließen und einer ständigen Anpassung an die Wirklichkeit bedürften[8]. Nach der Auffassung von A. Hauriou beruht die Wirksamkeit des Plans und die Verpflichtung zur Plandurchführung nicht

---

[4] *de Laubadère*, Traité Elémentaire de Droit Administratif, Bd. III, Nr. 839 ff.

[5] *de Laubadère*, a.a.O., Nr. 730.

[6] a.a.O., Nr. 855, 856, 897.

[7] *A. Hauriou*, Le Droit Administratif de l'Aléatoire, in: Mélanges Trotabas, S. 197 ff.

[8] a.a.O., S. 219/220.

wie bei einem Gesetz oder Verwaltungsakt auf einer einseitigen hoheitlichen Regelung, sondern auf der Zustimmung der Betroffenen. Die Planungsbeziehungen können seiner Ansicht nach auch nicht als Verträge gewertet werden, da sie Ausdruck einer Interessengemeinschaft seien, während ein Vertrag begrifflich einen Interessengegensatz der Parteien voraussetze. In Anlehnung an den im italienischen Recht gebräuchlichen Begriff des „atto complesso“[9] betrachtet Hauriou den Plan und die vertragsähnlichen Vereinbarungen zur Plandurchführung als Gesamtakte (actes collectifs), die auf einer einheitlichen Willensrichtung von Staat und Privatunternehmen beruhten und nur für die unmittelbar Beteiligten verbindlich seien[10]. Ob diese Begriffsbildung die Rechtsnatur des Plans zutreffend umschreibt, kann im Rahmen dieser Arbeit nicht nachgeprüft werden[11]. Für die Rechtsformen der Plandurchführung erscheint sie nicht zwingend. Einerseits kann ein Vertrag, wie das Beispiel der Gesellschaftsverträge beweist, zur Verfolgung gemeinsamer Interessen geschlossen werden. Andererseits beruhen die Planungsabkommen oft auf einem Kompromiß zwischen den divergierenden Interessen des Staates, der die Verwirklichung gesamtwirtschaftlicher Zielsetzungen erstrebt, und privaten Unternehmen, die in erster Linie auf Gewinnmaximierung bedacht sind[12].

Im Gegensatz zu A. Hauriou stellt Chapal weniger auf die subjektive Willensrichtung der Beteiligten als auf das Ziel und den objektiven Sinngehalt der Planungsbeziehungen ab[13]. Damit rückt die oft nur schwer zu entscheidende Frage, ob eine einseitige oder zweiseitige Regelung vorliegt, in den Hintergrund. Zur rechtlichen Einordnung der Maßnahmen der Planung und des Planvollzugs hat Chapal den Begriff des Prospektivaktes (acte prospectif) entwickelt. Der Rechtscharakter dieser Akte beruht nach seiner Auffassung darauf, daß sie für Staat und Unternehmen Verhaltenspflichten (obligations de comportement) begründen und als Bezugsnorm für rechtliche Regelungen dienen, die für die Betroffenen unmittelbar verbindlich sind. Wie Chapal darlegt, können die Prospektivakte auch eine Ermessensbindung der Verwaltung bewirken[14].

---

[9] Vgl. hierzu *Sandulli*, Manuale di Diritto Amministrativo, 8. Auflage 1964, Nr. 131 bis und 131 ter.

[10] Ebenso *H. Jacquot*, Recherche sur le Régime et la Nature Juridique des Plans Français, th. Paris 1967, 1. Teil, Kap. III, und S. 323.

[11] *A. Hauriou* scheint nicht ausreichend zu berücksichtigen, daß der Plan maßgebend von staatlichen Organen gestaltet, vom Parlament ratifiziert wird und als Bezugsnorm für zahlreiche rechtliche Regelungen dient.

[12] So auch *Dutheil de la Rochère*, AJDA 1967, 587.

[13] *P. Chapal*, Recherche sur la Notion et le Régime des Actes Juridiques à Caractère Prospectif, AJDA 1968, 323 ff.

[14] *Chapal*, a.a.O., S. 331.

Die spezifischen Rechtsprobleme der Wirtschaftsplanung lassen sich, wie A. Hauriou und Chapal zutreffend erkannt haben, nicht nur durch eine Neuinterpretation der herkömmlichen Begriffe des Verwaltungsrechts lösen. Es geht vielmehr darum, einen neuen rechtlichen Rahmen zu finden, der auch die besonderen Phänomene der Zukunftsstrategie umfaßt. Entgegen der Meinung von de Laubadère lassen sich trotz der Vielfalt und Unterschiedlichkeit wirtschaftslenkender Maßnahmen bestimmte Kriterien für die Entwicklung eines eigenständigen Wirtschaftsverwaltungsrechts finden, das auch eine Integration der Wirtschaftsplanung ermöglicht. Dies soll an Hand der bisherigen Untersuchungsergebnisse deutlich gemacht werden.

II. Die Angleichung von Privatrecht und öffentlichem Recht im Bereich der Wirtschaftsverwaltung

Die Entwicklung des Wirtschaftsverwaltungsrechts ist gekennzeichnet durch eine zunehmende Angleichung von Privatrecht und öffentlichem Recht.

1. Die Abgrenzung von öffentlichem Recht und Privatrecht beruht entsprechend der liberalen Staatsauffassung auf einer dialektischen Zuordnung von Staat und Gesellschaft[15]. Das Privatrecht dient der autonomen Gestaltung der Rechtsbeziehungen Privater im sozialen Bereich nach dem Grundsatz der Gleichordnung. Dagegen wird das öffentliche Recht verstanden als Sonderrecht öffentlicher Körperschaften. Es ist gekennzeichnet durch besondere Vorrechte, aber auch besondere Pflichten dieser Körperschaften bei Erfüllung ihrer im öffentlichen Interesse liegenden Aufgaben. Grundbegriff des Privatrechtes ist neben dem Eigentum der Vertrag, während typische Gestaltungsform des öffentlichen Rechts die einseitige hoheitliche Regelung durch Rechtsnorm oder Verwaltungsakt ist.

2. Eine klare Trennung öffentlicher Aufgaben und einer autonomen, gegen staatliche Eingriffe prinzipiell abgesicherten Sphäre privater Rechtsbeziehungen läßt sich jedoch im wirtschaftlichen Bereich nicht mehr feststellen. An die Stelle einer marktwirtschaftlichen Ordnung, die ausschließlich oder vorwiegend auf der Privatinitiative beruht, ist eine kooperative Wirtschaftsverfassung getreten, in der sich Staat und private Unternehmen die Verantwortlichkeit für die Erreichung gemeinsamer Zielsetzungen teilen. Bei einer konzertierten Planung und Plandurchführung überschneiden sich vielfach die Interessen der Allgemeinheit und die Interessen privater Unternehmen und Ver-

---

[15] Vgl. hierzu *Forsthoff*, Mittel und Wege moderner Planung, in: Planung III, 33.

bände. Wirtschaftslenkende Funktionen werden nicht mehr ausschließlich von staatlichen Behörden, sondern in zunehmendem Maße auch von privaten Körperschaften unter der Kontrolle des Staates ausgeübt. Andererseits schließt die Wahrnehmung des öffentlichen Interesses eine wirtschaftliche Tätigkeit der Verwaltung zu Erwerbszwecken nicht aus. In vielen Bereichen der Wirtschaft tritt der Staat in Wettbewerb mit privaten Unternehmen[16]. Damit ist aber der Begriff des service public sowohl in seiner materiellen als auch in seiner organischen Bedeutung als Wesensmerkmal des öffentlichen Rechts im wirtschaftlichen Bereich in Frage gestellt.

3. Ebenso fragwürdig als Abgrenzungskriterium bei wirtschaftslenkenden Maßnahmen ist der Begriff der hoheitlichen Regelung (gestion publique). Die Verwaltung handelt nämlich auf wirtschaftlichem Gebiet in zunehmendem Maße in den typischen Rechtsformen des Privatrechts, ohne dabei allerdings völlig auf ihre hoheitlichen Befugnisse zu verzichten. Dies wird besonders deutlich bei den sogenannten services publics industriels et commerciaux, die nach der Rechtsprechung grundsätzlich dem Privatrecht unterstehen. Diese Unternehmen unterscheiden sich weder in ihrer Organisation noch in ihrer Geschäftsführung von privaten Unternehmen, können jedoch Verträge schließen, die hoheitliche Elemente (clauses exorbitantes) enthalten[17].

Aus dem Rechtsstatus einer Körperschaft kann nicht mehr zwingend auf die Rechtsnatur ihrer Maßnahmen geschlossen werden. Dies gilt auch für private Unternehmen und Verbände, die wirtschaftslenkende Funktionen haben. Überträgt ihnen der Staat zur Erfüllung ihrer Aufgaben die Ausübung öffentlicher Gewalt, so sind sie befugt, einseitige verbindliche Regelungen gegenüber Dritten zu treffen oder mit diesen Verträge auf hoheitlicher Basis zu schließen. Diese Maßnahmen sind, wie im vorhergehenden Kapitel ausgeführt wurde, nach den Grundsätzen des öffentlichen Rechts zu beurteilen. Hoheitliches und nichthoheitliches Handeln lassen sich jedoch in vielen Fällen kaum noch auseinanderhalten, nachdem das Merkmal der Gleichordnung auch für die Rechtsbeziehungen Privater im wirtschaftlichen Bereich weitgehend seine Bedeutung verloren hat und an die Stelle frei vereinbarter Verträge typisierte Regelungen durch allgemeine Geschäftsbedingungen getreten sind, die den wirtschaftlich stärkeren Partner einseitig privilegieren.

4. Die Zusammenarbeit von Staat und Unternehmen auf wirtschaftlichem Gebiet äußert sich in Rechtsbeziehungen, die sowohl öffentlich-

---

[16] z. B. in den Bereichen der Automobilindustrie, der Banken und des Versicherungswesens.

[17] T.C. 17. 12. 1962, Dame Bertrand, AJDA 1963, 105.

rechtliche als auch privatrechtliche Elemente enthalten: Eine Anwendung der traditionellen Abgrenzungskriterien führt in diesen Fällen zu einer unnatürlichen Aufspaltung eines einheitlichen Rechtsvorganges. Dies wird besonders bei den Subventionsverhältnissen deutlich. Wie in Kapitel IV dargelegt wurde, ist die Entscheidung über die Gewährung der Subvention und die wesentliche Gestaltung der Subventionsbeziehung als Verwaltungsakt anzusehen. Wirken jedoch private Finanzierungsinstitute in selbständiger Funktion bei der Verteilung der öffentlichen Mittel mit, so treten sie, sofern sie im eigenen Namen handeln, zu den betroffenen Unternehmen in privatrechtliche Beziehungen[18]. Betrachtet man das Subventionsverhältnis in diesem Fall mit der herrschenden Lehre als zweistufig, so hat dies die schon aus prozeß-ökonomischen Gründen unerwünschte Folge, daß für jede Stufe ein besonderer Rechtsweg gegeben ist. Außerdem ist bisher weder in der französischen noch in der deutschen Rechtslehre überzeugend geklärt, welche Folgen die Unwirksamkeit der Rechtsbeziehungen einer Stufe auf die andere Stufe hat. Diese Gründe sprechen dafür, die Subventionsverhältnisse einheitlich nach den Grundsätzen eines Wirtschaftsverwaltungsrechts zu beurteilen, das nicht auf der traditionellen Trennung von Privatrecht und öffentlichem Recht beruht. Dieses neue Rechtsgebiet könnte alle Formen der Zusammenarbeit von Staat und Unternehmen zum Zwecke der Plandurchführung umfassen.

III. Die Angleichung der traditionellen Rechtsformen des Verwaltungshandelns

Die Planifikation stellt nicht nur die Abgrenzung wirtschaftslenkender Maßnahmen nach verschiedenen Rechtsgebieten in Frage, sondern hat auch eine Angleichung der Rechtsformen des Verwaltungshandelns zur Folge.

1. Das grundlegende Rechtsinstitut des Verwaltungsrechts und zugleich typische Erscheinungsform der behördlichen Tätigkeit ist der Verwaltungsakt, der im deutschen wie im französischen Recht als einseitige Entscheidung einer Behörde auf dem Gebiet des öffentlichen Rechts zur Regelung eines Einzelfalles verstanden wird[19]. Generelle und abstrakte Regelungen trifft die Verwaltung in der Regel durch Rechtsverordnung entweder im Rahmen einer gesetzlichen Ermächtigung oder auf Grund ihrer autonomen Rechtssetzungsbefugnis nach

---

[18] s. o. zu § 4 I 7 e.

[19] *de Laubadère* I. Nr. 347—352; von dieser *materiellen* Begriffsbestimmung ist der *prozessuale* Begriff des Verwaltungsaktes zu unterscheiden, der jede individuelle oder generelle Maßnahme der Exekutive mit Außenwirkung umfaßt.

Art. 37 der Verfassung. Eine weitere Form des Verwaltungshandelns im Bereich des öffentlichen Rechts ist der Vertrag, der auf einer Willensübereinstimmung mit dem jeweiligen Partner beruht und, obwohl er hoheitlichen Charakter trägt, einen gewissen Einfluß des Partners auf die inhaltliche Gestaltung der gegenseitigen Rechtsbeziehungen voraussetzt.

2. Die Zusammenarbeit von Staat und privaten Unternehmen vollzieht sich in Rechtsformen, die den klassischen Definitionen des Verwaltungsrechts nicht mehr entsprechen. Die Besonderheit der konzertierten Plandurchführung besteht darin, daß sich der Staat einerseits um eine einverständliche Regelung mit den betroffenen Unternehmen bemüht, andererseits jedoch auch im Rahmen vertraglicher Vereinbarungen nicht auf die Ausübung hoheitlicher Gewalt verzichtet. Eine Abgrenzung zwischen Vertrag und Verwaltungsakt läßt sich daher im Bereich des Wirtschaftsverwaltungsrechts nicht mehr mit Sicherheit treffen, so daß eine Neuinterpretation dieser Begriffe erforderlich erscheint.

Bei der Durchführung des Plans stehen vertragliche Absprachen und die einseitige hoheitliche Regelung oft in engem Zusammenhang. Die Bewilligung einer Subvention oder eines Steuervorteils ist zwar als Verwaltungsakt anzusehen[20]. Sie beruht jedoch auf vertraglichen Elementen, die für ihre rechtliche Beurteilung von Bedeutung sind. Wirtschaftslenkende Maßnahmen in Form begünstigender Verwaltungsakte stehen in der Regel in einem Austauschverhältnis zu einem bestimmten Verhalten des betroffenen Unternehmens. Dieses Verhalten wird oft in vorbereitenden Verhandlungen und gegenseitigen Vereinbarungen (quasi-contrats, contrats de programme) festgelegt, auf deren Grundlage die Behörde ihre endgültige Entscheidung trifft. Diese Absprachen, die als Planungsabkommen bezeichnet werden können, haben im allgemeinen nicht die Bindungswirkung von Verträgen, da sie entweder inhaltlich unbestimmt sind oder einer rechtlichen Verpflichtung zwingende Vorschriften des geltenden Rechts entgegenstehen. Das bedeutet aber nicht, daß sie ohne rechtliche Bedeutung sind. Sie bilden immerhin einen institutionellen Rahmen für die Gestaltung und Abwicklung des Subventions- oder Steuerrechtsverhältnisses. Ihre Verletzung durch das Unternehmen kann zur Rücknahme des begünstigenden Verwaltungsaktes führen, während die Nichterfüllung gegebener Versprechen durch die Behörde eine Entschädigungspflicht des Staates begründen kann[21].

---

[20] s. o. zu § 4 I 7 (Subventionsbewilligungen) und zu § 4 II 3 (steuerliches Agrément).

[21] s. o. zu § 5 IV.

3. Während einseitige Maßnahmen der Wirtschaftslenkung durch vertragliche Elemente geprägt werden, treten bei den zur Plandurchführung geschlossenen Verträgen hoheitliche Gestaltungsformen in den Vordergrund. Diese Verträge weichen in wesentlichen Punkten von dem klassischen Vertragsbegriff des Zivilrechts und des Verwaltungsrechts ab.

a) Der Vertrag als Mittel der Wirtschaftslenkung beschränkt sich im allgemeinen nicht auf die Begründung eines Leistungsaustausches. Er dient vielmehr in erster Linie zur Harmonisierung der Einzelplanung der Unternehmen mit gesamtwirtschaftlichen Zielsetzungen. Durch den Vertrag werden die Bestimmungen des Plans für die beteiligten Unternehmen konkretisiert und verbindlich gemacht. Sein Inhalt ist im wesentlichen durch den Plan vorgezeichnet und objektiviert[22]. Das Unternehmen hat daher auf die inhaltliche Ausgestaltung des Vertrages in der Regel nur geringen Einfluß. Auch seine Abschlußfreiheit ist äußerst begrenzt. Berücksichtigt man den Sachzwang, der von dem Angebot des Staates und den damit verbundenen finanziellen Vorteilen ausgeht, so bleibt oft nur die Möglichkeit, dieses Angebot anzunehmen. Die Freiheit des Unternehmens, seine Mitarbeit zu verweigern, ist nur bedingt und letztlich in das Ermessen des Staates gestellt. Erweisen sich Orientierungs- und Stimulierungsmaßnahmen nicht als ausreichend, so besitzt der Staat genügend Machtmittel, um bestimmte Planziele auch gegen den Willen der Betroffenen durchzusetzen[23]. Wie das Beispiel der Preisstoppverordnungen beweist, zögert er auch nicht, Zwangsmaßnahmen zu ergreifen, wenn alle anderen Mittel versagen.

b) Der Staat nimmt gegenüber seinen Vertragspartnern eine bevorrechtigte Stellung ein. Er ist zwar grundsätzlich an die Vertragsbedingungen gebunden, soweit diese ausreichend bestimmt sind. Es steht ihm jedoch frei, den Vertrag unvorhergesehenen Veränderungen der Wirtschafts- und Konjunkturlage anzupassen und damit einseitig zu verändern, im Notfall sogar aufzuheben. Die ungleiche Rechtsposition der Vertragspartner wird noch dadurch unterstrichen, daß bestimmte Vertragsverletzungen seitens des Unternehmens mit strafrechtlichen Sanktionen bedroht sind[24].

c) Die Planungsverträge beschränken sich vielfach nicht mehr auf eine Regelung der Rechtsbeziehungen der am Abschluß Beteiligten,

---

[22] Vgl. hierzu Khalil, Le Dirigisme Economique et les Contrats, S. 259/260.

[23] *Maspétiol*, Arch.Ph.Dr. 1952, 134: „La liberté admise pour la réalisation du Plan est une liberté conditionelle. C'est la liberté d'accepter et d'adhérer. Si cette acceptation ou cette adhésion ne se produisent pas, la contrainte n'est le plus souvent pas très éloignée."

[24] Art. 7 des Gesetzes vom 21. 7. 1950.

sondern haben kollektive Wirkung. Anstatt mit einer Vielzahl kleiner und mittlerer Unternehmen unmittelbar zusammenzuarbeiten, zieht die Verwaltung den Abschluß von Verträgen mit Unternehmensvereinigungen und Wirtschaftsverbänden vor, die über genügend Autorität verfügen, um die vertraglichen Vereinbarungen auch bei ihren Mitgliedern durchzusetzen. Als Beispiel hierfür sei auf den Vertrag des Staates mit dem Unternehmensverband der Stahlindustrie von 1966 hingewiesen[25]. Dieser Vertrag hatte unmittelbare Auswirkungen nicht nur auf die dem Verband angeschlossenen Einzelbetriebe, sondern auch auf die dort beschäftigten Arbeitnehmer, deren Arbeitsplätze gesichert werden sollten. Die Verträge zur Förderung industrieller Niederlassungen (conventions d'implantation industrielle) enthalten ein koordiniertes Programm öffentlicher und privater Investitionen. Sie sind Maßnahmen der Raumordnung, die außer den beteiligten Unternehmen die Bevölkerung eines bestimmten Gebietes betreffen. Im wirtschaftlichen und sozialen Bereich treten Kollektivregelungen durch Vertrag immer mehr an die Stelle einseitig verordneter Rechtsnormen[26]. Dies kann soweit gehen, daß ein Vertrag nicht nur die Vermögensinteressen, sondern unmittelbar auch die Rechtsstellung unbeteiligter Dritter berührt; er ist dann wie eine Rechtsnorm zu behandeln[27].

IV. Entwicklung neuer Rechtsbegriffe die noch einer rechtlichen Ausformung bedürfen

Die staatliche Wirtschaftsplanung knüpft zwar teilweise an die klassischen Begriffe des Verwaltungsrechts an und gestaltet diese nach ihren Bedürfnissen um. Sie führte aber auch zu der Entwicklung neuer Formen des Verwaltungshandelns, die rechtlich noch nicht vollständig erfaßt sind.

1. Die Prospektivakte (actes prospectifs)

Hierzu gehören der Plan selbst, die zu seiner Konkretisierung erlassenen Programm- und Orientierungsgesetze sowie vertragsähnliche Formen der Plandurchführung, wie zum Beispiel die Quasikontrakte[28].

---

[25] s. o. zu § 5 II 1.

[26] *Vasseur*, in: RTDC 1964, 8: „Un droit négocié tend à prendre place à coté du droit imposé et dans l'analyse des modes contemporains de formation du droit, le rôle de la négociation préalable ne peut plus être négligé.“

[27] s. o. zu § 6 VI.

[28] Die Programmgesetze enthalten eine mehrjährige Vorausplanung öffentlicher Investitionen für einen bestimmten Sektor des Staatshaushalts. Orientierungsgesetze sollen die Entwicklung eines Wirtschaftsbereiches fördern und sind im allgemeinen mit einem Programm öffentlicher Investitionen verbunden.

Diese Gestaltungsformen der Wirtschaftsplanung haben nicht den normativen Charakter, der für eine rechtliche Regelung typisch ist. Als Planungsinstrumente sind sie inhaltlich nicht bestimmt, sondern verändern sich im Verlaufe des Planvollzugs. Sie enthalten konkrete Zielvorstellungen, nicht aber eine verbindliche Festsetzung der zu treffenden Maßnahmen. Die Mittel zur Verwirklichung der Planziele sind nur programmatisch festgelegt und können daher den jeweiligen Erfordernissen der wirtschaftlichen Entwicklung angepaßt werden. Treten bei der Durchführung des Plans unerwartete wirtschaftliche Schwierigkeiten in erheblichem Umfange auf, so können auch einzelne Planziele revidiert werden. Die spezifischen Instrumente der Wirtschaftsplanung dienen nicht der Regelung eines bestimmten Sachverhalts, sondern sind an der Zukunft orientiert. Chapal bezeichnet sie daher mit Recht als Prospektivakte (acte prospectif)[29]. Die Frage nach der rechtlichen Bedeutung dieser Akte bedarf noch einer eingehenden Prüfung, die über den Rahmen dieser Arbeit hinausgehen würde. An Hand der bisherigen Untersuchungsergebnisse lassen sich im Anschluß an die grundlegenden Ausführungen von Chapal zusammenfassend bereits folgende Feststellungen treffen:

a) Eine isolierte Prüfung der Rechtsnatur des Plans führt zu unbefriedigenden Ergebnissen[30]. Planung und Planvollzug bilden eine Einheit. Die Rechtsnatur des Plans ergibt sich aus den rechtlichen Möglichkeiten seiner Durchführung.

b) Der Plan hat zwar an sich nicht den normativen Charakter einer rechtlichen Regelung. Er äußert jedoch im Verlauf seiner Durchführung zahlreiche rechtliche Wirkungen. Er bindet in seiner jeweiligen Gestaltung die Verwaltung und die von ihr abhängigen öffentlichen Unternehmen[31]. Der Plan dient ferner als Bezugsnorm für rechtliche Regelungen und hat insoweit auch unmittelbare Wirkungen gegenüber Dritten[32]. Diese können aus ihm zwar keine Rechte herleiten, müssen sich aber, um nachteilige Folgen für sich zu vermeiden, an den Planbestimmungen orientieren. So können zum Beispiel auf Grund gesetzlicher Bestimmungen Anträge auf Gewährung einer Subvention oder Erteilung einer Baugenehmigung wegen Planwidrigkeit des Vorhabens abgelehnt werden[33].

---

[29] Vgl. den bereits zitierten Beitrag von *Chapal,* in: AJDA 1968, 323.

[30] Die meisten bisherigen Untersuchungen in der französischen Literatur gehen von einer isolierten Prüfung der Rechtsnatur des Plans aus; die erste zusammenfassende Darstellung und Analyse der Prospektivakte findet sich in dem oben zitierten Aufsatz von *Chapal.*

[31] *Chapal,* a.a.O., S. 330/331.

[32] *de Laubadère* III, S. 507.

[33] s. z. B. Art. 15 des D. vom 30. 11. 1961, J.O. 5. 12. 1961, S. 11169.

c) Der Plan und die seinem Vollzug dienenden Prospektivakte können Handlungspflichten Privater nur mittels klassischer rechtlicher Regelungen begründen. Sie sind Rahmenbestimmungen, die zwar für den Staat als allgemeine Richtlinien verbindlich sind, zu ihrer Durchführung im privatwirtschaftlichen Bereich jedoch einer Konkretisierung durch Rechtsnormen, Verträge oder Verwaltungsakte bedürfen.

d) Die Prospektivakte nähern sich in ihrer Wirksamkeit der normativen Kraft rechtlicher Regelungen[34]. Sie sind zwar ihrem Wesen nach indikativ und können nicht zwangsweise verwirklicht werden. An die Stelle von Sanktionen sind jedoch finanzielle und steuerliche Anreize getreten, die einen gewissen Sachzwang begründen[35]. Anstatt die Durchführung des Plans im privatwirtschaftlichen Bereich zu erzwingen, stellt der Staat Belohnungen für plankonformes Verhalten in Aussicht. Diese Stimulierungsmaßnahmen, die im Ergebnis wirksamer als Sanktionen sein können, begründen eine faktische Verbindlichkeit der Prospektivakte auch gegenüber privaten Unternehmen[36].

2. Die Stimulierungsmaßnahmen (actes incitatifs)

Die finanzielle und steuerliche Begünstigung plankonformer Investitionen gehört zu den wichtigsten Mitteln der Globalsteuerung der Wirtschaft. Die Stimulierungsmaßnahmen sollen eine Harmonisierung von Gesamtplanung und unternehmerischer Einzelplanung bewirken. Sie haben ebenso wie der Plan prospektiven Charakter, da sie das wirtschaftliche Verhalten Privater im Sinne bestimmter Zielvorstellungen und Zukunftserwartungen beeinflussen wollen. Von den Prospektivakten unterscheiden sie sich jedoch dadurch, daß sie konkrete rechtliche Regelungen enthalten, die für die Betroffenen unmittelbare Rechtsfolgen begründen. Die Stimulierungsmaßnahmen sind, auch wenn sie in Form von Verwaltungsakten ergehen, keine Verwaltungsentscheidungen im traditionellen Sinn. Wie dies bei den Subventionsverhältnissen besonders deutlich wird, sind sie gekennzeichnet durch eine Vermischung privatrechtlicher und öffentlich-rechtlicher Elemente sowie durch eine Angleichung vertraglicher und einseitig hoheitlicher Gestaltungsformen[37]. Bei den Maßnahmen der traditionellen Eingriffs-

---

[34] *de Laubadère* III, S. 507 (Nr. 855).

[35] In diesem Sinne auch *Rivero,* in: Le Plan et le Droit, Cah.Fond.Nat.Sc.Pol. Nr. 140, 125.

[36] *Chapal,* S. 333: „Dans un ordre juridique sans juridictions organisées, la meilleure garantie de l'application de la règle n'est pas la crainte du gendarme mais l'espoir d'avantages précis."

[37] s. die Ausführungen zu II und III dieses Kapitels.

verwaltung kommt es weder auf die Modalitäten des Entscheidungsvorganges noch auf die Zustimmung der Betroffenen an. Die Wirksamkeit dieser Verwaltungsakte beruht nicht auf ihrer Überzeugungskraft, sondern auf ihrem Zwangscharakter. Die Stimulierungsmaßnahmen sollen dagegen ihre Adressaten zu einem freiwilligen Verhalten und zu aktiver Mitarbeit bei der Plandurchführung veranlassen[38]. Sie erstreben weniger eine einmalige Regelung eines Sachverhaltes als die Begründung einer langfristigen Zusammnarbeit mit den begünstigten Unternehmen. Dies läßt sich am besten durch eine Konzertierung bei Vorbereitung und Ausführung der Stimulierungsmaßnahmen erreichen. Die Unternehmen haben allerdings nur einen geringen Einfluß auf den Inhalt der Entscheidung selbst: Hier steht die einseitige hoheitliche Gestaltung im Vordergrund. Die Entscheidungen über die Gewährung einer Subvention oder die Erteilung eines steuerlichen Agréments sind Verwaltungsakte besonderer Art, die durch vertragliche Elemente geprägt sind. Der Begriff der Stimulierungsmaßnahme ist daher geeignet, eine Synthese von Vertrag und Verwaltungsakt auf dem Gebiet des Wirtschaftsverwaltungsrechts zu begründen.

V. Das Problem der rechtlichen Erfaßbarkeit der Wirtschaftsplanung (Verhältnis von Recht und sozialer Wirklichkeit)

Wie sich aus den bisherigen Ausführungen ergibt, eröffnen die Besonderheiten der Wirtschaftsplanung und Wirtschaftslenkung die Möglichkeit einer radikalen Rechtsfortbildung, die weit über die klassischen Begriffe des Verwaltungsrechts hinausführt. Dagegen erheben sich jedoch grundsätzliche Bedenken. Ist es überhaupt möglich, die Phänomene der Wirtschaftsplanung rechtlich zu erfassen? Wäre es nicht besser, die klassischen Rechtsbegriffe beizubehalten und, soweit möglich, auf die verschiedenen Formen der Plandurchführung anzuwenden, im übrigen aber die Beschreibung der Besonderheiten der Planifikation den Wirtschafts- und Sozialwissenschaften zu überlassen? Für eine solche Auffassung, die in der französischen Verwaltungsrechtslehre vor allem von Quermonne vertreten wird[39], scheinen folgende Argumente zu sprechen:

a) Die französische Planifikation ist ihrem Wesen nach nicht ein rechtlich durchformtes System von Institutionen mit genau definierten Kompetenzen, sondern ein Entscheidungsmechanismus, der auf der

---

[38] *Rivero*, Action Economique de l'Etat et Evolution Administrative, Rev.Econ. 1962, 894.

[39] Vgl. den bereits zitierten Beitrag von *Quermonne*, in: Cah.Fond.Nat. Sc.Pol. Nr. 140, 95 ff.

ständigen Koordination und Kooperation der beteiligten Wirtschaftssubjekte beruht. Ein Planungsvorgang, der nach den Grundsätzen einer flexiblen Globalsteuerung im Wege einer konzertierten Aktion gestaltet ist, entzieht sich prinzipiell einer normativen Festlegung.

b) Die Entwicklung der Planifikation seit 1946 war von rechtlichen Erwägungen kaum beeinflußt. Sie vollzog sich ohne wesentliche Beteiligung von Juristen außerhalb der traditionellen Rechtsordnung.

c) Die Wirksamkeit des Plans läßt sich nicht mit seiner Ratifizierung durch Gesetz oder Rechtsverordnung erklären. Sie beruht in nicht geringem Maße auf psychologischen und soziologischen Faktoren.

d) Die konzertierte Aktion bei Planung und Planvollzug ist ein Entscheidungsvorgang, der weniger juristisch als soziologisch zu verstehen ist[40].

Aus diesen Gesichtspunkten läßt sich jedoch nur der Schluß ziehen, daß sich die Akte der Planung und Plandurchführung nicht in die traditionellen Kategorien des Verwaltungsrechts einordnen lassen. Daraus folgt aber nicht, daß sie überhaupt keiner rechtlichen Regelung zugänglich sind. Die Frage der rechtlichen Erfaßbarkeit der Planifikation führt vielmehr zu dem rechtsphilosophischen Problem der Funktionen und der Tragweite des Rechts. Dieses Problem kann hier nicht vertieft werden[41]. Im Zusammenhang mit der Frage, ob eine Rechtsfortbildung im Bereich der Wirtschaftsverwaltung möglich ist, sind jedoch einige grundsätzliche rechtstheoretische Erwägungen erforderlich.

1. Quermonne betrachtet die Planifikation als Entscheidungsvorgang, der sich zu einer rechtlichen Regelung antithetisch verhält[42]. Nach seiner Auffassung dient das Recht der Stabilisierung eines bereits erreichten sozialen Gleichgewichts. Es sei daher formalistisch, statisch und retrospektiv. Die Planifikation sei dagegen das Streben nach einem neuen Gleichgewicht, daher dynamisch, informell und prospektiv.

Nach dieser Betrachtungsweise ist eine Angleichung des Rechtes an die Entwicklung der Wirtschaftsplanung weder möglich noch sinnvoll. Quermonne spricht daher im Zusammenhang mit der Planifikation folgerichtig von einer Auflösung des Rechts (déclin du droit), das möglicherweise im Bereich der Wirtschaft durch sozialwissenschaftliche Kriterien ersetzt werden könne. Seine Argumentation ist jedoch bereits

---

[40] *Rivero*, Coll. Droit Social XXXVI, S. 17.

[41] Vgl. hierzu vor allem *R. David*, Le Dépassement du Droit et les Systèmes de Droit Contemporains, Arch.Ph.Dr. 1963, 3 ff., und *Carbonnier*, L'Hypothèse du Non-Droit, Arch.Ph.Dr. 1963, 55 ff.

[42] Quermonne, a.a.O., S. 109.

ihrem Ansatz nach verfehlt. Er geht von einer statischen Betrachtung des Rechts aus, die den Funktionen der Rechtsordnung nicht entspricht. Das Recht ist zwar in vielen Fällen auf die Vergangenheit bezogen und dient dann zur Stabilisierung sozialer Verhältnisse und Entwicklungen und der Sicherung eines einmal erreichten Gleichgewichts. Es kann aber auch eine Umgestaltung bestehender Verhältnisse und eine Beschleunigung wirtschaftlicher und sozialer Entwicklungstendenzen erstreben und bewirken und ist dann nicht mehr vorwiegend retrospektiv, sondern ebenso wie die Wirtschaftsplanung Mittel einer an der Zukunft orientierten Politik.

2. Recht und soziale Wirklichkeit stehen in einem dialektischen Verhältnis. Das Recht ist zwar auf die soziale Wirklichkeit notwendig verwiesen, wirkt jedoch auch auf sie gestaltend als Ordnungsmacht. Dies gilt auch für den wirtschaftlichen Bereich. Die Wirtschaftsordnung belebt und gestaltet das Recht, bedarf jedoch einer rechtlichen Durchformung[43].

Die Organisation der Entwicklung von Wirtschaft und Gesellschaft kann nicht nur nach wirtschafts- und sozialwissenschaftlichen Gesetzmäßigkeiten erfolgen. Die Grundsätze und Methoden der Sozialwissenschaften sind noch viel zu umstritten, als daß sie allein einen sicheren Maßstab für diese Entwicklung geben könnten. Soziale Gerechtigkeit ergibt sich nicht von selbst aus einer wissenschaftlichen Harmonie menschlicher Beziehungen, sondern kann nur hervorgehen aus immer neuen Konflikten und Interessengegensätzen, deren Ausgleich Aufgabe der Rechtsordnung ist[44]. Das Recht hat daher eine autonome Ordnungs- und Befriedungsfunktion auch im wirtschaftlichen Bereich. Rechtliche Regelungen können diese Funktion aber nur dann erfüllen, wenn sie sich sowohl an der sozialen Wirklichkeit als auch an einer allgemein anerkannten oder für verbindlich erklärten Wertskala orientieren. Eine rechts- und wertneutrale Planifikation hätte zur Folge, daß die Gestaltung der wirtschaftlichen Entwicklung einseitig von den Interessen der wirtschaftlich Stärkeren, das heißt, entweder von einem technokratischen Verwaltungsapparat oder von wenigen monopolistischen Großbetrieben, bestimmt würde.

3. Die Rechtsordnung ist nicht statisch, sie entwickelt sich im Wandel der gesellschaftlichen Verhältnisse fort. Der soziale Wandel vollzieht sich aber nicht außerhalb der Rechtsordnung, sondern wird beeinflußt durch autonome Ordnungsprinzipien des Rechts. Recht und Wirtschaftsplanung sind keine begrifflichen Gegensätze. Sie sind Mittel

---

[43] s. hierzu *A. Marchal*, Les Rapports du Droit et de l'Economie Politique, in: Introduction à l'Etude du Droit, T. II, 201 ff.

[44] *R. David*, a.a.O., S. 20.

einer prospektiven Politik und wirken bei der Gestaltung der gesellschaftlichen Entwicklung im Sinne eines bestimmten Ordnungsbildes zusammen. Die Planifikation hat, obwohl sie ihrem Wesen nach indikativ ist, ebenso wie das Recht normative Wirkungen[45]. Wirtschaftliche Analysen und Vorausschätzungen ebenso wie allgemeine wirtschaftspolitische Zielsetzungen sind allerdings auch als Bestandteil des Plans ohne rechtliche Bedeutung. Sie dienen ähnlich wie die Motive eines Gesetzes nur dazu, die getroffenen Entscheidungen zu belegen und zu erklären. Soweit die Akte der Planung und des Planvollzugs jedoch konkrete oder konkretisierbare Bestimmungen enthalten, können sie als Bezugsnorm für rechtliche Regelungen dienen und haben daher normativen Charakter[46].

Die Planifikation bewegt sich nicht im außerrechtlichen Bereich, stellt aber gewohnte Erscheinungsformen des Rechts in Frage[47]. Durch die Veränderung der Wirtschaftsordnung und die Entwicklung neuer Formen des Verwaltungshandelns trägt sie nicht zu einem Verfall, sondern im Gegenteil zu einer Bereicherung des Rechts bei. Dies setzt allerdings die Bereitschaft zu einer Neuinterpretation und Fortbildung traditioneller Rechtsbegriffe voraus.

Das Bedürfnis nach rechtlicher Neugestaltung besteht in den verschiedenen Bereichen des Verwaltungsrechts nicht in gleichem Maße. Auf den Gebieten der Eingriffs- und traditionellen Leistungsverwaltung, die noch von den Prinzipien des Liberalismus geprägt sind, behalten die klassischen Rechtsbegriffe ihre Gültigkeit[48].

VI. Das Wirtschaftsverwaltungsrecht als autonomes Rechtsgebiet

Die Entwicklung der Wirtschaftsverwaltung unter dem Einfluß des staatlichen Interventionismus und der Planifikation geht über den bisherigen Rahmen des Verwaltungsrechts hinaus. Die Prospektivakte der Planung und des Planvollzuges unterscheiden sich in wesentlichen Punkten von den traditionellen Rechtsformen des Verwaltungshandelns. Für die Stimulierungsmaßnahmen läßt sich zwar, wie in Kapitel IV dargelegt wurde, noch eine rechtliche Lösung auf der Grundlage des klassischen Verwaltungsrechts finden. Dies ist oft jedoch nur möglich durch eine rechtliche Abstraktion, die dem wirtschaftslenkenden Charakter dieser Maßnahmen nicht gerecht wird und bei den Subventions-

---

[45] Normative Geltung ist nicht gleichbedeutend mit Zwangscharakter. Es gibt zahlreiche Rechtsnormen (leges imperfectae), die zwar verbindlich, nicht aber erzwingbar sind, z. B. auf dem Gebiet des zwischenstaatlichen Rechts.

[46] So auch *de Laubadère* III, S. 507.

[47] So auch *Bourdoncle*, S. 1958, 40/41.

[48] *Rivero*, Arch.Ph.Dr. 1952, 163.

verhältnissen zu dem unbefriedigenden Ergebnis der Aufspaltung eines einheitlichen Rechtsvorganges führt. Die Formen der Wirtschaftsplanung und Wirtschaftslenkung lassen sich nicht in ein Verwaltungsrecht integrieren, das für einen anderen Verwaltungstyp geschaffen wurde und noch auf den Prinzipien des Liberalismus beruht. Eine derartige Integration wäre fiktiv und wirklichkeitsfremd und würde auf die Dauer nicht zu einer Neugestaltung, sondern zu einer Auflösung klassischer Rechtsbegriffe führen. Dagegen ermöglicht die Schaffung eines eigenständigen Wirtschaftsverwaltungsrechts, die Klarheit der klassischen Definitionen des Verwaltungshandelns in den Bereichen aufrechtzuerhalten, in denen sie ihre Gültigkeit bewahrt haben[49]. Die rechtlichen Probleme der Planifikation lassen sich auf befriedigende Weise nur im Rahmen eines autonomen Rechtsgebietes lösen, das die wirtschaftlichen Realitäten berücksichtigt, ohne auf wertbezogene Ordnungsmaßstäbe zu verzichten. Ein eigenständiges Wirtschaftsverwaltungsrecht kann ein Recht der Erneuerung und der Synthese sein, das eine Gestaltung der wirtschaftlichen Entwicklung nach rationalen Gesichtspunkten ermöglicht.

1. Wesentliches Kennzeichen des Wirtschaftsverwaltungsrechts ist weder die Autonomie der Privatsphäre noch die Subordination, die für öffentlich-rechtliche Regelungen typisch ist, sondern die Zusammenarbeit von Staat und Privaten im gesamtwirtschaftlichen Interesse. Als Recht des staatlichen Interventionismus umfaßt es sowohl die wirtschaftliche Tätigkeit der Verwaltung durch öffentliche Unternehmen als auch die Maßnahmen der Wirtschaftsplanung und Wirtschaftslenkung. Es ist daher auch dann anwendbar, wenn private Unternehmen oder Verbände im Auftrag und unter Kontrolle des Staates selbständig wirtschaftslenkende Aufgaben wahrnehmen und zu diesem Zwecke Rechtsbeziehungen mit Dritten eingehen.

2. Als Ausdruck einer kooperativen Wirtschaftsordnung hebt das Wirtschaftsverwaltungsrecht in seinem Geltungsbereich die traditionelle Trennung von öffentlichem Recht und Privatrecht auf. Es beruht auf der aktiven Mitarbeit Privater bei der Erfüllung öffentlicher Aufgaben. Die entscheidende Verantwortung für eine rationale Wirtschaftsplanung liegt jedoch bei dem Staat, der wichtige Gemeinschaftsinteressen auch gegen den Willen der an Planung und Planvollzug beteiligten Privatunternehmen durchsetzen kann. Der Verzicht auf einen autoritären Wirtschaftsdirigismus bedeutet noch keine völlige Gleichstellung von Staat und Privaten. Das Wirtschaftsverwaltungsrecht bleibt weiterhin stark von hoheitlichen Elementen geprägt und lehnt sich deshalb überwiegend an das öffentliche Recht an.

---

[49] Vgl. hierzu *Khalil*, a.a.O., S. 383.

3. Das Wirtschaftsverwaltungsrecht ist gekennzeichnet durch die Umgestaltung klassischer Rechtsbegriffe und die Entwicklung neuer Rechtsformen des Verwaltungshandelns (Prospektivakte, Stimulierungsmaßnahmen). Es ermöglicht daher eine rechtliche Integration der spezifischen Instrumente der Wirtschaftsplanung und Wirtschaftslenkung. Die neuen Rechtsinstitute des Wirtschaftsverwaltungsrechts können die normative Grundlage für eine stärkere Ermessensbindung der Verwaltung bilden. In dem Maße, in dem sich die allgemeinen Verhaltenspflichten der Beteiligten eines Planungsverhältnisses konkretisieren lassen, kann auch eine rechtliche Bindung der Verwaltung an den Plan und die Prospektivakte der Plandurchführung realisiert werden.

4. Im Mittelpunkt des klassischen Verwaltungsrechts steht entsprechend der liberalistischen Staatsauffassung die Garantie individueller Rechte gegen staatliche Eingriffe und damit das Verwaltungsstreitverfahren. Dagegen ist Aufgabe des Wirtschaftsverwaltungsrechts, das öffentliche Interesse an einer rationalen Wirtschaftsentwicklung zu sichern und zu diesem Zwecke die institutionellen Voraussetzungen einer Zusammenarbeit von Staat und Privatwirtschaft zu schaffen.

5. Für die Autonomie des Wirtschaftsverwaltungsrechts spricht auch der Bedeutungswandel der Grundrechte im wirtschaftlichen Bereich. In ihrer ursprünglichen Bedeutung dienen die Grundrechte der Absicherung einer individuellen Freiheitssphäre gegen staatliche Eingriffe. Diese Konzeption beruht auf einer dialektischen Zuordnung von Staat und Wirtschaft, die als wesentlich verschieden verstanden werden[50]. Auf dem Gebiete der Wirtschaftsplanung und Wirtschaftslenkung ist diese Trennung von privatem und öffentlichem Bereich jedoch weitgehend aufgehoben. An ihre Stelle ist eine enge Zusammenarbeit zwischen Staat und privaten Wirtschaftssubjekten getreten, die aber ihre Selbständigkeit behalten. Im Rahmen der konzertierten Aktion ist der Grundsatz der Gewerbefreiheit als Abwehrrecht gegen den Staat gegenstandslos; er wird ersetzt durch das Recht der Unternehmen und Wirtschaftsverbände auf Partizipation, das heißt Mitwirkung an den gesamtwirtschaftlichen Entscheidungen des Staates, von denen sie betroffen sind[51]. Die Gewerbefreiheit hat ihre ursprüngliche Bedeutung als Abwehrrecht nur in den Bereichen bewahrt, die für die gesamtwirtschaftliche Entwicklung ohne große Bedeutung sind und daher von der Wirtschaftsplanung nicht unmittelbar erfaßt werden (z. B. Handwerk, kleine und mittlere Industriebetriebe). In diesen Bereichen gilt noch uneingeschränkt die marktwirtschaftliche Ordnung und der grundsätzliche Vorrang der Privatinitiative. Die Tätigkeit der Wirtschaftsver-

---

[50] *Forsthoff*, in: Planung III, 33.

[51] So auch *d'Arcy* und *Prats*, in: AJDA 1969, 321.

waltung beschränkt sich hier auf Ordnungsmaßnahmen und Strukturmaßnahmen allgemeiner Art, darf die Privatinitiative jedoch nicht wesentlich beeinträchtigen[52]. Der Gleichheitssatz bedeutet in wirtschaftlicher und sozialer Hinsicht nicht mehr abstrakte Gleichheit aller vor dem Gesetz, sondern kann nur noch als Forderung nach tatsächlicher Chancengleichheit verstanden werden.

Die Planifikation erstrebt eine Veränderung des wirtschaftlichen Status quo durch gezielte Maßnahmen. Sie beruht auf Prioritäten und einer Vielfalt wirtschaftlicher Differenzierungen und ist daher ihrem Wesen nach antiegalitär. Das in dem Gleichheitssatz enthaltene Verbot willkürlicher Diskriminierung erfordert lediglich eine rationale und in sich schlüssige Begründung wirtschaftslenkender Maßnahmen. Der Gleichheitssatz hat im Rahmen des Wirtschaftsverwaltungsrechts zwar seine ursprüngliche Bedeutung als Schranke staatlicher Maßnahmen verloren, kann jedoch als Grundlage einer Entschädigungspflicht des Staates für Planänderungen dienen, wenn der von einem Unternehmen zu tragende Nachteil eine gewisse Opfergrenze überschreitet[53].

VII. Bedürfnis nach einer Verbesserung des Rechtsschutzes im Bereich der Wirtschaftsverwaltung

Die Planifikation führt, auch wenn sie sich in den Formen der konzertierten Aktion vollzieht, zu einem erheblichen Machtzuwachs der Exekutive. Um zu verhindern, daß die Verwaltung von ihren vermehrten Befugnissen in willkürlicher Weise Gebrauch macht, bedarf es einer wirksamen richterlichen Kontrolle[54]. Das Verwaltungsstreitverfahren in seiner bisherigen Gestaltung ist hierzu nicht immer in der Lage. Es ist an die klassischen Formen des Verwaltungshandelns angepaßt und wird daher den Besonderheiten des Wirtschaftsverwaltungsrechts nicht gerecht.

1. Bedenken gegen die Einführung einer neuen Gerichtsbarkeit

Erkennt man das Wirtschaftsverwaltungsrecht als autonomes Rechtsgebiet an, so liegt es nahe, an die Einrichtung einer selbständigen Gerichtsbarkeit zu denken. Die Gerichte, die zur Entscheidung von Rechtsstreitigkeiten auf dem Gebiet des Wirtschaftsverwaltungsrechts zuständig wären, könnten sich zusammensetzen aus beamteten Richtern der

[52] s. o. zu § 6 III 3.

[53] s. o. zu § 6 V 3 b.

[54] Ebenso wichtig ist eine wirksame Kontrolle wirtschaftslenkender Maßnahmen der Verwaltung durch das Parlament; vgl. hierzu *Bauchet,* in: Planung III, 257 ff., und die dortigen Hinweise.

Zivil- und Verwaltungsgerichtsbarkeit sowie aus Laienrichtern, die von den wichtigsten wirtschaftlichen und sozialen Interessenverbänden benannt wurden. Gegen eine solche Lösung bestehen jedoch rechtspolitische Bedenken. Solange man sich nicht zu dem radikalen Schritt entschließt, die bewährte Trennung von Zivil- und Verwaltungsgerichtsbarkeit aufzuheben, würde die Einführung eines weiteren selbständigen Gerichtszweigs nicht zu einer Erleichterung, sondern zu einer Erschwerung des Rechtsschutzes führen. Schon nach dem bisherigen Rechtszustand ist es bei der Unsicherheit der Abgrenzungskriterien für den Rechtsuchenden oft äußerst schwierig, den zulässigen Rechtsweg zu ermitteln. Es ist keine Seltenheit, daß Rechtsstreitigkeiten durch Kompetenzkonflikte jahrelang verzögert werden. Die Rechtsbegriffe des Wirtschaftsverwaltungsrechts sind außerdem noch nicht in ausreichendem Maße entwickelt und systematisiert, um die Grundlage einer selbständigen Wirtschaftsgerichtsbarkeit bilden zu können.

2. Möglichkeiten der Verbesserung des Verwaltungsstreitverfahrens

Eine Verbesserung des Rechtsschutzes ließe sich in gewissem Umfange auch im Rahmen der bestehenden Gerichtsverfassung bewirken. Wie wir festgestellt haben, enthält das Wirtschaftsverwaltungsrecht zwar privatrechtliche Elemente, lehnt sich jedoch in überwiegendem Maße an das öffentliche Recht an. Zu der Entscheidung von Rechtsstreitigkeiten über wirtschaftslenkende Maßnahmen sind daher in der Mehrzahl der Fälle die Verwaltungsgerichte berufen. Es wäre zweckmäßig, zur Entscheidung dieser Fälle bei den Verwaltungsgerichten und vor allem dem C.E. besondere Kammern oder Senate zu bilden, in die auch wirtschaftliche Sachverständige berufen werden könnten. Eine Steigerung der wirtschaftlichen Sachkunde der Gerichte könnte zweifellos die inhaltliche Überprüfung wirtschaftslenkender Maßnahmen erleichtern. Die richterliche Funktion ist jedoch auf die Kontrolle der Rechtmäßigkeit des Verwaltungshandelns beschränkt. Die Gerichte dürfen sich, auch wenn sie über ausreichende Sachkenntnisse verfügen, im Bereich der Ermessensentscheidungen nicht an die Stelle der aktiven Verwaltung setzen.

Die Konflikte, die bei der Planung und Plandurchführung zwischen Staat und Privatunternehmen entstehen, können im Rahmen eines gerichtlichen Verfahrens nicht immer in befriedigender Weise geregelt werden. Dies gilt insbesondere dann, wenn Staat und Unternehmen langfristige Planungsvereinbarungen getroffen haben, deren Fortbestand durch Rechtsstreitigkeiten gefährdet werden könnte. Die Furcht, die Gunst des Staates und damit die Aussicht auf finanzielle Unterstützung oder Steuervorteile zu verlieren, kann viele Unternehmen davon abhalten, den Rechtsweg zu beschreiten. Es handelt sich in diesen Fällen weniger darum, das Verwaltungsstreitverfahren zu verbessern, als es nach Möglichkeit zu vermeiden[55].

3. Vorzüge und Nachteile einer wirtschaftlichen und sozialen Schiedsgerichtsbarkeit (magistrature économique et sociale)

Zur Regelung von Konflikten im wirtschaftlichen und sozialen Bereich empfiehlt Bloch-Lainé die Einrichtung einer unabhängigen Schlichtungsstelle mit schiedsrichterlichen Funktionen[56]. Ansätze hierfür sind bereits vorhanden. Der Vertrag des Staates mit dem Unternehmensverband der Stahlindustrie von 1966 sieht einen paritätisch besetzten Schlichtungsausschuß mit einem unparteiischen Vorsitzenden vor[57]. Ähnliche Bestimmungen finden sich in den Verträgen des Staates mit den SDR[58]. Der Vorschlag von Bloch-Lainé geht jedoch über solche vertraglichen Schiedsvereinbarungen hinaus. Er zielt auf die gesetzliche Begründung einer wirtschaftlichen und sozialen Schiedsgerichtsbarkeit (magistrature économique et sociale) ab, die unter anderem bei allen Konflikten im Bereich des Wirtschaftsverwaltungsrechts als Güteinstanz kraft Gesetzes einem gerichtlichen Verfahren vorgeschaltet wäre.

Wie Bloch-Lainé zutreffend ausführt, würde sich ein solches Güteverfahren in besonderem Maße zur Beilegung von Meinungsverschiedenheiten bei der Plandurchführung und zur Auslegung der Planungsabkommen eignen. In ihm könnten auch rechtlich nicht faßbare Aspekte der Planifikation und Zweckmäßigkeitsgesichtspunkte berücksichtigt werden. Die Anwendung des Rechts auf einen gegebenen Sachverhalt ist nämlich nur eines der Elemente einer schiedsrichterlichen Entscheidung. Die Funktion des Schiedsspruches besteht in erster Linie darin, einen Kompromiß zwischen den Parteien zu ermöglichen und damit zu der Gestaltung ihrer zukünftigen Beziehungen beizutragen[59].

Diesen unbestreitbaren Vorzügen eines schiedsrichterlichen Verfahrens stehen jedoch schwerwiegende Nachteile gegenüber. Durch die Einführung einer wirtschaftlichen Schiedsgerichtsbarkeit mit gesetzlich geregeltem Zuständigkeitsbereich würden neue Probleme der Kompetenzabgrenzung geschaffen und damit die schon bestehenden Schwierigkeiten bei der Bestimmung des zulässigen Rechtsweges noch vergrößert[60]. Dem Rechtsschutz der betroffenen Unternehmen wäre damit

[55] So auch *Dutheil de la Rochère*, AJDA 1967, 590.
[56] *Bloch-Lainé*, Pour une Réforme de l'Entreprise, S. 171 ff.
[57] s. o. § 5 II 1 a.
[58] s. o. § 3 IV 6.
[59] *R. David*, Arch.Ph.Dr. 1963, 8.
[60] So auch *A. Hauriou*, a.a.O., S. 222.

nicht gedient. Durch die obligatorische Einschaltung von Schiedsgerichten, die nicht an das formelle und materielle Recht gebunden sind, würde zudem die Rechtsfortbildung im wirtschaftlichen Bereich gehemmt und eine rechtliche Integration der Wirtschaftsplanung erschwert. Gerade bei den Akten der Planung und Zukunftsgestaltung besteht aber ein besonderes Bedürfnis, die vorhandenen Unsicherheitsfaktoren zu begrenzen und berechenbar zu machen[61]. Voraussetzung hierzu ist auch die Bestimmbarkeit der Rechtsfolgen, die sich für Staat und Privatunternehmen aus diesen Akten ergeben können. Der Grundsatz der Rechtssicherheit darf daher nicht zugunsten reiner Billigkeitsentscheidungen aufgegeben werden, die nur an den Umständen des Einzelfalls orientiert sind.

Die entscheidende Verantwortung der Verwaltungsgerichte für die Entwicklung des Wirtschaftsverwaltungsrechts darf nicht geschmälert werden. Der Verwaltungsrechtsweg ist nicht abdingbar. Die Beteiligten eines Planungsverhältnisses können aber bei der Gestaltung ihrer Rechtsbeziehungen ein schiedsrichterliches Güteverfahren vereinbaren. Gibt sich eine Partei mit dem Schiedsspruch nicht zufrieden, so bleibt es ihr dann unbenommen, das zuständige Gericht anzurufen. Unter diesen Voraussetzungen kann eine vertraglich vereinbarte Schiedsgerichtsbarkeit als Ergänzung zu dem gerichtlichen Verfahren eine wirksame Garantie gegen Willkürentscheidungen des Staates bieten, der bei der Plandurchführung im privatwirtschaftlichen Bereich eine überlegene Machtposition auch dann einnimmt, wenn er auf Zwangsmaßnahmen verzichtet.

---

[61] *A. Hauriou* sieht eine der Funktionen des Rechts in dem „encadrement de l'aléatoire".

Abschließende Betrachtungen

Die Grundsätze der französischen Planifikation, die lange Zeit als gesichert galten, wurden durch die wirtschaftspolitische Entwicklung der letzten Jahre erneut in Frage gestellt. Der Mythos des Plans ist verblaßt. Viele wichtige Planvorhaben blieben unausgeführt, die qualitative Programmation brachte nicht die erwarteten Ergebnisse, und die zunehmende Liberalisierung des Güter- und Kapitalverkehrs in der Europäischen Wirtschaftsgemeinschaft engt den Aktionsrahmen einer nationalen Wirtschaftsplanung ein[1].

Die Entwicklung des französischen Planungssystems ist noch nicht abgeschlossen und in mancher Hinsicht ungewiß. „La planification française s'interroge sur son avenir[2]." Sicher werden sich einige Mittel und Methoden der Wirtschaftsplanung ändern. Ihre wesentliche Gestaltungsform, die konzertierte Aktion von Staat und Unternehmen, wird jedoch aller Voraussicht nach erhalten bleiben. Ein Übergang zu einer zentralen Verwaltungswirtschaft und zu einer imperativen Planung erscheint ebensowenig wahrscheinlich wie eine Rückkehr zu der liberalen Wettbewerbs- und Marktwirtschaft.

Die Planifikation trug innerhalb der letzten zwanzig Jahre zu einer erheblichen Produktivitätssteigerung der französischen Wirtschaft und zu einer gewissen Reform der industriellen Strukturen durch Unternehmenskonzentration bei. Sie bewirkte jedoch keine Veränderung der bestehenden wirtschaftlichen Machtverhältnisse. Als Entscheidungsmechanismus ist die Planifikation wertneutral. Sie kann entsprechend den jeweils herrschenden gesellschaftspolitischen Vorstellungen zu einer radikalen Umgestaltung der Wirtschaftsordnung und einer allmählichen Vergesellschaftung der Privatindustrie oder aber zu einer Identifizierung des Staates mit den Interessen des Monopolkapitals dienen. Wirtschaftsplanung allein genügt nicht, um einen Wandel der gesellschaftlichen Verhältnisse herbeizuführen. Das französische Planungssystem ist aber geeignet, einen institutionellen Rahmen für wirtschaftliche und soziale Reformen zu bilden. Voraussetzung hierzu ist allerdings, daß der Staat mehr als bisher von seinen Machtmitteln

---

[1] Vgl. die Artikelserie: Le Plan, à l'Heure du Désenchantement, in Le Monde vom 18./19./20. März 1970.

[2] *A. Vernholes*, in: Le Monde vom 18. 3. 1970.

zur Durchsetzung bestimmter Prioritäten Gebrauch macht[3]. Zur Orientierung privater Unternehmen und Verbände an wirtschafts- und sozialpolitischen Zielsetzungen genügt es nicht, ihnen Zugang zu Makrodezisionen zu verschaffen. Wichtige Belange der Allgemeinheit müssen auch gegen den Widerstand einzelner Interessengruppen verwirklicht werden.

Die Erhaltung individueller und kollektiver Rechte ist aber nur dann möglich, wenn an dem Grundsatz des Interessenpluralismus im wirtschaftlichen und sozialen Bereich festgehalten wird. Die konzertierte Aktion ist zwar ein notwendiges Korrektiv zu der Privatautonomie. Sie darf aber nicht als Institution verabsolutiert werden, da sie sonst zu einer Verschleierung von Interessengegensätzen und zu einer trügerischen Harmonisierung gesellschaftlicher Konflikte führen würde. Die Möglichkeit sozialer Konflikte gehört ebenso wie die Wahrung individueller Rechte zu den unerläßlichen Voraussetzungen einer freiheitlichen Demokratie.

Angesichts des Machtzuwachses des Staates und etablierter Interessenverbände ist nicht eine Auflösung, sondern im Gegenteil eine Verstärkung des Rechts im wirtschaftlichen Bereich zu erstreben[4]. Das Wirtschaftsverwaltungsrecht kann einen wertvollen Beitrag zu der notwendigen Neuordnung von Wirtschaft und Gesellschaft leisten, wenn es nicht auf traditionellen Rechtsbegriffen beharrt, die ihren Sinn verloren haben. Das Wirtschaftsverwaltungsrecht muß sich in seinen Rechtsinstituten dem Wandel der gesellschaftlichen Verhältnisse anpassen, darf dabei jedoch nicht auf autonome Ordnungsmaßstäbe verzichten. Als Recht der Veränderung und der Reform wird es einen belebenden Einfluß auch auf die Bereiche der traditionellen Verwaltung ausüben, die sich den Methoden einer rationalen Zukunftsstrategie auf die Dauer nicht verschließen können.

[3] So auch *J. Meynaud*, Planification et Politique, S. 185.

[4] So auch *R. David*, Arch.Ph.Dr. 1963, 20; *K. Biedenkopf*, BB 1968, 1011.

Literaturverzeichnis

1. Dokumente

Aides au Développement Régional, Documentation de la DATAR, Juni 1966

Barrère: Rapport du Conseil Fiscal et Financier de la CEE, Bruxelles 1962

Cinquième Plan de Développement Economique et Social (V. Plan), Imprimèrie des Journaux Officiels, Paris, 1965

Duverger: Constitutions et Documents Politiques, 1968

L'Organisation Régionale en France, La Documentation Française, 1965

Ministère des Finances et des Affaires Economiques: Instruction sur les Collectivités Locales et l'Expansion Régionale

Quatrième Plan de Développement Economique et Social (IV. Plan), Imprimerie des Journaux Officiels, Paris, 1962

Rapport sur les Principales Options du Ve Plan, J.O. 24. 12. 1964

Rapport Tisserand au C.E.S., J.O. du C.E.S. 9. 8. 1962, S. 672

Rapport Vallon, J.O. Doc.Parl.A.N. 23. 5. 1963, Nr. 290

Statistiques et Etudes Financières: Agréments Fiscaux Accordés au Cours des Années 1962 à 1965, Nr. 220 Apr. 1967

Statistiques et Etudes Financières: Treizième Rapport du Conseil de Direction du FDES, Nr. 235—236, Juli—Aug. 1968

2. Lehrbücher, Monographien und Dissertationen

Auby - Drago: Traité de Contentieux Administratif, Bd. 1—3, Paris 1962

Barrère, A.: Economie et Institutions Financières (Précis Dalloz), Bd. 1 und 2, 1965

Bauchet, P.: L'Expérience Française de la Planification, Editions du Seuil 1958

Bloch-Lainé, F.: Pour une Réforme de l'Entreprise, Ed. du Seuil 1963

Bonfils: Les Principaux Aspects Administratifs de l'Economie Contractuelle, th. Bordeaux 1967

Burdeau, G.: Les Libertés Publiques, 3. Aufl. 1966

Calan, de: La Renaissance des Libertés Economiques et Sociales, Paris 1963

Chenot, B.: L'Organisation Economique de l'Etat, 1965

Club J. Moulin: L'Etat et le Citoyen, Ed. du Seuil 1961

Corail, J.-L.: La Crise de la Notion Juridique de Service Public en Droit Administratif, Paris 1954

David, R.: Le Droit Français, Bd. 1, Paris 1960

Demichel, A.: Le Contrôle de l'Etat sur les Organismes Privés, Bd. 1 und 2, Paris 1960

Duverger, M.: Finances Publiques, 4. Aufl. 1963

— Droit Constitutionnel et Institutions Politiques, 9. Aufl. 1966

Farjat, G.: L'Ordre Public Economique, Paris 1963

Forsthoff, E.: Verwaltungsrecht, 9. Aufl. 1967

Fourastié et Courthéoux: La Planification Française, 2. Aufl. 1968

Galbraith, J. K.: The New Industrial State, New York 1967

Götz, V.: Recht der Wirtschaftssubventionen, München, Berlin, 1966

Hamel - Lagarde - Jauffret: Traité de Droit Commercial, Bd. II 1966

Huber, E. R.: Wirtschaftsverwaltungsrecht, Bd. 1 und 2
Bd. 1: 2. Aufl. 1953, Bd. 2: 2. Aufl. 1954

Huffschmidt, J.: Die Politik des Kapitals. Konzentration und Wirtschaftspolitik in der Bundesrepublik, edition suhrkamp 1969

Jacquot, H.: Recherche sur le Régime et la Nature Juridique des Plans Français, th. Paris 1967

— Les Interventions Economiques de l'Etat par Voie Contractuelle en France, August 1970 (noch nicht veröffentlicht)

Jeannau, B.: Les Principes Généraux du Droit dans la Jurisprudence du C.E., Paris 1954

Kaiser, J. H. (Herausgeber): Planung I, 1965; Planung II, 1966; Planung III, 1968

Khalil, M. S.: Le Dirigisme Economique et les Contrats, Paris 1967

Lagache, M.: Les Investissements Privés et le Concours Financier de l'Etat, Paris 1959

Laubadère, A. de: Traité Elémentaire de Droit Administratif, Bd. I: 4. Aufl. 1967; Bd. II: 4. Aufl. 1968; Bd. III: 3. Aufl. 1966

— Traité Théorique et Pratique des Contrats Administratifs, Bd. 1—3, Paris 1956

Lauré: Traité de Politique Fiscale, PUF (Presses Universitaires de France), 1956

Long - Weil - Braibant: Les Grands Arrêts de la Jurisprudence Administrative, 1965

Marchal, A.: Introduction à l'Etude du Droit, Bd. II, 1953

Massé, P.: Le Plan ou l'Anti-hasard, Gallimard, Coll.Idées 1965

Mendès-France, P.: La République Moderne, Gallimard, Coll.Idées; 2. Aufl. 1966

Meynaud, J.: Planification et Politique, Paris 1963

Montesquieu: De l'Esprit des Lois, Bd. 1 und 2, Classiques Garnier 1961/1965

de la Morandière - Rodière - Houin: Droit Commercial, Bd. 1, 5. Aufl. 1968

Ripert, J.: Aspects Juridiques du Capitalisme Moderne, 1951

— Le Déclin du Droit, 1949

Rivero, J.: Droit Administratif (Précis Dalloz), 3. Aufl. 1965

Rousset: L'Idée de Puissance Publique en Droit Administratif, Paris 1960

Shonfield, A.: Geplanter Kapitalismus, deutsche Ausg. 1968

Svoboda, K.: La Notion de Droit Economique, Publication du Centre Européen Universitaire de Nancy 1966

Tournié, G.: Les Agréments Fiscaux, th. Paris 1969

Trotabas, L.: Finances Publiques (Précis Dalloz), 2. Aufl. 1967

Vasseur, M.: Le Droit de la Réforme des Structures Industrielles, Paris 1959

Waline, M.: Droit Administratif, 8. Aufl. 1959

Zuleeg: Die Rechtsform der Subventionen, Köln 1965

3. Aufsätze

d'Arcy, F. et Y. *Prats:* La Notion de Concertation dans la Loi d'Orientation Foncière et dans son Application, AJDA 1969, 336

Arrighi de Casanova, E.: Les Quasi-contrats du Plan, D.Soc. 1965, 341

Batailler, F.: Une Nouvelle Technique d'Economie Concertée

— Les Quasi-contrats pour l'Exécution du Plan, RSF 1964, 363

Bauchet: Aspects et Méthodes de la Planification Française — le Rôle de l'Exécutif, in Planung III, 249

Beltrame: La Fiscalité de l'Aménagement du Territoire, ses Modalités, ses Incidences Politiques, RSF 1967, 280

— Le Contrôle des Prix et le Juge, Rev.Adm. 1967, 670

Biedenkopf, K.: Rechtsfragen der konzertierten Aktion, BB 1968, 1005

Braibant: L'Arrêt Syndicat Général des Ingénieurs-Conseils et la Théorie des Principes Généraux du Droit, EDCE 1962, 67

Bourdoncle, R.: Le Régime Juridique de la Planification, S. 1958, 33

Carbonnier, J.: L'Hypothèse du Non-Droit, Arch.Ph.Dr. 1963, 55

Chapal, P.: Recherche sur la Notion et le Régime des Actes Juridiques à Caractère Prospectif, AJDA 1968, 323

Chappert, A.: Les Agréments Administratifs en Matière Fiscale. Annales de la Faculté de Droit de Clermont-Ferrand, Fascicule 7, 1970, S. 165

Chapus: De la Valeur Juridique des Principes Généraux du Droit et des Autres Règles Jurisprudentielles du Droit Administratif, D. 1966, 99

Chenot, B.: La Notion de Service Public dans la Jurisprudence Economique de C.E., EDCE 1950, 77

Crozier, M.: Pour une Analyse Sociologique de la Planification Française, RFS 1965, 147

David, R.: Le Dépassement du Droit et les Systèmes de Droit Contemporains, Arch.Ph.Dr. 1963, 3

Debbasch, Ch.: Le Déclin du Contentieux Administratif, D. 1967, 95

Delmas-Marsallet, J.: Le Contrôle Juridictionnel des Interventions Economiques de l'Etat, EDCE 1969, 133

Delvolvé, P.: Le Parlement et la Préparation du Ve Plan, RDP 1965, 661

Dutheil de la Rochère, J.: Le Régime Conventionnel des Prix — Engagement de Stabilité et Contrats de Programme, AJDA 1967, 57

Duverger: L'Inadéquation du Plan à la Démocratie Représentative, Les Cahiers de la République 1962, 481

Ebrard: Les Avantages Fiscaux sur Agrément Administratif, RSF 1967, S. 41

Fischer-Menshausen: Mittelfristige Finanzplanung im Bundesstaat, in Planung III, 73

Forsthoff: Über Mittel und Methoden moderner Planung, in Planung III, 21

Fromont, M.: Le Contrôle de l'Appréciation des Faits Economiques dans la Jurisprudence Administrative, AJDA 1966, 588

Georgel, J.: L'Agrément Administratif, AJDA 1962, 467

Hauriou, A.: Le Droit Administratif de l'Aléatoire, in Mélanges Offerts à M. le Doyen Trotabas, 1970, 197

Houin, R.: La Planification Française, in Planung II, 149

Ipsen: Die öffentliche Subventionierung Privater, DVBl. 1956, 461

— Fragestellungen zu einem Recht der Wirtschaftsplanung, in Planung I, 35

Laubadère, A. de: Administration et Contrat, in Mélanges Offerts à Jean Brethe de la Gressaye, Bordeaux 1967

Letourneur: Les Principes Généraux du Droit dans la Jurisprudence du C.E., EDCE 1951, 19

Maspétiol, R.: Les Techniques Juridiques de l'Economie Globale, Arch.Ph.Dr. 1952, 132

Mazères, J. A.: De quelques Problèmes Dominants de la Planification Française, AJDA 1968, 203

Mégret, J.: Système Contractuel et Intégration en Agriculture, D. 1965, 15

— De l'Obligation pour l'Administration de Procéder à un Examen Particulier des Circonstances de Chaque Affaire, EDCE 1952, 78

Mercadal, B.: Le IVe Plan et le Droit Commercial, RTDCom. 1964, 506

Morange: Le Principe de l'Egalité devant l'Impôt, D. 1951, 103

— Réflexions sur la Protection Accordée par le Juge Administratif à la Liberté du Commerce et de l'Industrie, D. 1956, 117

— La Nature Juridique des Actes d'Imposition, RSF 1950, S. 541

Moreau, J.: De l'Interdiction Faite à l'Autorité de Police d'Utiliser und Technique d'Ordre Contractuel, AJDA 1965, 3

Pottier: Fiscalité et Croissance dans le IVe Plan, RSF 1964, 305

Puisoye, J.: Le Principe d'Egalité devant les Charges Publiques comme Fondement Direct de la Responsabilité Publique, AJDA 1964, 140

Quermonne: Les Effets de la Planification au Niveau de l'Appareil Politique et de l'Ordonnancement Juridique, in: La Planification comme Processus de Décision, Cah.Fond.Nat.Sc.Pol. Nr. 140, 95

Rivero, J.: Le Plan Monnet et le Droit, D. 1947, 129

— Le Problème Juridique du Plan Monnet, D.Soc.Coll. XXXVI

— Vers un Statut Juridique du Plan Monnet, D.Soc. 1949, 4

Rivero, J.: Le Plan et le Droit, in: La Planification comme Processus de Décision, Cah.Fond.Nat.Sc.Pol. Nr. 140, 121

— Le Juge Administratif Français — un Juge qui gouverne?, D. 1951, 21

— Apologie pour les Faiseurs de Systèmes, D. 1951, 99

— Existe-t-il un Critère de Droit Administratif?, RDP 1953, 282

— Le Régime des Entreprises Nationalisées et l'Evolution du Droit Admistratif, Arch.Ph.Dr. 1952, 167

— Action Economique de l'Etat et Evolution Administrative, Rev.Econ. 1962, 886

— Rapport sur les Notions d'Egalité et de Discrimination en Droit Public Français, in: Travaux de l'Association Henri Capitant 1961, 343

St.Geours: L'Actualité du Plan en France, D.Soc. 1964, 603

Savatier, J.: L'Ordre Public Economique, D. 1965, 37

Simonnet, M. R.: Le Contrôle Juridictionnel des Incitations Fiscales, AJDA 1968, 275

— Les Incitations Fiscales et le Plan, RSF 1968, 89

v. Simson: Planänderung als Rechtsproblem, in Planung I, 405

Soto, J. de: Recours pour Excès de Pouvoir et Interventionnisme Economique, EDCE 1952, 64

Teitgen: Réglementation des Prix et Liberté du Commerce, D.Soc. 1961, 20

Timsit, G.: Les Contrats Fiscaux, D. 1964, 115

Vasseur, M.: L'Etat-Banquier, RTDCom. 1961, 313

— Un Nouvel Essor du Concept Contractuel, RTDC 1964, 1

Vedel, G.: Les Bases Constitutionnelles du Droit Administratif, EDCE 1954, 21

FSC
www.fsc.org
MIX
Papier | Fördert gute Waldnutzung
FSC® C083411

Kolibri 360 GmbH
Ferdinand-Jühlke-Straße 7
99095 Erfurt, Deutschland
produktsicherheit@kolibri360.de

Druck:
CPI Druckdienstleistungen GmbH
im Auftrag der
Kolibri 360 GmbH
Ferdinand-Jühlke-Str. 7
99095 Erfurt